白揚社

カルトのことば

なぜ人は魅了され、狂信してしまうのか

The Language of Fanaticism

アマンダ・モンテル

青木音［訳］

何ごとにも楽天的な父へ

目次

話を聞かせてくださった方々のプライバシーを守るために、
お名前および身元につながる情報の細部を変更している場合があります。

［　］は著者による補足、〔　〕は訳者による注です。

第1部

私の言うとおりに、繰り返して……

i

始まりは、祈りの声だった。

ターシャ・サマーは十三歳のとき、うっとりするほど低く響きわたる彼らの声をはじめて耳にした。最初に目にとまったのは、頭に巻いたターバンから足先まで全身白づくめの服装と、その人たちが手にしていたマーラー（祈祷用の数珠）だったのだが、引き込まれるように建物の正面玄関に向かったのは、聞こえてきた話し方に魅せられたからだった。その声は、マサチューセッツ州ケンブリッジにあるクンダリーニヨガ・スタジオの開け放たれた窓から響いていた。「祈る声はぜんぶ外国語で、とっても不思議なものだったわ」。今では二十九歳になったターシャは、ウェストハリウッドのアウトドアカフェでマカダミアミルクラテを前に、そう話す。たった三年前まで、彼女はそこからわずか数キロメートルしか離れていない場所を拠点にして、不気味とも言える暮らしを送っていた。長い髪を艶やかに波打たせ、パリッとしたクリーム色のボタンダウン・シャツに身を包んだその姿だけを見れば、この中庭にいる若い女性たちが長い髪を頭のてっぺんで軽くまとめるときのような自然な手つきで頭にターバンを手早く巻いていたとは、想像もつかない。「ええ、今でも巻けるわよ。必要とあらばね」。そう請け合うと、彼女はアクリルのスプーンを陶器のマグの中でカタカタと回し続ける。

ロシア出身のユダヤ系アメリカ人二世として生まれたターシャは、ずっと帰属意識をもてない苦しみの中で子ども時代を過ごしたせいか、このヨガ集団の親密な雰囲気に心を奪われてしまった。そこでロビーを覗き込むと、受付の女性に「ここでは、いったい何をしているんですか？」と尋ねた。「受付の女の人が大まかに説明してくれたの。『サイエンス・オブ・マインド』という言葉を何度も使って」と、当時を振り返る。「意味はわからなかったけれど、ただ、『わあ、それならやってみたい』と思ったのだけは覚えている」。ターシャはヨガ教室が次にいつ開かれるかを確かめ、両親から参加の許しを得た。正式なメンバーにならなくてもヨガ教室には参加でき、ただ求められたのは「心を開く」ことだけだった。外国語の祈りの言葉を覚えて暗唱し、すべての祈りを、長い白髪交じりの顎鬚《あごひげ》を生やしたひとりの男に向けて唱えた。その男の写真は薄暗いスタジオのいたるところに掲げられており、ティーンエイジの入口にさしかかったばかりのターシャは魔法にかかったかのように魅了されていった。「すごく古風な感じがして、自分が何か神聖なものの一部になったように思えた」と話す。

この白いターバンに白装束の集団は、何者だったのだろうか？　それは3HO（ヘルシー・ハッピー・ホーリー協会）と呼ばれる団体だ。シク教徒から派生して一九七〇年代に創設された「代替《オルタナティブ》宗教」で、全米でクンダリーニヨガの教室を主宰している。では、顎鬚を生やした男は？　彼の名はハルバジャン・シン・カルサ（ヨギ・バジャン）、人を惹きつける魅力と多くのコネをもったこの団体のリーダーだ。宗教的な面でも組織の上でも欧米の全シク教徒の指導者とされ[1]（それには多くの異論があるが）、二〇〇四年に世を去るまでに何億ドルもの資産を築いた。次に、そこで使われていたのは？　グルムキー文字という、現代パンジャービー語とシク教の聖典で使われている文字だ。そしてこの集団の信条は何か？　それは、ヨギ・バジャンの厳格なニューエイジ思想に従うことだ。その教えには、肉とアルコールを口にしないこと、*ヨギ・バジャンが決めた結婚相手を受け入れること、毎朝四時半に目を覚まして聖典を読み、ヨガ教室に参加すること、教えに従わなかった人あるいは従いそうもない人とは親しくしないこと、などが含まれる。

ターシャは十八歳になるとすぐ、3HOの本拠地のひとつがあるロサンゼルスに移り住み、八年間にわたって人生のすべてを――自分の時間と金銭のすべてを――集団に捧げた。一連の厳しいトレーニングを受けて、クンダリーニヨガのフルタイムのインストラクター資格を取り、数か月後にマリブーで教室を開くと、そこにはスピリチュアルに興味をもつセレブたちが続々と集まってきた。デミ・ムーア、ラッセル・ブランド、オーウェン・ウィルソン、エイドリアン・ブロディといった顔ぶれだ。彼らは完全な信奉者になったわけではなかったが、教室に参加しているというだけで3HOにとって大きな宣伝効果がある。ターシャを指導したスワミ（先生）たちは、彼女が大金をかき集めたばかりか、探求心のあるリッチな有名人たちの心をしっかりつかんだことを称賛してくれたという。カフェで漆黒のクラッチバッグからスマホを取り出して見せてくれた何枚もの古い写真には、ターシャとデミ・ムーアが丈の短い純白のショートパンツと、やはり真っ白なターバンを身につけ、背景にジョシュア・ツリーが見える砂漠の隠れ処といった風情の場所で何やら踊っている様子が写っていた。とまどったような微笑を浮かべてスマホの画面を見つめる彼女は、エクステで伸ばした長いまつげをゆっくり動かして瞬きしながら、まったく、こんなことをしてたなんて、自分でも信じられないと言いたげに見える。

ターシャのように忠実に従う者には、大きな見返りが約束されていた。ただ正しい言葉を覚えさえすれば、その見返りが手に入るという。「ソウルメイトを引き寄せるマントラ、たくさんのお金が手に入るマントラ、それまでになく美しくなれるマントラに、優秀で波動《バイブレーション》の高い子どもを授かるマントラがあったわね」と、ターシャは打ち明ける。教えに従わないとどうなるのだろうか？　その場合、来世で低いバイブレーションしか発せられない身となって、この世に生まれ変わることになる。

３ＨＯの秘密のマントラと隠語を身につけたことで、ターシャは自分が知っているほかの誰とも違う存在になれたと感じた。選ばれた人、高いバイブレーションをもつ人になったのだ。集団の全員が新しい名前をもらうと、こうした意識によってさらに結束が強まった。名前を与えるのはヨ

＊３ＨＯでは酒が禁じられていたため、メンバーは憩いの時間にこぞって大量のお茶を飲んだ。具体的な銘柄を言うなら、みんなが飲んでいたのは「ヨギティー」というお茶だ。数百万ドル規模の売り上げのあるこのブランドのお茶は、アメリカのほとんどの食料品店で売られている。だが、彼らがこのブランドのお茶を選んだのは偶然の一致ではない。ヨギティー社はヨギ・バジャンが設立して所有していた会社だからだ。３ＨＯの企業活動はこれだけでなく、ほかにも数多くのグループ企業を所有している。五億ドル規模の警備会社、アカル・セキュリティもそのひとつで、ＮＡＳＡから移民勾留センターまで、その契約先は多岐にわたる（「後期資本主義」を、グルムキー文字ではどう書くのだろうか？）。

ギ・バジャンによって指名された人物で、タントラの数霊術と呼ばれるものをアルゴリズムとして用いながら、信奉者に3HOでの特別な名前を決めていく。もちろん信奉者がその名前をもらうためには、それなりの金額を支払う必要があった。ミドルネームはすべて同じで、女性にはカウル、男性にはシンの名を授けられ、ラストネームは全員がカルサ。こうしてひとつの大家族のようになった。「新しい名前をもらうことは、人生で一番の重大事だったわ」と、ターシャは話す。「ほとんどの人が運転免許証の名前を書き換えるのよ」。去年まで、ターシャ・サマーのカリフォルニア州のIDカードには「ダヤ・カウル・カルサ」という名前が載っていた。

平穏なヨガ教室や知名度の高い支持者やらの陰に隠れて全貌は明らかになっていないにせよ、3HOには危険な裏の顔があったのはたしかだ。ヨギ・バジャンによる心理的および性的な虐待、断食と断眠の強制、集団を離れようとする者への暴力による脅し、自殺、さらに未解決の殺人まである。いったん信奉者たちが集団の仲間内だけで通じる言葉を身につけると、上層部はそれを武器として用いることができた。よからぬものは、「うお座の意識」「ネガティブ思考」「トカゲ脳」といったフレーズで言い表わした。すると、肉がたっぷりはいった友人のハンバーガーを一口かじったり、ヨガ教室を欠席したりすれば、心の中でトカゲ脳、トカゲ脳、トカゲ脳という言葉が反復して止まらなくなる。さらに、それまでは肯定的な意味で使っていたありふれた英語の言葉が、不吉な意味をもつように変えられてしまうことも多かった。「たとえば『オールド・ソウル』という言葉よ」と、ターシャが私に教えてくれる。平均的な英語圏の人々にとって、「オールド・ソウル」は年齢以上の知恵をもっている人、大人っぽい、といった意味で、褒め言葉になることが多い。だが３ＨＯでは恐怖をあおる。「それは、誰かが何度も何度も生まれ変わって輪廻《りんね》を繰り返しているという意味だと言われたわ。あそこの人たちはこの言葉を、普通の意味では理解していないの」。ターシャは３ＨＯを脱退して三年たった今もまだ、この表現を耳にすると身震いしてしまうという。

二〇〇九年、ターシャが南カリフォルニアに移って３ＨＯに人生のすべてを捧げはじめてまもなくのころ、もうひとりの十八歳の女性がロサンゼルスに引っ越し、新しい暮らしを始めていた。大学に入学するためにオレゴン州から西海岸の南方のロサンゼルスまでやってきた、アリッサ・クラークだ。アリッサは入学後に一気に太る「フレッシュマン・フィフティーン」を恐れて〔大学一年生は入学後の食生活の乱れが原因で、一年間に一五ポンド、約七キログラムも太ってしまうという「あるある」を、こんなふうに表現する〕、ジムに通ってみることにした。彼女はいつでも自分のスタイルを気にかけていたし、ロサンゼルスで目にした人々の並々ならぬフィットネス熱に圧倒されてもいた。だから、休暇を利用して帰省したときに、家族のひとりが少し前に新しいワークアウト・プログラムを始めて体重を大幅に減らし、新たについた筋肉を初々しく輝かせているのを目にしたとたん、すごい、いいいい、いい、いい、これはよく調べてみなくちゃ、と思ったのだ。

その新しいワークアウトは「クロスフィット」と呼ばれ、アリッサの寮のすぐ近くにもジムがあったので、休暇から戻るとすぐボーイフレンドを誘って初心者向けのワークショップに参加した。すると、汗をびっしょりかいた筋骨隆々のインストラクターがマッチョな熱気をふりまきながら、それまで一度も耳にしたことのない、まったく新しい用語を使う世界にアリッサを誘い込んでいった。ジムはジムと呼ばれず、「ボックス」と呼ばれていた。インストラクターは先生でもトレーナーでもなく「コーチ」だ。そこでのワークアウトは「ファンクショナル・ムーブメント」で構成されていた。WoD（workout of the day　つまり今日のワークアウト・メニュー）が決められ、それはウエイトリフティングのスナッチやクリーン&ジャークなどの動作で構成される。そのほかに、BP（ベンチプレス）、BS（バックスクワット）、C2B（チェスト・トゥー・バー）があり、誰もが避けられないのはDOMS（遅発性筋肉痛）だ。キャッチーな頭字語が嫌いな人などいるだろうか？　アリッサはクロスフィッター（クロスフィットに所属している人たちはそう呼ばれていた）全員が固い絆で結ばれている様子にうっとりし（クロスフィットではそう思わせるカルチャーが培われていた）、そこだけで通用する用語を何としても身につけたいと思った。

アリッサが通うボックスの壁には、クロスフィットの創業者であるグレッグ・グラスマンのポートレート写真が掲げられ（当時、信奉者たちからは「ワッドファーザー」あるいは単に「コーチ」と呼ばれていた）、その隣にはグラスマンの有名な「格言」も掲げていた。そのフィットネスの金言は、すぐアリッサの脳裏に焼きついた。「肉と野菜、ナッツと種子類、少量の果物を食べ、わずかにでんぷんを摂り、砂糖は摂らない。運動に必要な量だけ食べ、体脂肪にならない程度に抑える。主要なウエイトリフティングの練習とトレーニングをする。……基礎的なジムナスティック（器械体操）の動作をマスターする。……自転車、ランニング、水泳、ロウイングを……短時間に高強度で実践する。週に五〜六日行なう」。クロスフィットがボックス内に限らず、あらゆるところでメンバーの考え方を改めようとしていることに、アリッサは惹きつけられた。トレーニング参加者の運動強度を上げたいとき、コーチは「ビーストモード！」と大声で叫ぶ（その言葉は、学校にいるときも仕事をするときもアリッサの頭の中で響きわたり、やる気を出させる）。また参加者がクロスフィットの哲学を自分のものとしてとらえられるよう、「ＥＩＥ」と何度も繰り返す。これは「すべてが大事（Everything is everything）」の頭字語だ。

また、ボックスではみんながルルレモンのウェアを着ているのに気づいたアリッサは、街に出かけると、四〇〇ドルもの大枚をはたいて、このデザイナー・ブランドのイケてるワークアウトウェアを購入した（ルルレモンにも、独自のフレーズがいくつもあった。そうしたフレーズは、店で購入した商品を入れるショップバッグのいたるところに印刷されていたから[2]、買い物客は次のようなマントラを手にして店から出ていくことになる。「依存症の人と熱狂的なアスリートにほとんど違いはない」「いつか来る自分自身の終末を思い浮かべよう」「お金より友達が大切」――これらはすべて、ルルレモンの創業者で「トライブ」のリーダーと呼ばれるチップ・ウィルソンの言葉だ。彼はグレッグ・グラスマンによく似た、熟年のＧＩジョーといった風貌の実業家で、グラスマンにもウィルソンにも同じくらい献身的な信奉者がいた。フィットネスがそうした宗教を思わせる信奉を生み出せるなどと、誰が想像しただろうか）。

アリッサは、クロスフィッターのほとんどがパレオダイエットをやっていることを知るとすぐ、グルテンと砂糖を口にするのをやめた。街の外に出かける予定ができ、いつものワークアウトの時間に出席できないことがわかれば、必ず大急ぎでボックスの誰かに連絡を入れた。フェイスブックのグループで、無断欠席だと公開処刑されないためだ。コーチとメンバーは全員がくっついたり離れたり適当に遊んでいる仲だったから、アリッサはボーイフレンドと別れるとすぐ、トレーナーのフレックス（実名はアンディだが、ボックスに加わってから筋肉ムキムキを連想させるこの名前に変えていた）と恋仲になった。

さて、ここで大切な質問をひとつ。アリッサの物語とターシャの物語の共通点とは？

その答えは――「二人ともカルト語の影響を受けていた」ことだ。３ＨＯとクロスフィットの両方を、反論を呼びそうな「カルト」という分類に入れることに疑問を感じる読者もいるだろう。それも当然だ。とりあえず今のところは、次の点について了解してほしい。この二人の女性のひとりは、やがて無一文になり、友人を失い、ＰＴＳＤに苦しんだ。一方、もうひとりに残されたのは痛めたハムストリングと、共依存関係にあるセックスフレンド、そして法外な値段のレギンスの山だけだった。だが、ターシャ・サマーとアリッサ・クラークには明らかな共通点がある。二人はある日、ロサンゼルスの別々の場所で目を覚ますと、自分が深みにはまりすぎたこと、もはや普通に理解してもらえる英語さえ話していないことに気づいたのだ。それぞれが加入した団体での利害関係と成り行きは大きく異なっていたが、それぞれの団体が強大な権力を振るうために用いた手法は、カルト的という点で不気味なほどよく似たものだった。それは、コミュニティと仲間意識を生み出し、メンバーである「私たち」とメンバーでない「他の人たち」をはっきり区別し、コミュニティの価値観にメンバーを従わせ、怪しげな振る舞いを正当化し、イデオロギーを植えつけ、恐怖心をあおるという手法だ。そのなかで大きな決め手となるテクニックは、ドラッグとも、セックスとも、丸刈り頭とも、人里離れた場所での共同生活とも、足下まである長い衣服《カフタン》とも、そして「クールエイド」（新宗教集団「人民寺院（ピープルズ・テンプル）」がジョーンズタウンで集団自殺をした際に使われた飲み物」とも、ほとんど関係がなかった。……実はそうした団体と切っても切り離せないのは、「言葉」なのだ。

ii

たいていのアメリカ人は、いつでもどこかのカルト的集団の話題に夢中になっている。二〇一〇年代に最も話題になった新人小説家によるデビュー作のひとつ、エマ・クラインの『ザ・ガールズ』は、一九六〇年代後半にマンソン・ファミリーに似たカルトでひと夏を過ごした十代の少女の物語だ。また、ケーブルテレビ局ＨＢＯは二〇一五年に新宗教団体サイエントロジーを扱ったドキュメンタリー『ゴーイング・クリアー』を放映し、「見逃せない作品」と高い評価を得た。同様に称賛されたのは、二〇一八年にネットフリックスからリリースされたドキュメンタリーシリーズ『ワイルド・ワイルド・カントリー』だ。一九八〇年代に物議をかもしたラジニーシ教団のインド人教祖《グル》オショー（バグワン・シュリ・ラジニーシ）と、彼がオレゴン州に建設したコミューン（共同体）、ラジニーシプーラムを取り上げている。たまらなくかっこいい音楽と、赤い服をまとった信者たちが登場する当時の映像が挟み込まれたこのシリーズは、エミー賞に輝くと同時に膨大な数のオンライン再生回数を記録した。さらに私がこの本を書きはじめた週に多くの友人たちが話していたのは、二〇一九年に公開されたフォークホラー映画『ミッドサマー』だった。この映画に登場するのは、幻覚剤を用いて性的な儀式を行ない、人間の生贄を捧げる、スウェーデンの（架空の）

残忍なディオニソス的カルト集団だ。そして私がこの本を編集している二〇二〇年の今、誰もが話しているのはカルト集団ネクセウム（NXIVM）を取り上げた二つのドキュメンタリーシリーズ『ザ・バウ』と『セデュースト』〔邦題は『ネクセウム――カルト集団の誘惑』〕だ。ネクセウムは自己啓発団体と見せかけて、実際には性行為を強要する性的搾取集団だった。このように、カルト集団から発想を得た興味をそそるアート作品や物語の筋立ては無尽蔵にある。教祖とその熱狂的信者の話になると、私たちは目をそらすことができないらしい。

私は以前、怖いもの見たさは、実際にはとても本質的な生理反応なのだという心理学者の説明を聞いたことがある。(1) 自動車事故などの惨事を目にすると（たとえそれが新聞の見出しで知った、どこか遠くで起きた出来事のニュースであっても）、私たちの脳内で感情や記憶や生き残り戦略を制御している扁桃体が活動を開始する。問題解決を担う前頭葉に信号を送って、この出来事が自分にとって直接危険なものかどうかを見極めようとするのだ。自分はただ座っているだけなのに、脳は「闘うか逃げるか」のモードに入ってしまう。多くの人々がカルト集団を扱ったドキュメンタリーに熱中し、ジョーンズタウン〔ジョーンズタウンで集団自殺をした「人民寺院」のこと。以下、団体名の意味で使われてもいる〕からQアノンまでさまざまな団体について調べずにいられないのは、けっして誰もがなぜか闇に惹かれてしまう、ねじ曲がった詮索好きだからではない。交通事故の場面もカルトに関する暴露記事もさんざん目にしてきたのだから、ただの怖いもの見たさならとっくに飽きているることだろう。それでも私たちが飽きずに目を奪われてしまうのは、一見ごく「普通」の人たちが、なぜ極端なイデオロギーをもつ狂信的な過激集団に加わってしまうのか――それればかりか、なぜそこにとどまってしまうのか——という疑問に、納得のいく答えを探し続けているからにほかならない。私たちはそうした脅威に目を配りながら、誰でもカルト的な集団の影響を受けてしまうものなのか？　と思いを巡らせているわけだ。あなたにも起こりうる？　私にも起こりうる？　もしそうならば、どのようにして？

　カルトの影響にまつわる疑問に対して、私たちの文化はお粗末な答えを出しがちで、たいていは「洗脳」というあやふやな説明に終始する。なぜジョーンズタウンであれほど多くの人々が命を落としたのか？「クールエイドを飲んだ〔妄信した〕からだ！」。一夫多妻を強いるカルト集団で虐待されている複数の妻たちは、なぜすぐに逃げ出さないのか？「マインドコントロールされているからだ！」——こんなふうに簡単な答えが返ってくる。

　だが実際には、そんな単純な話ではない。ちなみに洗脳というのは疑似科学的な考え方で、私が取材した心理学者の大半はその考えを非難している（これについては、あとでもう少し詳しく説明する）。カルトの影響にまつわる疑問に対してもっと正確に答えるには、まず次のように、正しく質問する必要がある。カリスマ的な指導者はどんなテクニックを用いて、コミュニティと意義を求める人々の根源的な気持ちを悪用するのか？　彼らはどのようにして、そうした力を生み出しているのか？

　その答えは、誰もが花の冠をつけて明るい太陽の下で踊る人里離れたコミューンで生じる、奇妙な幻覚を引き起こす「魔法」とは異なることがわかっている（それはコーチェラ・フェス——コーチェラ・バレーで年に一度開かれる世界屈指の野外音楽フェスティバル——と呼ばれ、これもまた独特の「カルト」だと言えなくもない）。ほんとうの答えは、最終的には「言葉」だ。つまり、話し方。既存の単語を巧みに再定義した言葉から（新しい単語を考え出すこともある）、迫力のある婉曲表現、暗号、改名、キャッチフレーズ、チャント（詠唱）、マントラ、異言、沈黙の強制、さらにはハッシュタグまで、言語が重要な手段となって、あらゆるレベルのカルト的な影響が生じるわけだ。搾取を目的とするスピリチュアルなグルはそれをよく知っているし、ねずみ講を企てる人、政治家、スタートアップ企業のＣＥＯ、ネットで陰謀論を唱える人、フィットネスクラブのインストラクター、ソーシャルメディアのインフルエンサーも、それをしっかり心得ている。実際、私たちは良くも悪くも毎日欠かすことなく「カルト集団の言語」を耳にし、影響を受けている。日常生活（職場、ジムでサイクリングマシンを漕ぐスピンクラス、インスタグラムなど）での話し方を聞けば、人々がさまざまな度合いで「カルト」に参加しているのがわかる。ただ何に耳を傾ければよいかを知ってさえいれば、そのことがはっきりするだろう。だが現実には、マンソン・ファミリーの風変わりな服装*など、いかにも「カルト」的な外見に目を奪われてしまう。その結果、メンバーが極端なまでに集団に身を捧げ、そこにとどまり続ける最大の要因のひとつは、ほんとうは私たちの目に見えないものだという事実を見逃すことになる。

カルトの言語はそれぞれ異なるが、ジム・ジョーンズからジェフ・ベゾス、ソウルサイクルのインストラクターまで、カリスマ的リーダーのすべてが同じ基本的な言語ツールを用いている。この本では、多様なかたちで狂信を生み出す言語を取り上げており、私はその言語を「カルト語（Cultish）」と呼んでいる。英語（English）、スペイン語（Spanish）、スウェーデン語（Swedish）

などと同じ語尾で、「〜の言葉」という意味だ。第1部では、私たちがカルト的な集団について話すときに用いる言葉を調べ、「カルト」という語の意味について広く信じられているいくつかの話についても、誤りがあれば正していくつもりだ。次に第2部から第5部まではカルト語の重要な要素を明らかにするとともに、それらがどんな働きをして、ヘヴンズ・ゲートやサイエントロジーのような危険な集団に信者を誘い込んできたのか、またそれらが私たちの日常の語彙《ごい》にどれだけ浸透しているかも見ていく。これらを読めば、古くからの歴史を通して、そして今でも、良い意味でも悪い意味でも、何が人々を熱狂的に信奉するよう駆り立てるかがわかってくるだろう。「カルト語」という言語がどんなものかを理解すると、それは嫌でも耳に飛び込んでくるはずだ。

言語は、リーダーに備わったカリスマ性だと言える。リーダーたちは言語の力を借りて極小の宇宙（価値と真理の体系）を作り出し、信者たちがその宇宙の法則に従わずにいられなくする。一九四五年にフランスの哲学者モーリス・メルロ＝ポンティは、「水が魚の本来の住みかである」ように、言語は人間の本来の活動領域であると記した。それならば、ターシャにとっての外国語のマントラとアリッサにとっての頭字語は、二人の「カルト」経験を作り上げる上で何か小さな役割を果たしただけとは言えないだろう。人は言葉を手段として用いながら信念体系を生み出し、育て、強化するのだから、言葉がなければ人々の狂信は基本的に存在しえない。エジンバラ大学の応用言語学教授ジョン・E・ジョセフは、スコットランドから私に次のように書き送ってくれた。「言語がなければ信念もイデオロギーも宗教も存在しない。これらの概念は、存在の条件として言語を必要とする」。言語がなければ、「カルト」は存在しない。

たしかに、はっきりと言葉にしなくても信念を抱くことはできるし、もしターシャやアリッサがリーダーのメッセージを受け入れたくなかったら、どれだけ言葉を並べても二人を従わせることはできなかっただろう。ところが、ほんのわずかでも乗り気な人には言葉が絶大な力を発揮する。言葉が自立的思考を押さえつけ、真実を見えなくし、確証バイアス〔自分に都合のよい情報だけを無意識に集めてしまう傾向〕を助長し、感情をかきたててそれ以外の生き方はできないと思わせてしまうのだ。人の話し方を聞けば、その人が誰と親しくつきあってきたか、誰の影響を受けてきたかがよくわかる。その人の忠誠心がどれだけ深いかが、そこにあらわれる。

カルトっぽく聞こえる言語の背後にある真意が、必ずしも歪《ゆが》んだものとは限らない。ときにはとても健全で、団結を促したり、人道的な活動に人を集めたりすることもある。私の親友のひとりはがんに関係する非営利団体で働き、愛情を大げさに伝えるキャッチフレーズの楽しい話や、資金調

＊カルトが独自の服装にこだわる気持ちは根強い。一九九七年、ヘヴンズ・ゲート（この本の第2部で取り上げるUFOを信仰する新宗教団体）の教祖と信者合わせて三九人が集団自殺をしたとき、全員が同じ黒に白いロゴ入りの九三年製ナイキ・スニーカー「ディケード」を履いていた。生き残った二人のヘヴンズ・ゲート信者によれば、靴は教祖が選んだものだが、大量に買えば安くなること以外に特に理由はなかったという。ナイキはこの惨事が起きるとすぐに同モデルの製造を中止し（カルト集団の自殺ほど製品のイメージを悪くする事件が、ほかにあるだろうか）、そのせいでこのモデルのスニーカーはすぐコレクターズ・アイテムになった。ヘヴンズ・ゲートが消滅してから二二年がたった、この原稿を執筆中の時点で、一九九三年製ナイキ・ディケード（USサイズ一二）には、オークションサイト・イーベイで六六〇〇ドルの値がついていた。

達のイベントを盛り上げるために繰り返し唱える、宗教めいたマントラを教えてくれる。たとえば、『いつか』は、今日だ」「今週は『勝利の週』だ」、「飛ぼう、より高く、より遠くへ」「がんの治療法を探すこの旅で、きみは最も偉大なる世代の戦士、そしてヒーローだ」など。「こういうのを聞くと、マルチ商法の人の話し方を思い出す」と、親友は言う（彼女は、カルト的な直接販売をしているメアリー・ケイやアムウェイのような会社のことを言っている。こうした会社についてはあとで詳しく紹介する）。そしてこう付け加えるのだ。「カルトっぽく聞こえるけれど、私たちには正当な動機があるのよ」。第5部では、「カルト・フィットネス」スタジオで用いられているスピリチュアルなチャントや賛歌のようなものについて考える。それらは疑い深い部外者には過激に聞こえるかもしれないが、よく聞いてみると実際にはそれほど有害なものではない。

悪意によるものにせよ善意によるものにせよ、言語はコミュニティのメンバーに同じ考え方をもたせる方法だ。言語は、人々が「自分が何か大きいものに属している」と感じるように後押しする。「言語は共通の認識をもった文化をもたらす」と、ロンドン・スクール・オブ・エコノミクスで新宗教運動を研究している社会学者アイリーン・バーカーは言う。だが、熱狂的に崇拝されるリーダーがいて、信じることで結束した小集団があれば、そのメンバーには必ず何らかの心理的圧力がかかる。それは、ごく月並みなFOMO（自分だけ取り残されるのではないかという不安）を生じさせるといったありふれたものの場合もあれば、凶悪犯罪に手を染めることを強いるような危険なものの場合もある。かつてサイエントロジーに入会していたある人物がインタビューに答え、声をひそめて次のように語った。「正直なところ、言語がすべてです。言語によってほかの人たちから隔離されてしまいます。言語によって、自分は特別な存在で、自分が内情に通じているると感じるようになるのです。ほかの人たちとは違う言語を使ってコミュニケーションできるわけですから」

ただし、カルト語の仕組みについて論じる前に、重要な定義に注目する必要がある。「カルト」という語は、厳密には何を意味しているのだろうか？　実のところ、反論の余地のない定義を考え出すのは一筋縄ではいかない難題だ。この本を書くための調べものをし、さらに執筆を続けているあいだ、この語に対する私の理解はどんどん曖昧になり、定まらなくなっていった。「カルト」とは何かを確定できずにとまどっているのは、私だけではない。私は少し前にロサンゼルスの自宅近くで小規模な街頭調査を行ない、数十人の見知らぬ人たちにこの語はどんな意味だと思うか尋ねてみた。それに対する答えは、「非常に強い力をもって人を惑わす人物に率いられた、信者たちの小さい集団」や「何かにとても熱心な人たちのグループ」というものから、「カルトは、どんなものでもありうるよね、そうじゃない？　コーヒーのカルトだって、サーフィンのカルトだってありだ」まで、実にさまざまだった。そして、確信をもって断言した人は、誰ひとりいなかった。

このように意味が曖昧なことには理由がある。それは、「カルト」という語の興味深い由来が（まもなくそれを年代順に示していくつもりだ）、私たちの社会とスピリチュアリティ、コミュニティ、意味、アイデンティティとの変化し続ける関係に、正確に対応しているからだ（そしてその関係性は、かなり……奇妙なものだ）。言語の変化は、つねに社会の変化を反映する。ここ数十年のあいだに、ソーシャルメディアの登場、拡大するグローバリゼーション、伝統的宗教からの離脱といった現象が起こり、他者とのつながりの源や実存的な目的が変化してきた。そしてそれに伴い、既存の集団に取って代わる小集団が次々に登場してきた。なかには危険なものも、それほど危険ではないものもある。「カルト」という語は、それらすべてを説明できる語として進化してきたわけだ。

「カルト」という語は、会話の文脈と話し手の考え方に応じて、まったく異なる意味をもちうる語のひとつになった。死と破滅を暗示する悪事を非難するのに使われることもあれば、信者の揃いの服装と熱狂ぶりをほのめかすだけの軽い隠喩《メタファー》にすぎないこともあり、またその中間のどんなものもありうる。

現在では、新宗教、インターネットの過激派グループ、スタートアップ企業、さらには化粧品ブランドにまで、ほぼ同等に「カルト」という語が使われたりする。私が数年前に化粧品に関する情報を扱うオンラインマガジンの仕事をしていたときには、新製品の発売にあたって評判を呼び起こすためのマーケティング用語として、化粧品ブランドがごく普通に「カルト」という語を使うのに気づいた。当時の仕事関係の受信メールをざっと探してみると、その例がいくらでも見つかる。「次のカルト現象を巻き起こす新商品を発売前にこっそりお見せします」という文章は、化粧品の最新シリーズを紹介するプレスリリースに載っており、彼らの「カルト・ラボ」が生み出した新製品のフェイスパウダーが、「ビューティー・ジャンキーとメイクアップ狂信者を熱狂させるでしょう」と断言している。スキンケアを専門とする会社の別の宣伝には、CBDオイル入りエリキシル美容液の一五〇ドルもする「カルト好みのセット」が、「スキンケアの領域を超え、人生でどんなことがあってもうまく切り抜けていくために、リラックスして自分自身を好きになれる機会をお届ける貴重な贈り物」と書かれている。機会を届ける貴重な贈り物？　どんなことがあっても切り抜けていく？　このアイクリームによって手に入ると約束された恩恵は、スピリチュアル詐欺師が約束する恩恵と大して変わらないようだ。

こうして「カルト」の定義をいくつも並べてみると、実にわかりにくく思えてくるが、みんななんとかうまく理解しながら過ごしているようだ。社会言語学者の研究によれば、会話で聞き慣れた単語が何かしら使われていれば、聞き手はそこに含まれる意味や自分との関わりについて文脈からとても適切に推測できるという。私たちはたいていの場合、ジョーンズタウンの「カルト」について話すときには、CBDのスキンケアやテイラー・スウィフト・ファンの「カルト」とは違うものを意味していると推測できる。もちろん誤解の余地はあるだろう。言語には誤解がつきものなのだから。それでも全体的に見て、会話に慣れた人のほとんどは、フィットネスに夢中になっている友人を「カルト信者」と呼んだとしても、それは宗教かと思うほどの献身的な活動のことを話しているのだとわかっていて、破産に追い込まれたり家族と口をきかなくなったりするといった心配まですることはないはずだ（少なくとも、フィットネスクラブの会員になる条件に、そのようなものはない）。テイラー・スウィフトの大ファンやソウルサイクルに通い詰める人を「カルト」と呼ぶ場合、それはメタファーであり、学校や職場を「監獄」にたとえるのに似ている。その場合の「監獄」は、うんざりするような環境や厳しい上司を言い表すひとつの手段であって、実際の独房を想像して不安を感じる者はいない。スタンフォード大学の心理人類学者で新宗教団体の研究でよく知られるタニヤ・ラーマンに、取材のために訪問したいというメールをはじめて出したとき、次のような返信が来た。「アマンダ様、喜んで取材をお受けします。私の考えでは、ソウルサイクルはカルトです☺」。ところがその後、実際に会って話しているとき、彼女はそのメールは冗談半分で書いたもので、公式の場ではけっしてそんなことは言わないと断言した。もちろん私には聞く前からわかっていたのだが。タニヤの話については、あとでさらに詳しく紹介するつもりだ。

ソウルサイクルのような集団の場合、「カルト」という言葉は仲間に対する個々のメンバーの熱烈な忠誠を表現する手段になっている。それは、マンソン・ファミリー並みの危険な集団が見せてきた、いくつかの特徴を連想させるかもしれない――メンバーが金銭と時間をすべて集団に捧げ、疑念をもたずに従い、指導者の地位が非常に高いという特徴だ（そのすべてが確実に毒性をもつものに変貌する可能性を秘めている）。だが、ソウルサイクルのような集団では、外部の世界からの完全な孤立や、生死に関わる嘘と虐待はない。はっきり口に出して言わなくても、命に関わる事態や脱会できない状況になることはないと、みんなが知っている。

ただし、何ごとでも同じだが、良いカルトと悪いカルトの二つにはっきり分かれているわけではない。さまざまに程度が異なる「カルト的なもの」が存在しているのだ。『ザ・カルト・オブ・トランプ』の著者で、アメリカ屈指のカルト専門家でもあるメンタルヘルス・カウンセラーのスティーヴン・ハッサンは、健全で建設的な集団から有害で破壊的な集団まで、カルト的集団が及ぼす影響には段階的な相違があると説明している。ハッサンによれば、破壊的な側に近い集団は三種類の策略を利用する。知らせる必要のあることを知らせない、自分たちの主張を受け入れやすくするために事実を歪曲する、そしてまったくの嘘を伝える、という三つだ。いわゆる道徳的なカルト

（ハッサンはスポーツと音楽のファンを挙げている）と有害なカルトとの大きな違いのひとつとして、道徳的なカルト集団は自分たちが何を信じているか、何を求めるか、メンバーに何を期待しているかに正直である点を挙げることができる。そして、集団を抜けても深刻な結果になることはほとんどない。「もし、『もっといいバンドを見つけた』『もうバスケットボールに興味がなくなった』などと言っても、ほかのメンバーから脅されることなどない」と、ハッサンは明言する。「精神に異常をきたしたり悪魔に取りつかれたりするといった、理不尽な恐怖を味わうことはないだろう」*。

さもなければ、かつて3HOに入会していたターシャの場合のように、ゴキブリに生まれ変わると怯えることになる。私が彼女にグループの約束をほんとうに信じていたのかと尋ねると、ターシャは「心底から」と答えた。その約束とは、たとえば自分のグルと寝るとか自死するといった重い罪を犯せば、世界中で最も嫌われている昆虫として生まれ変わるというものだった。ターシャは

＊「スタン・カルチャー」（たとえばテイラー・スウィフト、レディー・ガガ、ビヨンセなどの音楽界のスターを、宗教的なまでに崇拝して守ろうとする、熱狂的なファンのオンライン上のコミュニティ）は、過去の世代のセレブ・ファンより危険をはらんだ存在になっている。二〇一四年に行なわれた精神医学的研究によると、セレブのスタン（熱狂的ファン）は、醜形恐怖症、美容整形への執着、対人関係での境界線をうまく判断できないといった社会心理的問題、さらに不安障害や社会的機能障害といったメンタルヘルスの問題に苦しむ傾向がある。同研究は、スタンにはナルシシズム的な性質、ストーカー行為、解離（意識や記憶をひとつにつなげる力が一時的に失われた状態）が見られることも明らかにした。「ポップカルチャー・カルト」にまつわる浮き沈みについては、第6部で詳しく取り上げる。

また、神聖な人物がいるところで死ぬと、より高い地位で生まれ変わるとも信じていた。以前、公衆トイレでゴキブリを目にしたときには、それが前世で何かひどいことをしたスワミで、バイブレーションを高めて戻ってこようとしているのだと思った。「そのときこう思ったの。『ああ、大変、この人は私の目の前で死のうとしている。私が地位の高い先生だから』って」。ターシャはゾッとした。すると水をためた洗面台までゴキブリがのぼってきたので、一気に栓を抜いて水を流し、自分の近くで溺れ死ぬという栄誉を与えないようにした。「私はひどく興奮して、大急ぎでトイレを走り出た。たぶんあれが、私が正気を失っていたピークだと思う」

一方、クロスフィッターのアリッサ・クラークにとって起こりうる最も恐ろしい事態は、ワークアウトをサボってフェイスブックに怠け者としてさらされることだったそうだ。あるいは、ボックスをやめて代わりにスピニング・フィットネスを始めたりして（そんなことがあってはならない！）、なじみの仲間や恋人たちが自分の人生からゆっくり消えていくことだった。

そして、カルトに似たこうしたさまざまなコミュニティを表現するために、日常会話に「カルトみたいに熱狂的なファンがいる（cult-followed）」、「カルトっぽい（culty）」、「カルト的（cultish）」といった形容詞が生まれてきたのだ。

いくつもの「カルト」がこうして誰もが知る存在になってきているのは、偶然などではない。二十一世紀に入ると社会・政治情勢が不安定になり、教会、政府、製薬業界、大企業など、長きにわたって支配的な地位にあった組織に対する不信感が生まれてきた。そうした社会情勢は、型破りな新しい集団を生み出すのにうってつけなのだ。掲示板型コミュニティサイト「レディット」に投稿を重ねるインセル〔不本意な禁欲者――異性との交際がなく禁欲を強いられているのは女性のせいだと考える男性〕からウー・ウー・ウェルネス〔スピリチュアルな健康法を実践するヒーラーのコミュニティ〕まで、新たに誕生した集団はどれも従来の組織が提供できなかった答えを示すと請け合うので、新鮮で魅力的に見える。さらにソーシャルメディアの発展と婚姻率の低下が加わり、文化全体で孤立感がこれまでになく高まっている。市民活動への参加は記録的な低さだ。[1] 二〇一九年には「フォーブス」誌が、孤独は「伝染病[2]」だと評した。

人間は孤独をとても苦手としている。私たちは孤独に耐えられるようにつくられてはいない。人々は古代から今にいたるまで、つねに考えを同じくする仲間に惹かれ、[3] 結束力の強いそうした集団で仲間たちが心を通わせながら、生存競争を勝ち抜いてきた。だがこうしたコミュニティは進化の点で優位をもたらすばかりでなく、私たちに「幸福」と呼ばれる不思議なものも感じさせてくれる。神経科学者によれば、集団での詠唱《チャント》や歌唱といった意識を超越した絆をもたらす儀式に参加すると、私たちの脳内にドーパミンやオキシトシンといった快感をもたらす化学物質が分泌されるという[5]。狩猟採集の暮らしをしていた祖先たちは、実質的な必要性はなかったにもかかわらず、いつでも村の広場に詰めかけて、儀式的な踊りに興じていた[6]。現代人の場合、デンマークやカナダのように（質の高い公共交通機関や地域住民の協同組合などによって）政府がコミュニティのつながりを優先させている国の市民は、満足度と充実感についての自己評価が高い。人間は社会的でスピリチュアルな存在としてつくられているという考えが、あらゆる種類の研究で指摘されている。私たちの行動を駆り立てるのは、所属と目的への願望だ[7]。私たちは生まれつき「カルト的」なのだと言える。

　このように人とつながることへの人間の根本的な願望はいじらしくさえあるが、悪い方向に誘導されれば、普通なら思慮深い人がまったく不合理な行動をとってしまうこともある。よく知られた次の研究を考えてみよう。一九五一年にスワースモア大学の心理学者ソロモン・アッシュが、六人ほどの学生を集めて単純な「視覚テスト」を行なった。実は集まった学生のうち実際の被験者はひとりだけで、残りは偽の被験者だったが、アッシュは全員に四本の縦線を見せて、同じ長さの二本の線を順に答えていくよう指示した。正解は明白で、線の長さを判断できる視力以外に必要な技能など何もなかったのだが、まず偽の被験者が申し合わせてわざと間違えた答えをすると、最後に答える実際の被験者の七五パーセントが自分の目で見た判断を無視し、明らかに間違っている多数の答えに同調した。このような周囲と異なることへの根深い恐怖、周囲に同調しようとする衝動が、集団に帰属すると安心感を覚える理由の一部となっている。それはまた、３ＨＯのヨギ・バジャンからクロスフィットのグレッグ・グレスマンまで、カリスマ的リーダーたちが信者たちを誘導して利用するために学んだことでもあった。

以前であれば、コミュニティと解決策が必要になったときに人々が引き寄せられたのは既成宗教だった。だが、その傾向はだんだん当てはまらなくなっている。毎日毎日、ますます多くのアメリカ人が主流の宗教に所属するのをやめて散り散りになっているのが現状だ。二〇人あまりいる私の友人たちの大半は、自分は「スピリチュアルだが宗教を信仰してはいない」と主張している。ピュー研究所がまとめた二〇一九年のデータによれば、ミレニアル世代の一〇人に四人は自分がどの宗教にも属していないとみなしていることがわかった[8]。これはその七年前に比べ、ほぼ二〇パーセントポイントの増加だった[9]。また二〇一五年のハーバード大学神学大学院の調査によると、若者たちは今でも自分の人生に意味をもたせるために「深いスピリチュアルな体験とコミュニティでの経験の両方」を求めている——ただし、こうした欲求を伝統的な信仰によって満たしている者の数は、史上最少になっていた[10]。

このように急増する既存信仰との関係を断《た》った人々を分類するために、学者たちは「信仰する宗教なし」や「リミックス」[11]といった選択肢を追加した。「リミックス」は、神学者、記者の肩書をもち『奇妙な儀式——神のいない世界のための新しい宗教』の著者でもあるタラ・イザベラ・バートンが考え出した用語だ。現代の求道者たちが、異なる（宗教的なものもそうでないものも含めた）複数の団体の信条と儀式とを組み合わせ、独自のスピリチュアルな慣習を考え出そうとする傾向をあらわしている。たとえば、午前中は瞑想のクラス、午後は占星術、そして金曜日の夜は超改革したユダヤ教の安息日を友人たちと楽しく過ごすといった具合だ。

「スピリチュアル」の意味に、神はまったく含まれていない場合が多い。ハーバード大学神学大学院による調査では、アメリカの若者たちに現代の宗教的アイデンティティをもたらす集団として、ソウルサイクルとクロスフィットの名も挙がっていた。「宗教で得られるのと同じものを与えてくれる。自分の人生は大切なのだという気にさせてくれるの」と、ソウルサイクルに夢中になっているチャニ・グリーンは、エクササイズに熱狂する気持ちについて私にそう話した。彼女はロサンゼルスで暮らす二十六歳の女優だ。「私たちに向けられている冷笑は、非人間的と言ってもいいわね。私たちは何かにつながっていると感じる必要があるのよ。ただ死ぬためだけではない、何らかの理由があってこの地球上に生まれたと感じる必要がね。ソウルサイクルでは四五分間、それを感じられるわ」

ワークアウトの教室を宗教と比較するという考えに苛立つ人々は、そうした考えが「カルト」を定義するのと同じくらい一筋縄ではいかないものだとわかっている。そのために学者たちは何世紀にもわたって、「宗教」を分類する方法について激しい議論を続けてきた。キリスト教は宗教でフィットネスは宗教ではないと感じられるかもしれないが、専門家でさえなぜそう区別できるのか、正確な理由を説明するのは難しい。私が好きなのはバートンの考え方で、それは宗教とは何かではなく、宗教が何をするかに重きを置く。それによると、意味、目的、コミュニティの感覚、儀式の四つを提供するのが宗教だ。そして教会でこれら四つに出会える機会はどんどん少なくなっている。

現代のカルト的な集団も安らぎを与えてくれる場所なのだろう。そうした集団はある意味、この世界で生きることの不安や心配を和らげるのに役立つとも言えるからだ。この世界は、あまりにも多くの可能性を突きつけてくる（少なくともそうした幻想を抱かせる）。以前、「構造をもたない柔軟性は柔軟性ではない、それは単なるカオスだ」と、あるセラピストが私に話してくれた。多くの人々が日々の暮らしで感じているのは、そのカオスだろう。アメリカでは歴史の大半を通して、人々が自分の職業、趣味、住む場所、恋愛、食事、美意識（などすべて）について自分で容易に決められる範囲は比較的狭いものだった。だが二十一世紀になると、ある程度の特権をもつ人は、チーズケーキ・ファクトリーのメニューに並んでいるようなたくさんの選択肢のなかから自分で何かを決められるようになってきた。とりわけ現代は過激なほど「自己創造」してアイデンティティを作り上げることを求められる時代で、選択肢の数は身がすくむほど多い。そのために強力な「パーソナル・ブランド」を確立しなければならないという大きなプレッシャーがかかる一方、若者のやる気と基本的なサバイバル感覚は、かつてないほど希薄になっている。ミレニアル世代を子にもつ親たちは、自分たちの世代の経験をふまえ、大きくなったら自分の好きなものになれるとわが子に言ってきたわけだが、「もし……なら」「……かもしれない」の可能性がどこまでも並ぶスーパーのシリアル売り場に圧倒された若者が求めたのは、どれを選べばいいかを教えてくれるグルだったのだ。

「毎朝どの服を着ていけばいいか、誰かに教えてもらいたい。何を食べればいいのか、誰かに教えてほしいの」と、エミー賞受賞のドラマ『フリーバッグ』シーズン2でフィービー・ウォーラー＝ブリッジ演じる三十三歳の主人公は、（魅力的な）神父に打ち明ける。「何を嫌って、何に怒って、何を聴いて、どのバンドを好きになって、どんなチケットを買って、何を冗談のネタにして、何をしちゃいけないのか。何を信じて、誰に投票して、誰を愛して、どんなふうに伝えればいいのか、誰かに教えてほしいのよ。ただ、私は自分の人生をどう生きればいいのか、誰かに教えてほしいと思っているだけ」

アイデンティティのテンプレートを（政治に対する意見から髪型まで）示してくれるグルに従っていれば、選択するときに感じる矛盾が和らぐ。こうした考えは、サイエントロジーの信者や3HOのメンバーなどのスピリチュアルな過激派だけでなく、ソーシャルメディアのセレブやルルレモン、グロッシアー〔ミレニアル世代に人気の化粧品ブランド〕といった「カルト・ブランド」の熱心な支持者にも当てはまる。「私はグロッシアー・ガールなの」とか「ぼくはジョー・ディスペンザ博士のファンなんだ」（ジョー・ディスペンザは疑わしい面のある自己啓発のスターで、第6部で詳しく取り上げる）と言えれば、自分が何者で何を考えているかについて、何度も選択しなければならない重荷と責任が軽くなる。それによって求められている圧倒的な数の答えを、扱いやすい数まで減らすことができるわけだ。ただ、「グロッシアー・ガールならどうする？」と問うだけですむ。そして毎日の決定を――つける香水から読むニュース記事までのすべてを――その枠組みに任せればいい。

主流の支配的組織から離れて伝統的ではない集団に向かうという潮流は、目新しいものではない。

人類の歴史のいくつかの節目に、世界のあらゆる場所で見られたものだ。いわゆるカルトに惹かれる社会の風潮は（人々がカルトに加わろうとすることも、人類学的に見たカルトへの強い興味も含めて）、実存的な不安が広がる時期に強まる傾向がある。大半の代替宗教のリーダーが指導者の地位に着くのは、信奉者を利用するためではなく、社会や政治の混乱の中で信奉者を導くためだ。ナザレのイエス（馴染みのある名前だろう）は、中東の歴史で最も困難に満ちた時代と考えられている時期に登場している（それは疑う余地のない事実だ）。乱暴な侵略者であるローマ帝国に苦しめられた民衆は、自分たちを元気づけるとともに守ってくれるような、権力層に属さない指導者を探し求めた[12]。その一五〇〇年後、ヨーロッパで燃えさかったルネサンスの時期には、カトリック教会へ反旗を翻した数十もの「カルト」が出現した。十七世紀から十八世紀のインドでは産業構造の変化で生じた社会不安から、その後はイギリスの帝国主義への反発から、いくつもの過激派が生まれている。

ほかの先進国と比べると、アメリカはことさら一貫して「カルト」との関係を保ち続けており[13]、それはこの国独特の混乱を如実に物語るものだ。世界全体を見ると、生活水準が最も高い国（教育レベルが高く平均寿命の長い国）では信心深さが最も低くなる傾向にあるが、アメリカは例外で、先進国でありながら信者の数も多い。「信仰する宗教なし」と「リミックス」が増えたが、それでもなお信者数が多いのだ。この矛盾は、たとえば日本やスウェーデンなどのほかの先進諸国では国民皆保険と多様な社会的セーフティーネットといった数々のトップダウンの支援が用意されている[14]のに対し、アメリカではそうしたものはなく、もっと自由意志に任されるということで、ある程度は説明できる。「日本やヨーロッパの人たちは、いざというときには政府が助けてくれることを知っている」と、ジョージア・グウィネット・カレッジの言語心理学者デヴィッド・ルーデン博士は、「サイコロジー・トゥデイ」誌で述べている。だがアメリカには自由競争主義の雰囲気があるために、人々はすべて自力でやっていかねばならないと感じる。何世代にもわたってこうした制度による支援がない状態が続いたことで、それに代わる超自然に熱中する集団が急増する下地ができたというわけだ。

このようなアメリカ人の不安は、一九六〇年代と七〇年代にカルト的な活動が増えた要因でもあった。その時代にはベトナム戦争、公民権運動、ケネディ兄弟の暗殺が起こり、アメリカ市民は不安に陥っていた。当時、精神修行に取り組む人が急増した一方で、伝統的なプロテスタント教会の力は衰えており、そうした文化的な渇望を癒やすために新しいムーブメントが生じたのだ。そこで、ジューズ・フォア・ジーザスやチルドレン・オブ・ゴッドのようなキリスト教から派生した教団から、東洋にルーツをもつ3HOやシャンバラ・ブッディズム、ペイガン集団のコヴェナント・オブ・ザ・ゴッデス（女神の契約）やアフロディーテ教会、サイエンスフィクションの色合いが強いサイエントロジーやヘヴンズ・ゲートまで、ありとあらゆるあらゆる団体が出現した。今ではこの時代を「第四次大覚醒」と呼ぶ学者もいる（第一次から第三次大覚醒は、一七〇〇年代と一八〇〇年代にアメリカ北東部に巻き起こった一連の熱狂的な信仰復興運動《リバイバル》だった）。

それまでのプロテスタントの大覚醒とは異なり、第四次大覚醒は東洋およびオカルトに目を向け、個人主義的に悟りを得ようとする探求者が引き起こしたものだ。二十一世紀の「カルト信奉者」と同様、そうした探求者はほとんどが反体制文化を支持する若者で、時の権力者に裏切られたと感じて失望し、政治に不信感をもっていた。占星術アプリの会員になったり、音楽フェスに参加したりすると、もし一九七〇年代だったなら何らかの「カルト」に出会っていたことだろう。

結局のところ、アイデンティティ、目的、所属を強く求める状況がずいぶん長いこと続いており、そうした求めがほとんど満たされないとき、文化的な忘却の果てでいつもカルト的な集団が誕生してきた。目新しい点と言えば、最近のインターネットの時代になってからは、グルは神である必要がないし、足を踏み入れる際の垣根はダブルクリックで越えられるほど低くなり、伝統にとらわれない信仰をもつ人々がこれまでになく簡単に見つかるようになった。だから、世俗的なカルトが（熱狂的なワークアウトのスタジオから、「カルト」を「社風」に取り入れるスタートアップ企業まで）春のタンポポのように次々と芽を出しはじめるのも当然のことだ。良くも悪くも、今では万人のためにカルトがある。

iv

何年か前、私が大学で言語学に専念するために、負けず嫌いばかりが集まった（そして、とてもカルト的な）演劇プログラムの履修をやめることにしたと話したとき、母親は少しも驚かなかった。いつも私のことを、まったく「カルト的ではない」と思っていたからだという。私はそれを褒め言葉と受け取った。その反対とは見られたくなかったせいだが、それと同時に、全面的な賛辞とも思えなかった。カルトには暗い要素と並んである種の魅力もあるからだ――型にはまらず、神秘的で、共同体の親密さを感じさせる面をもっている。さて、この言葉についてまた一から考え直してみる必要がありそうだ。

「カルト」は、つねに悪い意味を帯びてきたわけではない。この語がはじめて登場したのは十七世紀の書物で、そのころの「カルト」は今よりずっと無害なものだった。当時のカルトは、ただ「神に対する敬意」や、神々を説得するための捧げものという意味でしかなかった。「カルチャー（文化）」や「カルティベーション（栽培）」という語も同じラテン語のcultusを語源とし、形態論的には「カルト」の親戚になる。

この語が進化を遂げたのは、十九世紀はじめのことだ。それはちょうどアメリカで実験的な宗教が世間を騒がせた時期にあたる。アメリカの植民地は新しい宗教の教えを実践する自由のもとで建設されており、風変わりな信者が好きなだけ奇矯な行動をとれる安全な楽園として名を馳せていた。こうした精神的自由により、アメリカには伝統にとらわれない社会・政治集団も大量に押し寄せており、一八〇〇年代半ばには一〇〇をはるかに越える小規模な思想グループが形成と崩壊を繰り返していた。一八三〇年代にフランスの政治社会思想家アレクシ・ド・トクヴィルがアメリカを訪れたとき、「あらゆる年齢、あらゆる身分、あらゆる気質のアメリカ人たちが、絶えず団体を結成している」[1]様子に驚いている。当時の「カルト」には、ニューヨーク州北部でポリアモリー（複合婚）の共産主義的共同体を形成した「オナイダ・コミュニティ」（なんだか楽しそう）、インディアナ州で科学愛好者が平等主義の共同体を作った「ハーモニー・ソサエティ」（すてきだ）、マサチューセッツ州に短期間だけ存在した菜食主義農業カルトの「フルートランズ」（私の好み）といった団体が含まれていた。[2]フルートランズを設立した哲学者のエイモス・ブロンソン・オルコットは奴隷制度廃止論者で、女性権利拡大の活動家でもあり、また『若草物語』の著者ルイーザ・メイ・オルコットの父親でもある。当時の「カルト」は単に「宗派」や「学派」と同様の、教会に関連する分類の一種にすぎなかった。その語は何か新しい団体や正統ではない団体を意味するもので、必ずしも無法な団体を指すわけではなかったのだ。

「カルト」の語に悪評が生じはじめたのは、第四次大覚醒が始まる少し前のことだった。その時期、社会規範にとらわれないスピリチュアルな団体があまりにも多く出現して、昔ながらの保守派やキリスト教徒を怯えさせ、まもなく「カルト」は、いかさま師、ニセ者、異端の変人と結びつけられてしまう。それでもまだ、それほど大きな社会的脅威や犯罪行為に及ぶ集団とはみなされていなかったのだが……一九六九年のマンソン・ファミリーによる殺人事件、一九七八年のジョーンズタウンでの集団自殺（第2部で詳しく見ていく）で大きく状況が変わった。それ以降、「カルト」という語は恐怖の象徴になる。

ジョーンズタウンで九〇〇人を超える人々が陰惨な死を遂げた事件は、九・一一以前のアメリカでは最も多くの民間人が犠牲になった出来事で、国中がカルトに対する狂乱状態に陥った。なかにはそれに続く「悪魔崇拝パニック」を思い出す読者もいるかもしれない——一九八〇年代の一時期、悪魔崇拝者が子どもを儀式に供し、健全なアメリカの人々を脅かしているという被害妄想が広まったのだ。社会学者のロナルド・エンロートは一九七九年に、著書『カルトの魅力』で次のように書いている。「ジョーンズタウンの事件が前例のないほどメディアで取り上げられたことによって……アメリカの人々は、慈悲深く見える宗教団体であっても地獄のような堕落を隠蔽している可能性があると警戒するようになった」

その後、こうした出来事ではありがちだが、カルトが恐ろしい存在になるとすぐ、「かっこいい」とみなされるようにもなった。ほどなくして、七〇年代のポップカルチャーでは「カルト・ムービー」や「カルト・クラシック」といった語が生まれている。[3] それは『ロッキー・ホラー・ショー』などの、新進気鋭のアングラ系インディーズ映画のジャンルを指す。フィッシュやグレイトフル・デッドのようなバンドは、公演先についてまわる熱狂的な「カルト・ファン」がいることで知られた。

第四次大覚醒から一世代か二世代あとになると、カルトに興味を抱く若者たちにとっては、その時代がノスタルジックでクールに見えはじめた。七〇年代の過激派グループは、意外なことに今ではレトロでおしゃれだと思われるようになっている。現在のところ、「マンソン・ファミリーに夢中」なのは、「ヒッピー時代のレコードやバンドのＴシャツを山ほどコレクションしている」のと同じようなものだ。最近、ロサンゼルスの美容院で客の女性が担当のスタイリストに、「マンソン・ガール」のヘアスタイルにしてほしいと話している声を耳にした。伸びすぎに見えるほど長い髪を、栗色に染めてセンターで左右に分けるというスタイルだ。また二十代の知人は、ニューヨークのハドソンバレーでカルトをテーマにした誕生日パーティーを主催したという。ハドソンバレーは昔から数多くの「カルト集団」（ザ・ファミリー、[*]ネクセウム、さらに無数の魔女）の本拠地として知られ、ウッドストック・フェスティバルの開催地でもある。誕生日パーティーのドレスコードは、「全身白づくめ」だった。白っぽいスリップを身につけ、とろんとした目で「なんだか、とりつかれちゃったみたい」といった表情をした参加者たちのフィルターのかかった写真が、私のインスタグラムのフィードにあふれかえった。

＊「ザ・ファミリー」という曖昧な名前を隠れ蓑にしたカルト的な集団はいくつか存在するが、ここでいうザ・ファミリーは六〇年代に結成された、世界の終末を説くニューエイジ・コミューンのひとつで、指導者はオーストラリアのサディスティックなヨガ教師、アン・ハミルトン・バーンだった。ハミルトン・バーンは（よくある話だが）自らを救世主と名乗り、八〇年代後半に逮捕された。一〇人以上の子どもを誘拐し、儀式として大量のＬＳＤを投与するなど、常軌を逸した方法で虐待したのがその理由だ。

ここ数十年にわたり、「カルト」という言葉は極端にセンセーショナルなものになり、同時にひどく美化されたため、私が話を聞いた専門家の大半はもうこの言葉をまったく使っていない。彼らによると、「カルト」という語の意味があまりにも広く主観的になっているために、少なくとも学術的な文献では使えないのだという。つい最近の一九九〇年代まで、学者たちは何の問題もなく、「社会から逸脱していると多くの人々がみなしている」集団を説明するのにこの語を使っていた。だが、社会学者ではなくてもそのカテゴリーの分け方に歪みが生じたことがわかる。

一部の学者たちは、「カルト」という語をもっと正確にしようと試み、カルトに分類する具体的な基準を明らかにしようとしてきた。たとえば、カリスマ性のある指導者、精神状態を変化させる行動、性的および金銭的な搾取、メンバー以外の人々を区別して「私たちと他の人たち」を対立させる考え方、目的のために手段を選ばないという価値観などだ。アルバータ大学の社会学教授スティーヴン・ケントは、一般的に「カルト」という語は超自然的な信条をある程度掲げる団体に用いられてきたが、必ずしもそうとは限らないと付け加えている（普通なら、たとえば化粧品のマルチ商法に天使や悪魔は登場しない。一部の場合を除いては……詳しくは第4部で取り上げる）。だが、これらの団体の結末はすべて同じだとケントは言う。つまり、メンバーの献身、英雄崇拝、絶対的信頼が揃うと力関係に不均衡が生じ、多くの場合は説明責任のないリーダー側が権力を乱用するようになる。この信頼関係を維持する接着剤の役割を果たすのは、「リーダーは超越した叡智《えいち》を手に入れた類まれな存在」というメンバーの信念だ。リーダーはそのような叡智によって、この世でもあの世でも賞罰体系を支配し、褒美と罰を自在に与えられるのだと、メンバーは信じ込んでしまう。私が話をしたところでは、「本物のカルト」や「カルトの学問的定義」と聞いて一般の人たちの大半が思い浮かべるのは、こうした特性のように思う。

だが結局のところ、「カルト」に正式な学問的定義は存在していない。「それは本質的に非難の意味を含む語だからです」と、サンディエゴ州立大学の宗教学教授レベッカ・ムーアは電話インタビューで語った。「単に、自分が好きではない集団を説明するのに使われてきただけなのです」。ムーアは独特の立場から、カルトという研究テーマに取り組んでいる。彼女の姉と妹がジョーンズタウンの集団自殺で命を落としており、実際にはジム・ジョーンズに指示されて集団自殺遂行の手伝いをしていた。ムーアは、「カルト」という言葉を本気で使うことはないと私に話した。その解釈は、明らかにそれぞれの判断に任されるからだという。そして、「誰かがその言葉を使えばすぐ、私たちは読者や聞き手として、あるいは個人として、その特定の集団についてどう考えるべきかがわかります」と語った。

同様に、「洗脳」もメディアで絶えず話題にされている言葉だが、この本のために私が助言を求めた専門家のほとんどは、これを使うのを敬遠または拒絶していた。「兵士が人を殺すよう洗脳されるとは言いません。それは基本的な訓練によるものです」とムーアは言う。「友愛会のメンバーが［新入会員を］からかうよう洗脳される*とも言いません。それは仲間の圧力によるものです」。ほとんどの人は「洗脳」という言葉を文字どおりに受け取り、カルト集団の教えを叩きこまれているあいだに、脳の神経回路が何か変わってしまうのだろうと考える。だが、洗脳というのは単なるメタファーで、実証できる何かがあるわけではない。

ムーアは、ジョーンズタウンの悲劇での姉妹二人の役割を考えれば、「文字どおり洗脳されることがある」と信じるのにうってつけの位置にいると言えるだろう。それでも彼女はその概念に反論している。ひとつには、洗脳という概念は「自分自身で考える」という人間の本質的な能力を無視しているからだ。人間は、意思決定の力が脆弱でいつでも消し去ることができるような、無力なドローンではない。もしほんとうに洗脳できるのなら、「もっとたくさんの危険な人たちがあたりをうろつき、非難されるべき悪だくみを計画しているだろう」とムーアは言う。端的に言うと、何らかの邪悪なテクニックを用いて誰かの脳を「洗い」、その人が絶対に信じたくないことを強制的に信じさせることはできない。

ムーアは二つめとして、洗脳は検証できない仮説だと論じる。[4] ある学説が科学的手法の標準的な基準を満たすためには、反証の可能性が必要だ。つまり、その仮説が誤りであると立証される可能性がなければならない（たとえば、物体が光速を超えて移動を始めれば、アインシュタインの特殊相対性理論が誤りであることが判明する）。だが、洗脳が存在しないということを証明するのは不可能だ。誰々は「洗脳されている」と言った瞬間、会話はそこで終わってしまう。だから、その人の行動を突き動かしているものは実際に何なのかを探る余地はなくなる。結局のところ、その問いのほうがはるかに興味深いわけなのだが。

「カルト」や「洗脳」という語は、選挙候補の支持者から攻撃的な完全菜食主義者まで、あらゆる人々を説明するのに使われるようになって、セラピストぶった素人たちから大歓迎されている。理由を考える必要なしに自分が他人より心理的および道徳的に秀でていると感じる機会を、誰でも大好きなのだ。大勢の人たちを「洗脳されたカルト信者」と呼ぶのは、まさしくそれにあたる。

すべての「カルト」が邪悪や危険とは限らないのだから、このようなマイナスの先入観は有害なものだ。[5]実際、邪悪で危険なカルト集団は統計的にわずかしかない。バーカー（前出のロンドン・スクール・オブ・エコノミクスの社会学者）によれば、彼女が確認した一〇〇〇を超える「カルト」（および「カルト」と呼ぶことのできる代替宗教集団）のうち、圧倒的多数はいかなる犯罪活動とも無縁だ。非主流派コミュニティが注目を集めるのは、ヘヴンズ・ゲートやジョーンズタウンのように何か恐ろしいことをしでかしたときだけだと、ムーアとバーカーは指摘している（そうした集団でさえ、はじめから殺人や暴力沙汰を起こそうとして作られたものではなかった。[6]ジョーンズタウンにしても、そもそもは人種差別撤廃論者の教会として設立されたものだ。ジム・ジョーンズが権力に夢中になるにつれて事態はエスカレートしてしまったが、ほとんどの「カルト」では彼ほど

＊これについては、おもしろい小話がある。一九五九年に南カリフォルニアのあるカルトが異様な入会儀式を行なった。仲間に加わりたい者は、ブタの頭、脳みそ、生のレバーという悪夢のような料理を食べ、情熱を証明しなければならなかったのだ。するとリチャードという名の若い新人がその難題を達成しようと、口に入れたものを吐き続けながらもなお必死になって入会を望み、ようやく呑み込んだ。だがそう思った瞬間、とてつもない量のレバーが気管に流れ込んで息が詰まり、病院に運び込まれたときにはすでに息絶えていた。だが、刑事告発はされていない――この集団は実際には「カルト」ではなく、南カリフォルニア大学の友愛会で、新入会員をからかうための数えきれないほどの儀式のひとつをやっていただけだったからだ。[7]そうした儀式には、もっと奇抜で吐き気を催す、命がけのものも多く、ほとんどの代替宗教で行なわれる儀式よりも多くの嘔吐物（および別の体液）がまき散らされる。

破滅的な悪循環に陥ることはない)。要するに、スキャンダルのフィードバック・ループが生まれている――非常に破壊的なカルト集団だけが注目を集めるので、私たちはすべてのカルトが破壊的だと思うようになる。そして破壊的なカルトだけをカルトとして認識するので、そうした集団がさらに注目を集め、マイナスの評判が強まっていく。その繰り返しが際限なく続くわけだ。

同じように厄介なのは、「カルト」という語が、社会に認められていない宗教を中傷するのを承認するために、しばしば使われてきたことだ。現時点で非常に長きにわたって存続してきた多くの宗派(ほんの一部を挙げるだけでも、カトリック、バプテスト派、モルモン教、クエーカー教、ユダヤ教、ネイティブアメリカンのほとんどの宗教など)は、アメリカではかつて神に対するとんでもない冒涜だとみなされていた――信教の自由を基盤として築かれた国なのに、そんな状態だったのだ。現在、エホバの証人からウイッカ〔魔女を信仰する集団〕まで、アメリカの代替宗教は(圧制的なものもそうでないものも)広く一般に「カルト」とみなされている。中国政府は新宗教である法輪功《ほうりんこう》について、瞑想を通した忍耐と思いやりといった平和的な教義をもつにもかかわらず、カルト的な邪悪な集団であると何度も非難している。またバーカーによると、カトリック信者が多数派のベルギーでは、公式報告書でクエーカー教徒(とても質素な暮らしを追求した宗教)が「カルト」として挙げられている(8)(フランス語のculteは中立的な意味を保ち続けているので、実際に使われていた語は英語のカルトのニュアンスに近いsecte〔セクト〕だった)。

世界中どこでも、宗教団体が合法だとみなされるかどうかは、いまだに文化的規範に左右されることが多い。その教えが、すでに世間から認められた宗教よりも奇妙なのか、あるいは有害なのかは、実際には関係ないのだ。結局のところ、主要な宗教指導者で、手を血で汚したことがまったくない者などいるだろうか？　宗教学者のレザー・アスランが言ったとおり、「宗教研究で最大のジョークは、カルト＋時間＝宗教という図式が成り立つことだ[9]」。

アメリカではこれまでモルモン教とカトリックが十分に長いあいだ存在してきたから、人々の承認を得るようになった。それらは宗教としての地位を確立することで、ある程度までみんなから尊重されるようになり、重要な点として、米国憲法修正第一条〈表現や宗教の自由〉で保護されるようになった。この保護は気まぐれだから、何かに「カルト」のラベルを貼ることは単なる価値判断ではすまず、それによって実際に生死に関わる成り行きが決まってしまう。ノースイースタン大学でアメリカの代替宗教を研究しているメーガン・グッドウィンの言葉を借りれば、「何かをカルトと認定した結果、現実にさまざまな政治的問題が発生し、多くの場合は暴力的なものになる[10]」。

そうした事態とは、どのようなものだろうか？　ジョーンズタウンの例を考えてみるとよくわかる。ジョーンズタウンの犠牲者たちは、マスコミによって「カルト信者」と認定されたとたん、下位の人間に格下げされてしまった。ジョーンズタウンに着想を得た小説『美しき革命家』の著者ローラ・エリザベス・ウーレットは、次のように書いている。「その結果、一般の人々はこの悲劇と犠牲者から距離を置きやすくなった。そして犠牲者は、弱くてだまされやすく、生きるのに適さない、死後に敬意を払う必要もない人たちにすぎないと切り捨てられた。死体の検視は行なわれず、遺族は犠牲者の亡骸をすぐには引き取らなかった[11]」

「カルト信者」と決めつけることで起きた最も重い失敗の例は、おそらくブランチ・ダビディアンの一件だろう。一九九三年にテキサス州ウェーコで起きた悪名高い包囲攻撃によって、多くの犠牲者が出た。一九五九年に設立されたブランチ・ダビディアンは、セブンスデー・アドベンチスト教会から分派した宗教団体だった。一九九〇年代はじめ、絶頂期を迎えたブランチ・ダビディアンには約一〇〇人の信者がおり、ウェーコの集落で共同生活を送りながら、指導者デヴィッド・コレシュによる虐待的な支配のもとでイエス・キリストの再臨に向けた準備を進めていた。コレシュは自身を預言者と称していた（唯我独尊の新宗教の指導者は、往々にしてそうするものだ）。信者たちの家族が不安に駆られたのは無理もないことで、すぐにでも助けが必要だと考えてFBIに情報を伝えると、FBIは一九九三年二月にブランチ・ダビディアンの複合施設に対する強制捜査を実施することに決めた。数十名の捜査官が施設に出向き、ライフル、戦車、催涙ガスを用いて「洗脳されたカルト信者」を「救出」しようとしたのだ。だが、施設への侵入は計画どおりには進まない。それから五一日間にわたって膠着《こうちゃく》状態が続いたあげく、数百名のFBI捜査官が集結すると、催涙ガスを使った攻撃で信者たちを施設からいぶり出す作戦を実行したのだった。しかしその混乱のさなかに火災が発生し、八〇名近くのブランチ・ダビディアン信者が命を落とすという結末を迎えている。

このような成り行きに対して、コレシュにまったく罪がなかったわけではない。彼は狂気じみて、暴力的であり（事実、大勢を死に追いやることになった火をつけたのは、コレシュ自身だっただろう）、頑固な性格がこれほど多くの犠牲者を出す一因でもあった。だが、「カルト」という言葉にまつわる恐怖も悲劇の一因だったのだ。もしもFBIが、米国憲法修正第一条によって保護されている、もっと社会的に認められた宗教団体に対してこのような度を越えた暴力を行使したなら、はるかに大きな批判が巻き起こっていたことだろう。ところがブランチ・ダビディアンの本拠地に対するＦＢＩの攻撃は、法的に容認されるとともに社会的にも許された。「宗教は憲法で保護される対象だが……ウェーコのブランチ・ダビディアンはカルトとみなされたことで、国家による保護の対象外になった」と、ロヨラ大学ニューオーリンズ校の宗教学者キャサリン・ウェシンガは説明している。ＦＢＩはブランチ・ダビディアン信者を「救出」しに向かったのかもしれないが、救わずに殺してしまったとき、それを気にかけるアメリカ人はほとんどいなかった。それは、その集団が教会ではなく「カルト」だったからだ。なんとも悲しい、信心深さを装った解釈だ。

有名なスタンフォード大学の心理学者アルバート・バンデューラによる一九九九年のよく知られた研究で明らかになったように、被験者を非人間化する言葉（たとえば動物の名前）で呼ぶと、実験の参加者はためらわずにその人に電気ショックを与えるようになる。「カルト」のラベルはそれと同じ機能を果たせるようだ。カルトと呼ばれている、またはカルトと呼べる集団に、危険な団体は存在しないと言っているわけではない。たしかに危険な集団は数多くある。だが、「カルト」という言葉があまりにも感情的にとらえられて解釈されるために、そのラベルそのものは十分な情報をもたらさず、集団が危険かどうかの区別に役立たなくなってしまっている。私たちはもっと注意深く観察しなければならない。もっと厳密にならなければならない。

主流派に属さないスピリチュアルなコミュニティを話題にするとき、軽々しく批判しすぎることがないように、多くの学者は「新宗教運動」「新興宗教」「周縁宗教」などの中立に聞こえるラベルを用いるようになった。だが、これらの語は学術的な状況ではうまく機能しているものの、クロスフィット、マルチ商法の会社、大学の演劇プログラムなど、及ぼす影響の段階的相違に応じて分類するのが難しいその他の集団を、うまくとらえてきれてはいない。いろいろな点でカルト集団に似ていても、超自然的なことに関わっているわけではないコミュニティを話題にする際には、もっと融通の利く表現をする必要がある。私が「カルト的《カルティッシュ》」という言葉を好むのは、そのためだ。

V

私は「カルト」に強い関心を抱きながら育った。それはおもに、子どものころカルトに加入させられた父の影響だ。一九六九年、私の父クレイグ・モンテルが十四歳を迎えたその年、彼の不在がちな父親と継母は、当時隆盛を誇っていた反体制文化の運動に参加しようと決意した。そこで年若いクレイグと幼い二人の異母妹を連れて、サンフランシスコ郊外にあった「シナノン」と呼ばれる社会主義コミューンに移り住んだ。シナノンは一九五〇年代の終わりごろ、「ヤク中」と呼ばれていた薬物依存症患者のリハビリのための施設としてスタートしたが、のちに薬物とは関係のない熱狂的な「ライフスタイラー」〔シンプルなライフスタイルを理想として都会から田舎に移住する人たち〕にまで加入者が拡大していった。シナノンでは、子どもたちは親から遠く離れた殺風景な小屋で暮らし、誰も施設の外で働いたり学校へ行ったりすることは許されなかった。メンバーの一部は強制的に頭を丸刈りにされ、既婚者の多くは離婚を強いられて新しい相手と再婚させられた。そしてシナノンの施設で暮らす人たち全員に例外なく求められたのは、「ゲーム」に加わることだった。

「ゲーム」は毎晩行なわれた儀式的な活動で、メンバーは少人数のグループに分かれ、何時間にもわたって仲間から口汚い個人攻撃を受けなければならなかった。この「ゲーム」がシナノンにとって最も重要な活動で、もっとはっきり言えば、施設での暮らしには「ゲームの時間」と「ゲーム以外の時間」の二つしかなかった。「ゲーム」での批判は集団療法という名目で行なわれていたのだが、実質的には一種の社会統制だった。「ゲーム」と呼ばれていてもまったく楽しいものではなく、敵意や屈辱に耐えなければならないこともあったが、それでも「遊び」と呼ばれていた。このように極端な「自分の真実を語る」活動は、カルト的な集団では珍しいものではないことがわかっている。ジム・ジョーンズも「ファミリー集会」や「カタルシス集会」と名づけた同様の集まりを主催し、信者全員が水曜日の夜に「マザー・チャーチ」に集まっていた。これらの集会では、何らかの点で集団の怒りに触れた者が議場《フロア》に呼び出され、その家族と友人たちはその人を口々に中傷することで、信条に対するいっそうの忠誠を示すことができた（これについては第2部で詳しく取り上げる）。

私は父からシナノンの話を繰り返し聞かされていた。父は十七歳のとき施設から逃げ出し、やがて多くの仕事をこなす神経科学者になっている。今ではあらゆる機会に難しい問いを出しては、証拠を探すことを仕事にしている父は、いつでも惜しみなく時間を使って私に話をし、目を丸くして聞き入る娘のあふれるほどの好奇心を満たしてくれた。シナノンの陰鬱《いんうつ》な居住区の様子、信じきっている人々の境遇、そこで出会って父が十五歳のときにコミューンの医療研究所の運営を任せてくれた生物学者のことなど、同じ話を何度でも飽きずに語った。シナノンの外の世界で暮らす同じ年ごろの若者たちは、淡い恋をめぐる喧嘩《けんか》や大学進学適性試験の準備に思い悩んでいたが、私の父は信者の喉から採取した検体を培養したり、食品を扱う人たちの指先に結核菌が付着していないか検査したりしていた。その研究所は父にとっての安らぎの場で、そのように実証的な論理に基づく規則が通用する場所は、シナノンの敷地内ではほかにほとんどなかった。奇しくもそのような状況が、自らの科学好きな性格を自覚させることになる。そこで父は、コミューンの閉じた世界の外で教育を受けて正規の卒業証書を手にし、大学に通いたいという思いに駆られ、白衣を着る時間（またはゲームに参加する時間）の合間を縫って施設を抜け出すと、サンフランシスコの正規に認可された高校に通った。シナノンでそうする子どもはほかに誰もいなかったという。父は沈黙を守り、周囲に気づかれないようにひそかに行動して、何もかもひとりで調べていった。

父の話すシナノンの物語に耳を傾けながら、子どもながらに私が最も興味を惹かれたのは集団で使われていた特別な言葉だ。「ゲームの時間」と「ゲーム以外の時間」、「ラブ・マッチ」（シナノンでの結婚を意味した）、「かのように振る舞う」（シナノンの決まりに疑問を感じてはならず、ほんとうに同意するまでは同意した「かのように振る舞う」という規則）、「デモンストレーター」、「ＰＯＤｓ」（parents on duty「当番の親」の頭字語で、ランダムに選ばれて子どもたちの「学校」と小屋を監督する大人のこと）、まだまだたくさんある。こうした奇妙な言葉遣いを通して、シナノンという世界をはっきり見通すことができた。

科学者の娘だった私は、生まれ、育ち、シナノンの物語が組み合わさることで、やや懐疑的な人間に育ったようだ。そして小さい子どものころからいつも、カルト的集団が使うようなレトリック〔修辞法・説得力をもつ話術〕に敏感に反応してきた――それだけでなく、そうした言葉遣いのもつ力に魅了されてもきた。親友の母親が熱心なキリスト教徒だったので、中学生のときにはときどき内緒で日曜日のヘブライ学校をサボって親友の家族に加わり、福音派の巨大教会《メガチャーチ》に行っていた。何よりうっとりしたのは、そうした教会に通う人々の話し方だった。誰もが教会に一歩足を踏み入れた瞬間から、「熱心なキリスト教徒に特有の言葉遣い」に変わるのだ。欽定訳《きんていやく》聖書そのままの古風な言葉を使うわけではなく、現代語で独特な話し方をする。私は礼拝に出席するときにはいつも彼らの言葉遣いを真似して、礼拝に来ている周囲の人たちの私に対する態度がどんなふうに変化するかを確かめるようになった。たとえば、「on my heart」（on my mind「私の考えでは」と同じ意味）、「love up on someone」（show someone love「誰かに愛情を示す」と同じ意味）、「in the word」（聖書を読むという意味だが、通常は「その言葉によれば」という意味）、「Father of Lies」（偽りの父、世界を支配する悪魔のこと）、「convicted」（神の力に心を動かされて〜をするという意味だが、通常は「有罪判決を受ける」という意味）などの表現を用いる。会員制クラブで使われる暗号のようなものだ。そうした独特の言い回しではなく、日常の英語を使ってもやりとりすることはできるのだが、そうした言い回しを適切なときに適切な方法で使えば、その集団に受け入れてもらうための扉を開く鍵のような役割を果たした。私は一瞬にして内部の人とみなされた。そうした言葉はパスワードであり、変装であり、自白剤であり、驚くほど力のあるものだった。

　特別な言葉を作り出して人の行動と信念に影響を与えるという方法は、とりわけ効果的だ。その理由のひとつは、私たちが自分自身について真っ先に変えてもいいと思う部分は話し方であることが多いからだ。そして、話し方は最も見過ごしにできないものでもある。髪を剃ったりコミューンに移り住んだりするのとは違い、また服装をがらりと変えるのとも違って、新しい言葉遣いにはすぐ慣れるし、大きな責任も生じない（ように思える）。たとえば、好奇心からスピリチュアルな会合に参加してみたら、主催者が唱えるチャントを繰り返すよう呼びかけられたとしよう。たいていの人は素直に従うにちがいない。はじめは少し奇妙に感じながら、ただ周囲のプレッシャーを受けて声を出すだけかもしれないが、別に老後の蓄えを差し出すよう迫られたわけでも、誰かを殺すよう命じられたわけでもない。声を出したところで損することもないだろう。だがカルト語はとても効率的に（そして目に見えないところで）私たちの世界観をグルと同じものに作り変えてしまい、いったん頭にこびりつくとなかなか消えなくなる。髪をまた伸ばし、自分の家に戻り、アプリを削除したあとでも、身についた言葉遣いはそのままだ。この本の第2部には、一九九〇年代の「自殺カルト」ヘヴンズ・ゲートから生還した、フランク・ライフォードという名の男性が登場する。彼はその信念体系から離脱して縁を切ってから二五年たった今でも、かつての二人の指導者を集団内の通称（ティーとドウ）で呼び、集団を「クラスルーム（教室）」と表現し、メンバーが思い込んでいた運命を婉曲に「地球から旅立つこと」と説明した。それらは二〇年以上も前に教えられたとおりの言葉だ。

私がこの本を書こうと思い立ったのは、大学時代の親友が酒を断つためにアルコホーリクス・アノニマス（AA）に通うと決めたあとのことだった。そのころ彼女と私は五〇〇〇キロメートル近く離れた場所に住んでいたので、年に数回しか会えず、はじめは彼女がこうした依存症脱出のための集まりにどれだけのめり込んでいるのかも、実際のところ、それをどう判断すればよいのかもわからずにいた。だが友人が飲酒をすっかりやめたあとではじめて会ったときに、ハッとした。その晩、夕食をどうするかなかなか相談がまとまらずにいると、次のような言葉が彼女の口をついて出たからだ。「私は一日中ＨＡＬＴの連続で、仕事では恨みにとらわれちゃったけど、フューチャートリップをしないようにしてきたの。ああ、夕食だけに集中しなくちゃ。第一のことは第一によ。いつも言われているとおり！」

　私はまじまじと彼女を見つめずにはいられなかった。「ＨＡＬＴ？」「フューチャートリップ？」「恨み？」いったい何を言っているの？*　息づかいが変わっただけでもそれが何を意味しているのか正確にわかったくらいの大の仲良しが、たった三か月ＡＡに通っただけで、急にわけのわからない言葉を話しはじめていた。その瞬間、私は経験則に従って反応していた――それは砂漠にいるターシャ・サマーの古い写真を目にしたときに頭をよぎった直感や、シナノンの敷地にはじめて足を踏み入れた日の父の反応と、同じものだった。ジョーンズタウンからの生還者がかつて私に、「カルトはポルノのようなものだと言われている。ひと目見ただけでわかるから」と言ったことがある。あるいは私と同じようにその言葉を聞いたなら、誰でも耳にしただけでわかるだろう。内輪だけで通じる言葉はカルトを示す最大のヒントだ。ＡＡはもちろんシナノンとは違い、私の親友の人生をよりよいものに変えていた。でも、すっかり変わってしまった彼女の言葉遣いは聞き捨てならなかった。

　ただし直感は社会学で通用するわけではなく、実際のところ、私はＡＡが「カルト」だと実際に「知っている」わけでもなかった。それでも、強大で神秘的な何かがそこで起きているのだと、強く感じることができた。もっとじっくり見極める必要があった。私は理解する必要があった――その集団の言語はどのようにして、それほど短期間のうちに私の親友をとらえてしまったのか？　言語というものはどのようにして、絶対的指導者をもつ熱心な思想集団に人々を没入させるのか？　どのようにして、そうした混乱の渦に人々をとどめておけるのか？

私がこの調査を始めたきっかけは、多くの人たちが抱いているのと同じ、カルトに関するちょっと怖い話を知りたいというひねくれた願望だった。だがすぐに、言語と権力とコミュニティと信念のあいだのつながりを明らかにすれば、この不穏な時代に人々を狂信的な行動に駆り立てるものは何かという問題を、正しく理解するのに役立つことがはっきりした。今や、悪徳マルチ商法が男女同権主義を標榜《ひょうぼう》するスタートアップ企業を装い、インチキなシャーマンが大げさに健康を害するアドバイスをし、インターネット上のヘイト集団が新メンバーを先鋭化させ、子どもたちが好きなブランドを守るために文字どおりの殺害予告を送り合う世の中だ。ソウルサイクルに加入している二十六歳のチャニは、ロサンゼルスで開かれた流行の最先端を行くストリートブランドのサンプルセール会場で、スニーカーの最後の一足をめぐってひとりの若者が別の若者に銃を突きつけるのを見たことがあると言っていた。「次の聖戦があるとしたら、宗教に関わるものじゃなく、大量消費

＊まもなく、「ＨＡＬＴ」はHungry（空腹で）、Angry（怒っていて）、Lonely（孤独で）、Tired（疲れている）を意味する頭字語で、「フューチャートリップ」は自分でコントロールできない将来の何かにイライラすること、「恨みにとらわれる」は誰かに対する軽蔑の念にとらわれること、「第一のことは第一に」はＡＡが掲げた合言葉で、文字どおりの意味であることがわかった。たしかに、とても役に立つモットーだ（ＡＡの巧みな語彙で使われる気の利いた表現のほとんどが、そう言える）。

主義者の戦いね」と、彼女は話す。ウーバー対リフト。アマゾン対アマゾン不買運動。ティックトック対インスタグラム。タラ・イザベラ・バートンはこれを次のようにうまく表現した。「もしカルトと宗教の境界がすでに曖昧だとしたら、宗教と文化の境界はもっと穴だらけだ[1]」

自分がカルト恐怖症だと思っているかどうかに関係なく、人は何に参加するかによって定義されることになる。それが、私たちにつきまとう、美しく、胃が痛くなるような現実だ。たとえ異言を話すキリスト教ペンテコステ派の一家に生まれても、十八歳で家を離れてクンダリーニヨガの仲間に加わっても、大学を出てすぐつまらないスタートアップ企業に就職しても、一年前からＡＡの集まりに定期的に参加するようになっても、たった五秒前にターゲティング広告をクリックして、その広告がスキンケア製品だけではなく何かの「活動に参加」するための「貴重な機会」を宣伝するものであったとしても、何らかの集団に帰属する（それが、ときには永久に続く重要な意味をもつかもしれない）ことによって、自分の人生の土台となる足場が生まれる。そうした足場を手に入れようとするとき、人は悲観したり不安になったりはしない。ここでも、私たちはただ直感で行動する。そして見逃しがちなことは、その足場を作り上げている素材、私たちの現実を組み立てている素材が、言語だという点だ。「人はすでに知っているものを説明するのに、必ず言語を用いてきた」と、イギリスの学者ゲイリー・エバリーは二〇〇七年の著書『危険な言葉』で書いている。「だがもっと重要な点は、まだ知らないものや理解していないものを知ろうとするときにも言語を用いてきたことだ[2]」。私たちは言葉によって、何かを現実のものに変えている。

「行為遂行性」の理論と呼ばれる言語学の概念では、言語は単に私たちが何者であるかを説明したり反映したりするだけでなく、私たちの人格を作り出すとされる。なぜなら、話すこと自体に行為を完結させる力があって、一定の本質的な力を発揮するからだ（行為遂行的な発話の最も単純な例には、約束をする、結婚式をあげる、判決を言い渡すなどがある）。同じ発言が何度も何度も繰り返されれば、その言葉は意義のあるものになり、その結果として現実を構築して強制する力を発揮するようになる。ほとんどの人が同じように現実を理解し、それが論理に基づいているのが理想だ。だが、アイリーン・バーカーが述べているような、「共通の認識をもった文化」を再構築するために言語による儀式（詠唱《チャント》、祈り、独自の言い回し）を利用するコミュニティに引き込まれれば、現実社会から切り離される可能性がある。自分でも気づかないうちに、自分自身に対する理解や真実だと確信するものが、その集団や指導者と深く結びついてしまう。すべては言語のなせる業《わざ》だ。

この本では幅広いカルトとその不可解な語彙を探っていく。はじめは最も広く知られた明らかに恐ろしい集団を取り上げ、それから少しずつ、まったく無害に見えるためにどれだけカルト的かに気づきもしないコミュニティへと進む。話を手に負える範囲にとどめるために（私が一生をかけても、あらゆる種類の「カルト」についてインタビューをできるかどうかわからないから）、おもにアメリカの集団に焦点を絞っている。それぞれの部で異なるカテゴリーの「カルト」に注目しながら、そのすべてで私たちの日常生活に紛れ込むカルト的なレトリックを探っていく。第２部ではジョーンズタウンやヘヴンズ・ゲートのような周知の「自殺カルト」を扱う。第３部ではサイエントロジーやチルドレン・オブ・ゴッドのような論議を呼んでいる宗教について考える。第４部ではＭＬＭ（マルチレベルマーケティング、いわゆるマルチ商法）の企業を取り上げる。第５部では

「カルト・フィットネス」スタジオを見ていく。第6部ではソーシャルメディアのグルを詳しく調べる。

私たちが日常的に耳にし、自然に口にする言葉は、どの集団が健全で、どの集団が有害で、どの集団がその中間か、そして自分はどの程度まで関与したいかを判断するときに役立つヒントをくれることがある。この本を読み進めば、不思議な（そして不思議に聞き慣れた）カルト語を探る冒険に出会えるだろう。

では、数々のカルト指導者の言葉を借りることにしよう。さあ、みんないっしょに。私についてきて……。

第2部 おめでとう——あなたは人間より上の進化レベルに進めるよう、選ばれました

i

「クールエイドを飲む」

これは広く知られた言い回しだ。日常的に使う慣用句のひとつになっているから、英語を話す暮らしをしている人なら少なくとも何十回かは耳にしたことがあるだろう。私が聞いたのもたった一週間前で、誰かが持ち帰りのキヌアサラダを手に、ニコニコしながら「クールエイドを飲んじゃったみたい」と言った。その人はトレンディーなサラダ専門チェーン店「スイートグリーン」にすっかり夢中になっている話を、仲間としていたのだった。

私もこの表現を使ったことがあり、頭に入っているほかのさまざまな慣用句(「悪魔の話をする」「頭に釘を打つ」「本を表紙では判断できない」——それぞれ、「噂をすれば影」「核心をつく」「人は見かけによらぬもの」という意味)と同じように、思わず口をついて出た。ただし、この言葉にまつわる物語をまだ知らなかったころのことだ。

現在、「クールエイドを飲む」という言い回しは、「何も考えずに多数派に従う」ことや、そういう人が正気かどうかを一言で問うときに最もよく使われる。二〇一二年には「フォーブス」誌で、ビジネスリーダーが用いる「最もイラつく決まり文句[1]」に選ばれた。ニュースキャスターだったビル・オライリーは、自分を批判した人たちを切り捨てるためにこの表現を使っている（「クールエイドの人たちは頭がおかしい」とリスナーに語った）。軽い会話や自虐的な表現として用いられることもある。たとえば、「ええ、とうとうペロトン（エクササイズバイク）を買ったのよ。どうやらクールエイドを飲んじゃったみたい」「あいつはレディオヘッドで頭がいっぱいさ——九〇年代にクールエイドを飲んだんだな」（もちろん「スイートグリーン」をめぐる会話も同じだ）。

　ほとんどの人はこの慣用句を顔色ひとつ変えずに使うものの、この表現がもつ重大さをよくわかっている人も、ごくわずかだが存在している。「あらゆる英語表現のなかで、最も不愉快な言い回しのひとつだね」と話すのは、七十一歳のティム・カーターだ。ティムはサンフランシスコからの長距離電話越しに、早口でしゃべらないと自分の嫌悪感を伝えきれないと思っているかのように激しくまくしたてた。「みんな自分が何を言っているのか、まったくわかっていないんだよ」。数十年前には、ティムの古い仲間だったオーデル・ローズも「ワシントンポスト」紙の記事で同じ気持ちを表明している。「『クールエイドを飲む』という言い方には、まったくむかつく……ほんとうにひどい」[2]。かつてティムとオーデルの二人を知っていた六十七歳の詩人、テリ・ビュフォード・オシェイも、同じく「その言葉を聞くとゾッとする」[3]と言っていた。

　ティム、オーデル、テリの三人が「クールエイドを飲む」という言い回しについて、こうした独特な見方をしているのは、三人とも一九七〇年代に人民寺院（ピープルズ・テンプル）の信者だったからだ。この集団には、会衆、ムーブメント、ライフスタイル、農業プロジェクト、実験、約束の地と、さまざまな呼び名があり、それは意図的なものだった。謎に包まれたこの集団はリブランディング〔時代の変化や顧客のニーズに応じて既存のブランドを再構築すること〕の手法を熟知しており、次々と謎めいた新しいラベルをつけては混乱、動揺、秘密主義を引き起こし、その恩恵を受けていたのだ。

人民寺院は一九五〇年代に、インディアナポリスで人種差別のない教会として誕生している。そしてその一〇年後にカリフォルニア州北部に移転すると、さらに革新的な「社会政治的運動」へと進化した。それがＦＢＩによる報告書の内容だ。ところが一九七四年に南米のガイアナにある遠く離れた土地に移ったあと、人民寺院はジョーンズタウンとして知られる「カルト」になった。

ジョーンズタウンは伝説化してしまったために、正しく理解している人はほとんどいないかもしれない。ガイアナ北西部の一五〇〇ヘクタールを超える広大な荒れ地に作られたその町には、一九七八年に終末を迎えた時点でおよそ一〇〇〇人もの居住者がいた。その名の由来は恥ずべき指導者ジム・ジョーンズで、彼にもまた多くの呼び名がある。インディアナポリス時代にはまだ教団に宗教色があり、信者たちはジョーンズを「神」や「父（ファーザー）」と呼んだ（「父の日」を彼の誕生日である五月十三日に祝った）。その後、集団がガイアナに移って宗教色が薄れてくると、その呼び名はもっと打ち解けた気持ちを込めて「お父さん（ダッド）」へと進化する。さらに時が進むと、信者は彼を「ジ・オフィス」と呼びはじめた。王が「ザ・クラウン」と呼ばれるのと同じように、換喩《かんゆ》によるものだ。さらにその後ジョーンズは、自分のことを上品に「建国の指導者（ファウンダー・リーダー）」と呼ぶよう求めた。

ジョーンズは、アメリカでファシストによる黙示録《アポカリプス》的終末が近づくにつれて彼が目にした諸悪から逃れるため、社会主義者の楽園を作ると約束し、信者たちをカリフォルニア州レッドウッド・バレーからガイアナに移住させた。その地で撮影された画質の悪い写真には、まぎれもない楽園が映し出されている——あらゆる人種の子どもたちが楽しそうに遊ぶかたわらで、その親は互いの髪を編み、周辺の野生生物の世話をする様子だ。ある写真では、マリア・カツァリスという二十五歳の女性（ジョーンズに最も近い側近グループにいた、彼の愛人のひとり）が人差し指を優しく伸ばし、オオハシの嘴《くちばし》の先に触れて微笑んでいる。歴史的経緯を抜きにすれば、自給自足のつつましい楽園のように見え、ロサンゼルスで暮らす進歩的な私の友人たちが、トランプ政権から逃れてそこにいたとしても不思議はないくらいだ。「ペットのオオハシ」には魅力的な響きがある。

現在のアメリカ人の大半は、少なくともジョーンズタウンの一件を耳にしたことがあり、名前まではは知らなくてもどんなものかはわかっている——ジャングルの中のコミューン、躁《そう》状態の伝道者、毒入り飲料、草原に積み上げられた死体のイメージだ。ジョーンズタウンは、一九七八年十一月十八日に九〇〇人を超える信者の集団自殺が起きたことで最もよく知られている。三〇〇人以上の子どもを含む犠牲者のほとんどは致死量のシアン化物を口にして最期を遂げたが、その毒物は微量の鎮静剤とともに、粉末ジュース「フレイバーエイド」を溶かして作ったグレープ味のジュースに混ぜ込まれていた。「クールエイドを飲む」はこの悲劇から生まれたメタファーだ。私たちの文化は、この飲料（フレイバーエイド）を誤ってクールエイドと記憶しているわけだが、それはクールエイドのほうが商標として一般に広く認知されていたからにすぎない（ティッシュペーパーのことをすべて「クリネックス」と呼び、実際の製品がパフでもエンジェルソフトでも気にかけていない人がいるのと同じ)。だがジョーンズタウンで暮らしていた人々は、どこでも簡単に手に入る廉価版のジュースで命を失った。なかには注射された者もいたが、大半は口から飲んでおり、多くは自らの意思ではなく、ジョーンズに極度のプレッシャーをかけられて飲まざるを得なくなっていた。ジョーンズは、「革命的自殺[4]」が「非人道的な世界の状況に抵抗する」唯一の選択肢だと主張していたからだ。

信者たちは異様な死を遂げるためにガイアナに渡ったわけではなかった。よりよい暮らしを求めていただけであり、社会主義が自分に合うかどうか試してみるために、あるいは故郷で通っていた教会が衰退していたために、あるいは人種差別的なアメリカの警察(よく聞く話ではないだろうか)から逃れるために、遠い国まで行ったのだ。ジム・ジョーンズは「約束の地」を用意することで、あらゆる階層の人々に解決策をもたらすことを保証した。そして彼が適切な言葉を使って自分の主張をうまく伝えたために、人々はなおさら彼を心から信じるようになっていた。

ジョーンズについては、性格をテーマにした本だけでも何十冊と出版されており、今の私たちが警戒すべき「危険なグル」の典型的特徴とみなしているものはすべて、彼によって有名になった。表面的には預言を語る政治革命家のように見えたが、実際には凶暴で嘘をつく偏執性のナルシストだったのだ。事態は一線を越えていく傾向を見せていたものの、信者たちがそれに気づいたときにはすでに手遅れだった。事件を生き延びた人たちが何人も、はじめはすべてが愛すべきものに思えたと私に断言している。

インディアナ州で生まれ育ったジム・ジョーンズは、二十代のときに前途有望な新人牧師として、同州にはじめて自分の教会を創設した。ジョーンズとその妻は強固な人種差別撤廃論者で、インディアナ州ではじめて黒人の子どもを養子にした白人夫婦になり、ほかにも白人以外の血が混じっている子どもたちを数多く養子に迎えている。ジョーンズは自分の家族を「虹色の家族[5]」と呼び、教会でのみならず私生活でも、人種平等をきちんと実行しているというメッセージを発信した。

ただし、ジョーンズのイメージは進歩的で敬虔《けいけん》というだけではなかった。端正な顔立ちをしており、若いころはエルヴィス・プレスリーにそっくりだったという。ただし私の個人的な感覚では、その魅力がわからない（こんなことを書くと不評を買うかもしれないが、ジョーンズのがっしりした、漫画の登場人物を彷彿《ほうふつ》とさせる風貌を見ると、私はいつも『バック・トゥ・ザ・フューチャー』の悪役ビフ・タネンを思い出してしまう）。狂ったような殺人者が私の好みではないだけだとは思う。ただ、凶暴な犯罪者に惹かれてしまう「ハイブリストフィリア（犯罪性愛[6]）」は現実に存在する。ジョーンズ、シリアルキラーのテッド・バンディ、そしてチャールズ・マンソンには、いずれも熱狂的ファンがいた。スタンフォード監獄実験で知られる有名な心理学者フィリップ・ジンバルドーさえ、ジョーンズには抗いがたい「性的魅力[7]」があると率直にコメントしている。

だが、性的魅力は容姿だけの話ではない。それは自分とファンが親密であるという錯覚を生み出す力でもある。ジョーンズタウンの離脱者はそのことを記憶しており、私が話を聞いた人たちは口々に、この男の信じがたいほどの魅力、白人上流中産階級のボヘミアンから教会で活動する黒人の人々まで誰とでも親しくなれる才覚について、熱っぽく語った。ジョーンズは、サンフランシスコで暮らす二十代の進歩主義者を前にすると社会主義者の口調になり、学者ぶったニーチェの引用で相手を魅了した。一方、年長のペンテコステ派信者といっしょのときは聖書の数節を引用して、親しみやすい聖職者の持ち味を発揮した。何人もの生存者が私に語ったところによると、彼らはジョーンズとはじめて話をしたとき、生まれたときから自分のことを知っているかのように感じた、自分と「考え方が同じだ」と思ったという。こうして相手を強烈に承認し、のちにそれをコントロールに変えてしまう手法を、一部の社会科学者は「愛情攻勢《ラブボミング》」と呼んでいる。

「彼はどんなときにも、どんな地位のどんな人にも、訴えかける力をもっていた[8]」と語ったのは、ジョーンズタウンで死を免れ、のちに回顧録を出版するとともに講演活動を行なったレスリー・ワグナー・ウィルソンだ。「彼は聖書の一節を引用したかと思うと、不意に社会主義を説くこともできた」。レスリーは簡単にジョーンズタウンから生きて戻れたわけではなく、集団自殺が起きた朝、ジャングルに駆け込んで九死に一生を得た。二十二歳という若さの丸い眼鏡をかけてふくよかな頬をした黒人女性が、三歳の息子をシーツで背中にしばりつけ、生い茂る植物をくぐり抜けながら約五〇キロメートルもの距離を歩き続けたのだ。母親も姉も弟も夫も、生きて帰ることはなかった。

その九年前、レスリーが中学生のとき、女手ひとつで子どもたちを育てていた母親が支援を求めてレッドウッド・バレーにある人民寺院に加わった。まだ十三歳だったレスリーにとって、人民寺院が世界のすべてになった。ジョーンズは彼女のファーザーでありダッドでもあり、彼女を「私の小さなアンジェラ・デイヴィス[9]」と呼んだ。それはまさに愛情攻勢だった。まだアイデンティティ形成途上にあったティーンエイジャーの彼女は、過激な活動家でありロールモデルでもあった人物にたとえられたことで、ジョーンズへの信頼をますます強めたのだ。そのニックネームで呼ばれるたびに、彼への傾倒はますます強まっていった。『白い夜、黒い楽園』の著者でフェミニストのシキブ・ハッチンソンは、「つねに抜け目のないジョーマンだったジョーンズは、ブラックパワー運動に先行きが見えないことで動揺していた若いアフリカ系アメリカ人たちの革命への憧れを巧みに利用した」[10]と書いている。レスリーはもちろん、自分が次代のアンジェラ・デイヴィスだと信じたかった。自分ならコミュニティにそうした希望を与えられると、やる気を出したのも無理からぬことだ。

このように、ジョーンズが人々を惹きつけた要因は、容貌でも、家族のような雰囲気でも、考え方でもなく、言葉を操る力だった。「その話し方は見事で、彼はすばらしい雄弁家だった」と、レスリーは言う。「聞く人を感動させ、奮い立たせ……私はただただ心を奪われた」[11]。レスリーの愛する人たちすべて（頭がよく、互いを思いやり、客観的に見てジョーンズとの共通点は何もなかった家族）が地の果てまで彼についていこうと決意したのは、心を操る何か不可解な魔法にかけられたからではない。「彼は言葉を用いた」と、ジョーンズタウンの別の生存者は私に熱っぽく語った。「彼は言葉の力で人々の心をつかみ、支配し続けた」

バプティスト派牧師に特有の抑揚と情熱、アリストテレス派哲学者のような複雑な理屈、片田舎で無駄話をしているような気どりのないウィット、発狂した専制君主のような凶暴な情熱を併せもったジム・ジョーンズは、言語のカメレオンと言えるだろう。抜け目なく言葉を操るレトリック戦略を大量に隠しもち、それらを巧みに使い分けながら、ありとあらゆる信者たちを魅了するとともに都合よく条件づけしていったのだ。これが、最もずる賢いカルト指導者のやり方だ。いつも変わらない語彙だけを用いて統一されたひとつの教養を説明するのではなく、目の前にいる一人ひとりに合わせ、言葉をカスタマイズして使う。「社会主義は聖書よりはるかに古い」「資本主義者の精神は、存在の階層のうちですでに密度が高いこの層においても、最低のバイブレーションしか放っていない」といった引用[12]で知られるジョーンズのフランケンシュタインじみた言い回しでは、政治理論と形而上学が同列で語られることも多かった。「彼の言葉遣いは、無骨でくだけたものから、とても知的なものへと急に変わることがあった」と、本拠地がレッドウッド・バレーにあった時代から人民寺院に所属していた詩人ギャリー・ランブレフは回想した。「彼の語彙は実に豊富だった。信じられないほどたくさんの本を読んでいた。どうやって本を読む時間を作っていたのか、私にはわからない」

　めまぐるしく変化する言葉遣いは、社会関係資本《ソーシャル・キャピタル》として利用された。言語学者なら、ジョーンズはコード・スイッチング〔話している相手に応じて言語や話し方などを切り替えること〕を巧みに実践していたとか、いくつもの種類の言葉のあいだを流れるように行き来していたなどと説明するかもしれない。邪悪な意図がない人にとってのコード・スイッチングは、会話を最も効果的に進めるために、あらゆる言語資源〔語彙や文法の知識〕を使いこなす効率的な（そして普通は無意識の）方法だ。人はその場の状況に応じて、あるいは一連の会話のあいだにも、方言や言語を巧みに使い分けてコード・スイッチングをすることがある。その目的は、自分の気持ちをはっきりと示す、意見を強調する、社会の慣習に従う、あるいは明確なアイデンティティを伝えるといったものだ。コード・スイッチングをすることは、相手から尊敬を得る上で、またときには生き延びるために、非常に重要になる場合もあり、たとえばアフリカ系アメリカ人の英語のように仲間内だけで通じるエスノレクト〔おもに移民によって話される主要言語の変種〕を話す人々は、周囲からの偏見や迫害を恐れる状況では「標準英語」に切り替えることが身についている。また、それとは逆に、暗黙のうちに信用を得るためにもコード・スイッチングを利用できる。それがジム・ジョーンズの得意とするところだった。私が十二歳で親友の通うメガチャーチの福音派信者にうまく紛れ込んだときのやり方を、ジョーンズはマキャベリ的な策略として利用したのだ。彼は信奉者一人ひとりの言語レベルに合わせる方法を身につけ、相手のことやその生い立ちを誰よりも理解しているというシグナルを、即座に送ることができた。

ジョーンズは少年のころから、大衆の心を惹きつける牧師や政治家のスピーチでどんな文体が使われているのか、入念に研究していた。たとえばマーティン・ルーサー・キング・ジュニア牧師やファーザー・ディヴァイン（アフリカ系アメリカ人の宗教指導者で、ジョーンズのメンター）、さらにヒトラーなどだ。そのなかから最も気に入った部分を盗み、そこにジョーンズ風とも言える独自のひねりを加えた。またペンテコステ派伝道師を真似て声の調子を整え、白人は知らないと思われる言い回しを選んだ——たとえば「ジャック・ホワイト・プリーチャー（伝道師）」といった表現で、黒人教会に属する一部のグループ内では詐欺師めいた白人のテレビ説教師を、批判的な目で見てこう呼んでいた。人民寺院がガイアナに移り住むころには、コミューン全体の四分の三をアフリカ系アメリカ人が占めるようになっていたが、ジョーンズを最も身近で支える側近のほとんどは若い白人女性だった（マリア・カツァリスもそのひとりだった）。それは権力の乱用に見られるお決まりのパターンとも言え、頂点にいるのは年長の男性、それを身近で支えるのは二十代から三十代前半の白人女性の小集団で、女性たちはさらにわずかな権力を手に入れるのと引き換えに、自ら「白さ」と「性」を黙って差し出すのだ。

また、ジョーンズは政治色の強いキャッチフレーズを繰り出すことで(たとえば、白人の信者が一定の集会に出席することを禁じるためにジョーンズが作り出した「ブルジョア・ビッチ」という呼び名や、まやかしの白人キリスト教徒をとがめる混成語「チャーチャニティ」〔特定の教会に対する極端な愛着〕など)、大半を占める黒人が実際よりも大きい特権をもっているかのような錯覚を生み出した。「彼はたびたび黒人教会を訪れ、裏口に立つと、一〇〇人もの聴衆を魅了する説教師をじっと見つめていました」と、ジョーンズタウンの生存者ローラ・ジョンストン・コールは回想している。[13] 短い白髪を品よくまとめた面長で美しいローラは、七十二歳になってもなお、五〇年前にジム・ジョーンズの視線に出会ってこの男性は何か大きいことを考えていると思ったときと変わらぬ、希望に満ちあふれた目をしていた。もちろん、当時を振り返れば、今のほうが彼をより明確に理解できている。「ジムは宗教を大事にしていたわけではありません。彼が説教師のことを研究したのは、『あれが自分のやりたい仕事、いやそれ以上のものだ』と思ったからです」

ローラ・ジョンストン・コールは二十二歳のとき、公民権運動のデモに参加していて人民寺院に出会った。まだ人種差別が激しい時代のワシントンDC郊外で、政治活動に加わるほど進歩的なシングルマザーのもとに生まれた彼女は、いたるところで人種的な不公平を目の当たりにしながら成長したそうだ。そして一九六八年に大学を中退してカリフォルニアに移り住むと、フルタイムの活動家として過ごすようになる。「私は、あらゆる人種、あらゆる経済レベルや生活レベルの人たちが混じり合ったコミュニティで暮らしたいと思っていました。人民寺院に加わったのは、政治的側面に惹かれたからです」と、ローラは何度も私の電話インタビューに応えてくれたなかで、あるときそう話した。彼女は社会的平等を切望し、それを実現できる場所をなんとか見つけたいと、さまざまな経験を積んでいたそうだ。そんなとき外国の田舎にある共同体で暮らすというジョーンズの計画を耳にして、彼女の目は輝いた。そして布製の大きなカバンひとつにそそくさと荷物を詰め込むと、はやる思いでガイアナに引っ越したのだった。

ローラが生きてこうした話をできるのは、集団自殺の日にジョーンズタウンにいなかったおかげだ。その日、幸運な数人が任務を命じられてガイアナの首都ジョージタウンに出かけており、彼女もそのひとりだった。ローラの役割は下院議員レオ・ライアンに挨拶することで、カリフォルニア州選出議員だったライアンは、信者の家族からジョーンズタウンに問題があるとの訴えを受けて、コミューンの調査にやってくることになっていた。まだ人民寺院の熱狂的信者だったローラは、必ずよい印象を与えられると確信してその役目を引き受けた。そして、ジョーンズタウンから東に二四〇キロメートルほど離れた場所にいたことで、集団自殺を免れた。こんなふうにかろうじて命拾いをした人物なら、どこか遠くの安らげる場所へと逃げ出したにちがいないと思うかもしれないが、その二年後の一九八〇年にローラはまた別の集団に加わる。それは、私の父がその八年前に脱出した集団、シナノンだった。

ローラは二つの悪名高いカルトに関わったにもかかわらず、実際に話したところでは、とても穏健で冷静な人物のように思えた。エネルギッシュで好奇心が強く、どこか私が大学時代に教養学部で机を並べた女子たちを思い出させるところがあり、ごく普通の女の子だった子ども時代、安定した家族関係、キッチンでブラックパンサー党の会合を開いた日々、共同生活への愛着などを話してくれた。「七〇年代には、『ひとりの人間にできるのはささやくことだけ、強くあるためには集団に属さなければならない』という警句がありました」と、ローラは私に語った。だから彼女が二十代はじめのころサンフランシスコに引っ越し、ジムという名の情熱的な主導者が目の前にあらわれて、自分は白人優越主義を忌み嫌っているからこの国の外に社会主義者の安息の地を作りたいと話したとき、すぐさま「どこにサインすればいいの？」と考えた。まさか自分が政治のヒーローとして崇める人物が、「革命的自殺」という名目で友人すべてを殺してしまうなどとは、夢にも思っていなかったのだ。

「革命的自殺」は、ジョーンズが感情に訴えて信者たちの同意を得るために、意味を歪めて伝えた数多くの言葉のひとつだ。実際、集団自殺の直前に信者たちの前で行なった最後の演説で、この言葉を使っている。「革命的自殺」は元来、ブラックパンサー党の党首ヒューイ・ニュートンが一九六〇年代後半に生み出した用語で、迫害者の手で命を落とすデモ参加者の行動を指すものだった。つまり、もし街頭でデモを繰り広げて警官に抵抗すれば、警官によって撃ち殺されてしまうかもしれないが、後ろの列にいた参加者が横断幕を拾い上げて前進を続けるだろう。その人たちもまた撃ち殺されてしまうかもしれないが、それが繰り返されながら運動は続いていき、いつかは自分のあとに続く誰かが横断幕を目的地まで送り届け、自由を実現する日が来る。ニュートンが意味したとおりの「革命的自殺」には人民寺院の信者のほとんどが賛同できたので、ジョーンズはそれを利用し、必要に応じてさまざまな文脈でこの言葉を使いながら、ゆっくりその意味を歪めていった。あるときには、革命的自殺は警官に捕まったり人質になったりしそうなときにとるべき適切な手段だと説明した。またあるときには、爆弾を身につけて敵の群衆の中に歩いていき、自爆する行為を説明するのに用いた。だが最も広く知られているのは、集団自殺の当日にジョーンズがこの言葉を使い、信者たちの死は隠れた支配者（邪悪な秘密の政府指導者）に対する政治的声明であり、何も言えずに強制されたものではないと思い込ませたことだ。

一九七八年十一月十八日の時点で、ジョーンズはすでに多くの信者からの信頼を失っていた。そのずっと前から心身ともに衰えを見せており、何種類もの薬物を乱用するとともに、多くの慢性病にも苦しんでいた（さまざまな病気について誇張したり偽ったりしていたために事実を把握するのは難しく、たとえば、肺がんになったが自分で「治した」と信者たちに語ったこともある）。ジョーンズタウンの劣悪な生活環境が及ぼした影響は言うまでもない。あとになってわかったことだが、信者たちがガイアナで待っていると期待した「約束の地」は、作物を育てるには不向きな土地だった。子どもたちは飢え、親たちは過酷な労働で疲れ果てた上に睡眠さえ十分にとれず、なんとかして抜け出したいと思うようになっていた。下院議員のライアンがこの地を訪れたのは、そうした状況を耳にしたからだ。

信者たちが意志に反して監禁されているという情報をその家族らから得たライアンは、現地を訪れて確認することに決め、その調査には数人のジャーナリストと代表団も同行した。一方、下院議員を前にしたジョーンズはまるで芝居を見せる興行主のように歓迎会を開き、(贅沢な食事と自信に満ちた話し方で)コミューンの腐りきった真実を隠すことに手を尽くした。だが一方で、もう窮地を脱することはできないこともわかっていた。その後、訪問を終えたライアンと代表団は帰国するためにジョーンズタウンに近い小さな空港に移動し、ともに帰国したいと申し出た十数名の住民も同行した。だがジョーンズに命じられた彼の警備隊がそのあとを追い、飛行機に乗り込む離反者たちに銃を向けた――コミューンを逃れようとした人々が自由の身になれると感じた瞬間の出来事だった。このときの銃撃で、ジョーンズタウンからの離脱希望者一名、ジャーナリスト三名、そして下院議員ライアンと、計五名の死者が出ている。

この出来事が残酷な「自殺」の引き金となった。一般に語られている内容とは異なり、この悲劇はあらかじめ計画されていたものではない。少なくとも報道で広く伝えられているような状況ではなく、また犠牲者の大半は自発的に死を選んだわけでもなかった。ジョーンズタウンについてのニュースなどでよく知られている話では、ジョーンズが「白夜」と称して病的な自殺のリハーサルを定期的に主催し、マインドコントロールされた信者たちが異様に落ち着いた聖体拝領者のような表情で一列に並んで、グラスに入れたジュースを次々に飲み干していったという。それは一九七八年十一月十八日の自殺「本番」に向けたリハーサルだったとされているが、実際にはそのような状況ではなかった。

生き残った人民寺院信者によれば、実際の「白夜」(14)はそれよりずっととらえどころのない集まりで、参加するのに「マインドコントロール」される必要もなかったという。ジョーンズは最初、

「白夜」という語をあらゆる種類の危機を意味するものとして用い、そうした危機の結果として死の可能性もあることを伝えていた。彼がこの語を選んだのは、私たちが日常的に使う言葉では黒を否定的な意味に使う傾向があるために（ブラックリスト、ブラックメール、黒魔術など）、それを覆そうとしたからだった。「白夜」という表現が、そうした概念を揺るがすとみなしたのだ。良いところに目をつけたとも言えるが、良からぬ動機からであることは間違いない。時とともにジョーンズは徐々に正気を失い、ますます大きな権力を求めるようになるにつれて、この語は多くの陰湿なことを意味するものへと進化していった。ジョーンズは「約束の地」が必ず攻撃されると断言し（だが、そんなことは起こらなかった）、その地を死守するために、間に合わせの武器を手にして何日でも寝ずに待機せよと信者たちに言い聞かせた。そのときのことを、「白夜」と呼ぶと言う者もいる。あるいは、「白夜」は一〇回以上開かれた集会のことで、その集会では人々が次々にマイクの前に歩み出ると、自分は大儀（人民寺院の用語では、自己のためではなく集団に奉仕するために生きること）のために死ぬ、必要があればその晩にでも死ぬという意志を宣言していたと話す者もいる。さらに、「白夜」は毎週恒例のイベントで、ジョーンズが集まった人々を一晩中寝かさずに、コミュニティで生じている心配ごとについて話し合いをさせたとする説もある。また、ジョーンズが死について言及した会合はすべて「白夜」と呼ばれると言う者もいる。

下院議員によるガイアナ訪問は、ジョーンズがずっと前から薄々感づいていたことを裏づける結果となった――この状態を永遠に維持することは不可能だ。ジョーンズタウンは失敗だった。あまりにも多くの人たちが離れようとしている。自分はまもなく見つけ出され、今の地位から引きずり下ろされる運命だ。そこで彼はすべての住人を講堂に集めると、ここはまもなく敵の襲撃を受けると伝えた。「奴らは何も知らない赤ん坊を撃ち殺すだろう……奴らはわれわれの仲間に拷問を加えるだろう。奴らは老人たちにも拷問を加えるだろう。そんなことをさせるわけにはいかない」と、ジョーンズは信者たちに告げた。もう手遅れだ。逃げることはできない。「もう後戻りはできない。奴らはわれわれをこのままにしておいてはくれない。これから国に戻って、もっと多くの嘘をばらまくつもりだ。そうすればもっとたくさんの議員がやってくる。もう、われわれが生き残る道は残されていない」。それから自分の望みを伝えた。「われわれは子どもたちに優しく、老人たちに優しくあるべきだと思う。そして古代ギリシャの人々がいつもしていたように、薬を飲もうではないか。静かに乗り越えよう。われわれは自殺をするわけではないのだから。これは革命的行動なのだ」。その演説はいつものように滑らかだったが、周囲には武装した警備隊員が控えており、集められた住人には二つの選択肢しかなかった——毒*を飲んで死ぬか、逃げようとして撃たれるかだ。

　これまでに集団自殺で知られた五指に余るカルトのすべてで、指導者が同様のことをしていた。彼らは黙示録的な世界観を説き、その世界の中心にいるのは自分たちで、迫りくる終末の日にはほかの者はすべて滅ぶと信じている。そうした指導者にとって信者の命は賭けのチップと同じで、どうせ負けるなら全部差し出してしまえというわけだ。だが実際に殺して手を汚すようなことはしない。彼らは日和見主義で、人々を巧みに操ってはいるが、殺人を犯してはいない。ところが力による支配の構造が揺らぎはじめたと感じたとたん、世界は恐ろしい終末に向かっていて、もう止めることなどできはしないと、脅すような態度で信者に迫る。そして次のように説教するだろう——唯一の解決策は自殺であり、しかるべき方法で、しかるべき時に実行するならば、われわれは少なくとも殉教者となり、なんとか神の王国に足を踏み入れる道は残されている。指導者の取り巻き集団がそれに賛同して同じ言葉を繰り返し、疑いをもつ人がいても圧倒して従わせてしまう。

人民寺院の信者のなかでも何人かの勇敢な者たちが、その日、ジョーンズに反論しようとした。そのひとりがクリスティン・ミラーで、ジョーンズに頻繁に立ち向かった黒人の年長者だ。[15]テキサスの貧しい家庭に生まれたクリスティンは、やがてロサンゼルスの郡書記官として成功したのち、ジョーンズの熱心な支持者になり、彼のために幾度となく金銭的な支援を続けた。だが彼の考えに歩み寄ろうという気持ちにも限界があった。みんなで質素な共同生活を営むことになっていたガイアナに移り住むまで、まもなく六十歳を迎えようとしていたクリスティンは懸命に働いてようやく手に入れた宝石と毛皮を身につけるのをやめていない。頑固なほど率直な性格で知られた彼女とジョーンズは愛憎半ばする関係にあり、緊迫した状態になることも多かった。ある集会ではクリスティンの反対意見にジョーンズが腹を立て、銃を突きつけたことさえある。だがそのとき、「撃つなら撃ってもいいわ。でも、まず私の言うことを尊重してからにして」と立ち向かったクリスティ

＊有毒なシアン化物を、ジョーンズはいつ、どこで、手に入れたのだろうか。ＣＮＮの報道によれば、ジョーンズは何年ものあいだひそかにシアン化物を備蓄して、使う必要が生じた日には、いつでも使えるように準備していた。また、こうした化学薬品を購入するために宝石商の免許を取得していたとされる。金を磨くためにシアン化物を用いるからだ。

ンを見て、引き下がったという。もしジョーンズがもう一度クリスティンの意見を聞き入れる機会があったとすれば、それは一九七八年十一月十八日だったはずだ。クリスティンは講堂の前に置かれたマイクに歩み寄ると、仲間の生きる権利を守ろうとして、別の逃げ道を探して子どもたちを助けるべきであり、ロシアに逃がれる方法もあると主張した。「私は死を恐れているのではありません、でも……赤ちゃんたちを見ていると、彼らは生きるべきだと思えます。そうではありませんか?」と、クリスティンは異議を唱えている。「私はひとりの人間として、自分が考えていること、自分が感じていることを、言う権利がまだあると思います……私たち全員が、一人ひとり、自分自身の運命を決める権利をもっています……生きているかぎり、希望があると感じています」

ジョーンズはクリスティンが話すのを妨げはしなかった。彼女の「扇動」を称賛までしていた。だが最終的に、クリスティンにとっての選択を決めたのはジョーンズだった。「クリスティン、私がいなければ、生きることに意味はない。きみにとって永遠に最良のものは、私なのだ」と、ジョーンズは言った。その日の夕方、講堂にいた人たちは残らず――クリスティンも、警備隊も、自らの頭に銃を向けたジョーンズ自身も――死んでいった。

「ジョーンズタウンの死のテープ」[16]として知られる短時間の録音テープから、ジョーンズの威圧的な説教の様子をわずかながら知ることができる。この四五分のテープは、ジョーンズが講堂で行なった最後の演説を記録したものだ。「死は恐ろしいものではない。生きることこそが呪われている」。彼が説教台の上からこう宣言すると、親たちはその命令に従って注射器で赤ん坊の口に毒入りの液体を流し込み、次に否応なく自分自身も毒の入った飲み物をあおるか、大人同士が互いに飲ませ合うしかなかった。苦いジュースを呑み込んだ信者たちは、ひとりずつ講堂の外に連れ出され、そこで息絶えていく――体が痙攣し、崩れ落ちると、芝生の上でじっと動かなくなった。

「死のテープ」は永遠のうぬぼれ屋だったジョーンズ自身が準備して残したもので、今では公開され、インターネット上で誰でも聴くことができる。その日、毒入りジュースを免れたのは三三人のみで、オーデル・ローズ（彼は日が暮れるまで建物の床下に隠れていた）をはじめとした生還者の話では、ジョーンズ自身がテープの録音を止めたり再開したりしながら手を加え、沸き起こる反対の声や動揺、苦痛の叫び声を、うまく除外していたという。「死のテープ」には多くの人たちが非常に強い関心を寄せ、宗教学者やFBI捜査官をはじめとした少なくとも六人の専門家が、文字として残すことに挑戦した。どんな小さな声も聴きのがすまいと目を閉じ、ヘッドフォンの音量を最大まで上げて、全力で書き起こしていったのだ。

この忌まわしい悲劇の直前に一〇〇〇人近い人々がジョーンズに対して大声を上げ、また互いに言い争っているこのテープを聴いて、もし身震いせずにすむとしたら、それは「死のテープ」の背景に流れている音楽のせいで、全体がフィクションよりさらに奇妙なものになっているからだ。すべての会話の背後に微かな音楽が聞こえ、それはまるで効果をねらってあとから加えられたかのように聞こえる。だがやがて判明したとおり、もともとソウルミュージックが何曲も録音されていたテープが使われたために、そうなったらしい。ジョーンズがそれらの曲に重ねて録音をした結果、テンポが微妙に変化しながらくぐもったメロディーが流れる「ゴースト録音」ができあがったのだ。演説がすべて終わったテープの最後には、デルフォニックスが一九六八年に発表したR&Bの曲

「アイム・ソーリー」が半分の速さで流れ、まるで教会のオルガン曲のように聞こえる。
「死のテープ」から次のような短い部分を抜き出して聞いただけでも、ジョーンズのリズミカルな反復と人を惑わす誇張表現に、身も凍るような印象を受けるにちがいない。

心安らかに生きることができないならば、心安らかに死のうではないか……私たちは裏切られた。私たちは恐ろしいほどに裏切られた……私はこれまで、みんなに嘘をついたことはない……私たちにできる最高の信仰の証は、この忌まわしい世を去ることだ……私は今日ここで、預言者として話をしている。もし私が今こうして話していることの意味を知らないならば、この席に座ってこれほど真剣に話などしていないだろう。……私はみんながこれ以上、これ以上、この地獄を歩んでいくのを見たくはない……［死を］恐れることはない、恐れることはない。それは友なのだ、それは友なのだ……旅立とうではないか、旅立とうではないか……この世にあと一〇日とどまるより、今ここで死ぬほうが一〇〇万倍も好ましい……急ごう、私の子どもたち……姉妹たち、みんなのことはよく知っている……もう苦しむことはない、もう苦しむことはない……ようやく自由になれる。

「死のテープ」は詩であり、呪いであり、マントラであり、裏切りであり、容易に忘れられないものだ。そして、言葉には死をもたらす力があることを示すものでもある。

ii

私はカルトの話を聞きながら育った神経質な子どもだったから、物心ついたときからずっと、ジョーンズタウンにまつわる物語をしっかり理解していた。私の父はジョーンズタウン指導者のジム・ジョーンズを、躁病気味のシナノンの指導者チャールズ・デデリッチと比べることが多かった。デデリッチは「集団自殺」を引き起こしはしなかったものの、小学校時代をシナノンで過ごした父の異母妹フランシーの話によれば、もしデデリッチがもう少し長く権力の座についていたなら、集団自殺が起きていたかもしれないとのことだった。私の父がいたあいだ、シナノンで身体的な暴力沙汰は起きていない。だが、デデリッチはジョーンズと同様、年を追うごとに殺気立っていく。一九七〇年代後半までには彼の任命によって「インペリアル・マリーンズ」と呼ばれる武装グループが組織され、デデリッチが「スプリッティー」と名づけた離反者に対する集団暴行など、数多くの凶悪犯罪に手を汚した。あるスプリッティーはあまりにも強く殴られたために頭蓋骨骨折を負い、その後に細菌性髄膜炎を発症して昏睡状態に陥った。一九七八年にジョーンズタウンで集団自殺が起きるわずか数週間前には、[1]スプリッティー数人のシナノンに対する訴訟を支援していた弁護士のポール・モランツが、ガラガラヘビに噛まれる事件が起きている。ヘビはデデリッチのインペリアル・マリーンズがこの弁護士の郵便受けに忍ばせたものだった。その後、デデリッチが逮捕されて破産に追い込まれると、一九九一年までにシナノンは消滅した。主流にならなかったグループのコミューンを率いた指導者のほとんどがそうだったように、デデリッチもジョーンズほど過激な行動に走ることはなかった。

だが、ジョーンズタウンでの出来事から一九年後に、その域に近づいた人物がいる。一九九七年三月の終わりに別のカルト集団が自殺事件を起こしたというニュースが流れたとき、ガイアナの悲劇を思い出さない人はほとんどいなかっただろう。この惨事はカリフォルニア州ランチョ・サンタフェで起き、UFOを信仰する世界終末論者《ドゥームズデイ》の団体「ヘヴンズ・ゲート」の信者三八人が、三日をかけて組織的に自殺していた。信者たちはアップルソースにバルビツール系催眠剤を混ぜたものをウォッカとともに飲んでから、頭にビニール袋をかぶって窒息死する方法を考え出し、共同生活を送っていた広さ八〇〇平方メートルを超える大邸宅で実行した。これを命じた年長の指導者マーシャル・アップルホワイトも、まったく同じ芝居がかった風変わりな方法で、信者たちといっしょに自殺を遂げている。当時六十五歳、スポーツ刈りの白髪と目を大きく見開いた表情が特徴的なアップルホワイトは、若いころ神学校を中退してから音楽劇の修士号を取得しており、SF小説に並々ならぬ情熱を注いでいた。同じような集団で権力を乱用した多くの人物たちと同じように、アップルホワイトも預言者を名乗っている。具体的に言うと、ともに集団を率いたボニー・ネトルズ（集団自殺を引き起こす前の一九八五年に肝臓がんで世を去っている）と自分は宇宙からやってきた高潔な魂で、一時的に地上の肉体に宿っているにすぎないと称していたのだ。

ジム・ジョーンズが集団自殺を引き起こすころには九〇〇人以上いた信者の多くが忠誠心を失っていたのに対し、アップルホワイトは最後の最後まで、小規模な信徒のグループから確固たる支持を受け続けていた。ヘヴンズ・ゲートで集団自殺が実行された日、三八人の信者全員が次のような筋書きを信じて疑わなかった――天国に向かう宇宙船がヘール・ボップ彗星のあとを追って進んでおり、一九九七年三月に地球の近くを通る。これは信者たちにとって、「いずれ滅びる一時的な世界」を離れるチャンスだ。空飛ぶ円盤に乗れば、アップルホワイトが「神の王国」だと保証する宇宙のはるか彼方の次元まで運んでもらえるだろう。

声は温和でも断固とした父親のような口調で話すアップルホワイトは、ラテン語由来の構文を交えながら難解な宇宙論を長々と論じることによって、小規模な似非《えせ》インテリの信者集団にエリート気分を味わわせることができた。彼の信条によれば、われわれの知っている地球には、今や再生の――彼自身の言葉によれば、シャベルで掘り返される――時が迫っており、この惑星は一新されることになる。「人間という『雑草』がこの庭を占領し、取り返しのつかないほど役に立たないものにしてしまった」と、ヘヴンズ・ゲートのウェブサイトには書かれている。二〇二〇年の時点で、そのサイトは生き残った信者二人によって維持されているものの、更新の形跡はほとんどない。

だが、アップルホワイトは脱出方法を知っていた。信者全員が「自分たちの生まれもった遺伝的バイブレーションを乗り越える」ためには、「自分たちの乗り物から降りる」必要があり、そうすればその魂は宇宙船上に再び姿をあらわし、肉体的にも精神的にも「人間より上の進化レベルにある王国」に連れていってもらえるというのだ。地球にいるときの肉体は単なる「入れ物」にすぎず、より高次の存在になるためには無視してかまわないと彼は主張した。彼らとともに「卒業」できなかった人は「相応の堕落」を避けられず、最終的には「この世が終わる自己破壊のメカニズム」（つまり、黙示録的終末《アポカリプス》）を引き起こすことになるだろう。だが厳選された「アウェー・チーム」にとって、死は「恐れるに足りない」ばかりか、「永遠に続く壊れることのない」世界に入るための「一生に一度の機会」だった。

ジョーンズと同じく、ネトルズとアップルホワイトも多くの名前をもっていた。最も有名なものに、「ザ・トゥー」「ボーとピープ」「ティーとドウ」（音階のシとドの英語と同じ発音）がある。ヘヴンズ・ゲートでは信者一人ひとりも新しいファーストネームを選ぶ（ラストネームは捨てる）ことになっており、アップルホワイトの指示に従って、末尾に「オディ（-ody）」[2]がついた名前になった。たとえば、サーストノディ、シルヴィオディ、イレーノディ、クストディ、スロッディ、グルノディ、イヴノディ、といった具体だ。研究者は、このオディという接尾辞はドウとティーの混成語のようなもので、信者が言葉の上で指導者「ティーとドウ」の生まれ変わりであるとレトリック的に証明する役割を果たしていたと分析している。

「その言葉は、私たちがなろうとしているものを象徴的に表現していました」と、ヘヴンズ・ゲートに一八年ものあいだ参加していたフランク・ライフォード、別名アンドーディは回想する。[3]フランクが最初にこの集団に加わったのは、まだボサボサ頭をした二十一歳のときで、長くつきあっていたガールフレンドのエリカ・アーンスト、のちのチコディといっしょに、いわゆる「魂の遍歴」をしている途上のことだった。二人は、ヘヴンズ・ゲートに加わった人たちの特徴をすべて備えていた――白人、元キリスト教徒、ニューエイジ志向、中流家庭出身、そして未婚だ。フランクが信者になった当初、ティーとドウは信者の全員が生きて元気な状態で「ヒューマン・レベル」から「ネクスト・レベル」に移行できると主張していた。「つまり、意識の上での移行ということです」と、六十五歳になったフランクは私の取材に対して答えてくれた。「でも、やがてティーがこの世を去ると、事態が変化していきました」。フランクの記憶では、ティーの死がドウにとって癒やすことのできない心の痛手となったようで、ドウはより支配的になりはじめた。さらに、ネクスト・レベルへと進む方法についての考えも変わった。そのとき、人間として生きるのを終わらせることが、彼の描く全体像に忍び込んだのだ。

一九九〇年代に入るころ、フランクの心に疑問が芽生えたという。当時、ヘヴンズ・ゲートのメンバーはグループのための資金を稼ぐ目的でランチョ・サンタフェの邸宅の外で一般の仕事につくことを許されており、フランクはソフトウェア開発者として働き、その仕事が大好きになっていた。仕事は創造性と刺激にあふれ、正しいことをしているかぎり、上司から全幅の信頼を得ることができた。だが、「アウェー・チーム」の外で独自の目的をもてば、ヘヴンズ・ゲートの教義に真っ向から反することになる。二〇年近くも自らのアイデンティティをすっかり抑え込んでティーとドウに奉仕し続けていたフランクは、やがてひとつの判断を下した――組織の歯車となって生きること、とりわけこの団体の歯車になることは、自分の求める答えではない。そこで一九九三年にヘヴンズ・ゲートを離脱し、チコディにもいっしょに離脱しようと懇願したが、彼女を説得することはできなかった。それから三年あまりが過ぎたころ、彼女は「アウェー・チーム」の残りの人たちとともに、自分の「乗り物から降りた」。

　フランクも今では年配になり、ほっそりした物憂げな顔に四角い縁なしメガネをかけて、カンザス州で暮らしながらパーソナル・ライフ・コーチとして活動している。ほとんどのクライアントとはリモートでやりとりしており、自宅のくつろいだ環境から、まぎれもなく比類なき（そして現在も進行中の）精神的冒険から得たものを伝え続ける毎日だ。「私たちはみな、魂のレベルでものごとを学ぶという目的をもって、それぞれ独自の道を歩んでここにやってきたのだと確信しています」。そう話す彼の穏やかな高い声は、わずかに揺れ動く。フランクは滑らかに話すことができないのだ。吃音というわけではないが、言葉が口の中から外に出るまでのあいだのどこかで、少しだけ引っかかることがある。本人によればヘヴンズ・ゲートのせいで生じた障害だ。あるときアップルホワイトが、朝起きたばかりでかすれていたフランクの声を真似しながら、手ひどくからかったことがあったという。そのときあまりにも恥ずかしい思いをしたことで、フランクは少しずつ、自ら「重度の発話障害」[4]と呼ぶ状態に陥った。それは言葉のポルターガイスト現象のように、これほど長い年月がたった今でもまだ彼を苦しめている。それでも彼はこう続ける。「私たちの経験は、トラウマになるほどつらく、何かゾッとするようなものに見えるかもしれません。でも誰がどんな体験をしても、そこから得られる知識というものがあるのです」

　ジム・ジョーンズと同様、ティーとドウもキリスト教主流派とアメリカ政府を激しく非難し、どちらも「腐りきっている」と糾弾した。また、現在の地球で暮らすという大災厄を解決できるのは自分たちだけだと主張する点も、ジョーンズと同じだった。だが類似点はそこまでだ。ヘヴンズ・

ゲートの時代には、七〇年代の「権力に反抗する」機運はとうに消え去っており、それに代わるようにアップルホワイトのレトリックは一九九〇年代のＵＦＯ熱に大きく影響されていた。九〇年代はテレビドラマ『Ｘファイル』や、ＦＯＸテレビが放映したでっちあげの「エイリアン解剖フィルム」に象徴される一〇年だった。人々はデジタルテクノロジーについて理解しはじめてはいたが、インターネットもスマートフォンも今ほど広く普及していなかったので誰でも利用できるものではなく、わずかに神秘的な雰囲気も帯びていた。そしてヘヴンズ・ゲートの信者たちにとって、そのテクノロジーは生命に関する最も古い疑問への新しい答えを教えてくれるものでもあった。アップルホワイトはテレビの『スタートレック・ネクストジェネレーション』（邦題は『新スター・トレック』）シリーズで頭がいっぱいになり、とりわけこのドラマに登場するボーグという敵役のエイリアン（集合意識《ハイブマインド》をもつ集合体）に夢中になった。そしてボーグの決まり文句、「抵抗は無意味だ、お前たちを同化する」を好んだ。フランク・ライフォードは、「ドウはボーグのことが大好きでした。彼はあの集合意識を信奉していたのです」と、当時を振り返る。

　アップルホワイトは自分の信条に合わせて、ヘヴンズ・ゲート独自の用語をすべて作り上げた。どれもニッチな、いかにもＳＦ風の用語の集まりだ。邸宅での毎日の暮らしは厳しく統制されており、独特の言葉遣いは規律の維持に役立った。台所を「ニュートラ・ラボ」、洗濯室を「ファイバー・ラボ」、食事を「ラボ実験」と呼び、集団全体を「クラスルーム（教室）」、個々の信者を「スチューデント（学生）」、ティーとドウのような教師を「オールド・メンバー」や「クリニシャン（臨床医）」、信者が外出して一般の社会で何かをしているときを「船外」での活動、共同生活をする邸宅にいるときを「船内」にいると表現した。「特別な話し方をすることで、そのレトリックが作り出した場所、まさに自分たちがいたいと思っていた世界にいると、想像することができたのだ」と、ヘヴンズ・ゲートの研究者でレイクフォレスト・カレッジの宗教学教授ベンジャミン・E・ツェラーは分析している。仲間だけで通じる独特のSFめいた用語に毎日どっぷり浸《つ》かりながら何年も過ごすあいだに、信者たちは神の王国に向かって進んでいく宇宙船での暮らしを、ありありと思い描くようになっていった。ツェラーは、「そのような言葉遣いは実際には宗教と同じ働きをしており、単なるナンセンスな言葉遊びなどではなかった」と言う。

　集団自殺の日、「アウェー・チーム」は間近に迫った「卒業」を安らかな気持ちで待っていただけでなく、有頂天にさえなっていた。アップルホワイトの弟子たちは自殺の数時間前に、一人ひとりに別れのインタビューをした様子を撮影してウェブサイトに公開しており、「旅立ちの言葉」という動画でその場面を目にすることができる（動画は編集されてユーチューブでも公開されている）[5]。これを見ると、ヘヴンズ・ゲートの信者たちは誰もが髪を同じ長さのクルーカットにし、ゆったりした上着を身につけ、のどかな屋外の様子を背景に、穏やかな口調で話している。画面に映らない場所では鳥のさえずりが絶えず響いている。信者たちはカメラの前でヘヴンズ・ゲートでの自分の経験を思い出しながら、自分がネクスト・レベルに移行できるようになった根拠について語っており、恐れている様子も混乱している様子も見えない。心から陽気に、自分たちの計画を果たそうとしている。「私が言いたいのは……このクラスにいられて、どれだけありがたいか、どれだけ感謝しているかっていうことだけです」と、比較的新しく加わった信者がカメラを前にして恥ずかしそうに語る。「そして、私のオールド・メンバーのドウと、彼のオールド・メンバーのティーに、感謝したいと思います……この世界を乗り越えるチャンスを与えてくれた……そして本物の神の王国に、人間より上の進化レベルに入って、ネクスト・レベルの一員になるチャンスを与えてくれたのですから」

ビデオが撮影されてからおよそ一週間後、警察は三九人全員の遺体を発見した。そこにはアップルホワイトも含まれており、それぞれが二段ベッドに整った姿勢で横たわっていた（ただし腐敗も進んでいた）。全員が揃いの制服姿で、ひとり残らず黒いスウェットの上下、真新しい黒と白のナイキ・スニーカー「ディケード」を身につけ、腕の腕章には「ヘヴンズ・ゲート・アウェー・チーム」の文字があった。また全員がポケットに五ドル紙幣一枚と二五セント硬貨三個、合わせて五ドル七五セントを入れていた（「通行料」だと考えられている）。すべての遺体の胴体と顔が、紫色の布できちんと覆われていた。

ジョーンズタウンとヘヴンズ・ゲートはまったく無関係な集団で、それぞれのメンバーには政治的信条、宗教、年齢、人種、大まかな人生経験のどれをとっても、ほとんど共通点が見られない。指導者が自分の信者に向けてでっちあげた世界も、その世界観を物語るレトリックも、大きく異なっていた。だがこれら二つの集団は終幕で見せたおぞましい事件のせいで、どちらも同じカルトという特異なジャンルに分類され、世界中の学者、記者、アーティスト、そして一般の傍観者から注目を集めている。誰もが知りたいのは、どうすれば人は自らの命を絶つほどまで「洗脳」されうるのか、ということだ。では、答えを見ていくことにしよう……。

iii

カルト的な環境でも、それ以外の場所でも、言葉は実際に人の生死を決めてしまう力をもっている。私は若者向け「いのちの電話」でのボランティア経験を通して、慎重によく考えた話し方をすれば、話すことで誰かが死を選ばないよう手助けできることをじかに学んだ。その反対に、言葉によって誰かを死に追いやることもできる。カリスマ的人物が放った言葉と別の人物の自殺とのあいだに因果関係が成り立つことは、二〇一七年に議論を呼んだミシェル・カーター事件の判決で司法的に裏づけられた。[1] この裁判では、若い女性が携帯メールを通して高校時代のボーイフレンドを自殺に追い込んだ過失致死罪で有罪判決を受け、その行為は「自殺の強制」とみなされたのだ。このミシェル・カーター事件は、言葉だけで命を左右できるかどうかについての本格的な議論を国中に巻き起こしたのだった。

疑問の声は毎年のように上がり続けている——なぜ人はジョーンズタウンやヘヴンズ・ゲートのようなカルトに加わるのか？　なぜそこにとどまるのか？　なぜ大それた、不可解な、ときには恐ろしい行動をしてしまうのか？　それに対する答えの糸口は、次の事実に見つかる——ジョーンズとアップルホワイトは言語を究極の道具として用いながら、回心させ、条件づけし、強制するという意図的なテクニックを駆使することによって、自分では指一本触れることなく、人々の記憶に長く残るような危害を信者に加えることができた[2]。

カルト的集団が及ぼす影響には段階的な相違があるが、どの集団でもカルト語は次の三つの働きをする。第一に、相手に自分は特別で理解されていると感じさせる。ここで力を発揮するのは「愛情攻勢」だ。一人ひとりに注目して理解していると思わせるように集中的に言葉をかけ、感動させるキャッチフレーズを使い、攻撃を受けると予言し、次のように呼びかける――「あなたは、生きているだけで、神の王国に向かうよう運命づけられたエリート集団『アウェー・チーム』の一員として選ばれている」。こうした言葉を聞いたとき、即座にインチキくさい危険信号だと感じる人も、ただ共感できないと判断する人もいる。だが一部には、聞いたとたんに何かが「ビビッ」ときて、自分が変身できたように思ってしまう人もいるのだ。そのような人たちは一瞬にして、この集団こそが自分の求めていた答えだと信じ込み、そこに戻ってこずにはいられなくなる。この状態は、まさに突然生じる傾向があり、その結果、その団体に「加入」する。これが回心と呼ばれる。

第二に、また異なる一連の言語戦略が指導者に依存する感情を生み出し、集団の外で暮らすことはもう不可能だと思わせる。これは徐々に進んでいく操作で、条件づけと呼ばれるものだ。ある刺激に対する一定の行動を、無意識のうちに学習するプロセスになる。その結果、外部の者には理解できないほど長いあいだ集団にとどまり続けてしまう[3]。そして最後に、言葉はそれまでの現実、道徳規範、自意識とまったく相容れないような行動をとるように説得する。「目的のためには手段を選ばない」精神が植えつけられて、最悪の場合には破壊的な結果を招く。これは強制と呼ばれる。

カルト語で第一に重要な要素は何だろうか？　それは、「私たちと他の人たち」という二項対立を生み出すことだ。全体主義の指導者は、言葉を用いて自分の信奉者とそれ以外のあいだに心理的な分裂を生み出さなければ、力を得ることも維持することも望めない。「ファーザー・ディヴァインはつねに、『私たち』と『彼ら』をはっきり区別するようにと言っていました。『私たち』という内集団と、その外側にいる敵を区別するのです」と、ジョーンズタウンで長い年月を過ごした前出のローラ・ジョンストン・コールは説明した。目指すのは、信者に「自分たちにはすべての答えがわかっている、自分たち以外の世界中の人々はみな愚かで、自分たちより劣っている」と感じさせることだ。自分たちはほかの誰よりも優れていると思い込ませれば、その人たちは外部の者を遠ざけるだけでなく、侮辱するようにもなる。身体的な暴行をふるっても、ただ働きをさせても、言葉によって攻撃しても、すべて自分たちだけに許された「特別待遇」だと言い繕うことができる。

これが、カルトにはそもそも仲間だけに通じる独自の用語がある理由のひとつだ。わかりにくい頭字語、内輪でしか通じないマントラ、さらに「ファイバー・ラボ」のような単純な呼び名などは、そのすべてが秘密めいて興味をかきたてるから、集団に加わることを考えている人はもっと知りたくなり、いったん中に入れば仲間意識が生まれて、この内輪だけの隠語を知らない人たちを見下しはじめる。言葉はまた、トラブルメーカーになりかねない人を浮き彫りにすることもできる。新しい用語に抵抗する人たちは集団のイデオロギーに心から賛同できない可能性があるから、監視が必要になるわけだ。

だが最も熱心なメンバーの場合、特別な言葉はまるで真新しいおしゃれなユニフォームのように、楽しみで神聖なものに感じられてしまう。そこで信奉者は、自分のそれまでの語彙を熱心に捨て去るようになる。「私たちの以前のアイデンティティを思い出させるような、日常的な概念に通じる用語を、すっかり置き換えてしまうことが目標でした」と、ヘヴンズ・ゲートのメンバーだったフランク・ライフォードは私に話してくれた。「当時の私の考えでは、それはいいことだったのです」。信者を外界から切り離す一方で相互の絆を深めるというこうした目標は、カルト的集団のほとんどすべてが（修道生活を伴うほとんどの宗教とともに）メンバーの名前を変える理由のひとつでもある。ティー、ドウ、アンドーディ、チコディなどを思い出してほしい。そして儀式への参加は、メンバーが自分の古い殻をすっかり脱ぎ捨て、集団に完全に従うことを意味する。

新しい名前を手にするのは信奉者だけではなく、部外者も同じだ。ジョーンズとアップルホワイトの語彙には扇動的なニックネームが数多く含まれ、それらは熱烈な信奉者を称賛する一方で、その他のすべての人を悪者とみなすために用いられた。ヘヴンズ・ゲートのメンバーは、「天の王国の学生」「理解する才能を授かった者」「人間より上のレベルのメンバーの子」と呼ばれたりしていた。それに対して主流派キリスト教信者たちは「ルシファーの計画」や「偽りの神」に属し、「下等な力」に屈服した人々だ。ティーとドウは自分の「学生」たちに、「知識の寄託《きたく》」を受けていない人たちから距離を置くよう促していた。ヘヴンズ・ゲートの教えによれば、「真実」を手にしているだけで、周囲の社会から切り離されるのは「必然」だった。

人民寺院の場合を見てみると、「私の子どもたち」はジョーンズが従順な支持者に授けた好ましい呼び名で、「外部勢力」は自分に従わない者すべてに用いられた。さらに含みのある「裏切者」

という呼び名は、ギャリー・ランブレフのように真理を知りながら背を向けた離反者を指す語だった。「隠れた支配者たち」は、のちに「闇の政府《ディープステート》」と呼ばれるようになったものと同じ意味だ。憎むべき「天の神《スカイ・ゴッド》」（キリスト教の偽りの神）は、「肉体に宿る神《ゴッド・イン・ザ・ボディ》」すなわちファーザー・ジョーンズにとっての敵をあらわした。

だが、言葉そのものが果たした役割は半分だけで、残りの半分はパフォーマンスの力だ。ジム・ジョーンズの説教の場に一度でもいたことのある者なら誰でも鮮明に覚えているように、彼には説教を劇的なものにする才能があった。説教台の上から短くて誇張された語句を次々に繰り出し、集まった人々を奮い立たせたのだ。集団のエネルギーが高まれば好都合だった。ジョーンズは説教のたびにニュースや歴史上の出来事から事実をひとつ選び出し、それを大惨事のように誇張して語った。ジョーンズタウンから生還したユランダ・ウィリアムズは、ジョーンズがレッドウッド・バレーの集会でナチスの強制収容所を題材にした映画『夜と霧』を見せたときのことを、次のように回想している。「彼は、『これは有色人種のために計画されたものだ。われわれは遠くジョーンズタウンの地に、われわれの町を建設しなければならない。彼《か》の地に行かなければならない。われわれはすぐに移動しなければならない。われわれは迅速に行動しなければならない。われわれは自分たちで資金を出し合わなければならない』と言った」。一方のギャリー・ランブレフはジョーンズの派手な説教スタイルを忘れようにも忘れられず、こう語る。「彼は、たとえばこんなふうに話をした。『無益な紙は［彼は聖書をそう呼んでいた］ひとつだけ役に立つ』と言いながら尻を指さす──トイレットペーパーというわけだ。それから説教台の上で大げさに聖書を引き裂くと、破り取った紙を空中に放り投げる。そして、『誰も触れてはいけない。忌まわしいものだ』と言い、甲高く笑い飛ばす。私たちもみんなで大笑いするのが常だった」

こうして、ありのままを述べる正直な演説を聴いた人々は（もちろん実際に正直なのではなく、ただ遠慮がないだけなのだが）、反体制の声を上げる爽快な異議申し立てだと勘違いしてしまう。この現象は、問題のあるポピュリストが支配する国で暮らしたことのある人たちには身近に感じられるものかもしれない[4]。たとえば、イタリアのシルヴィオ・ベルルスコーニ、スロバキアのヴラジミール・メチアル、そしてドナルド・トランプなどを挙げられる。ここで、トランプとジム・ジョーンズの雄弁家としての類似点[5]について述べないのは無責任というものだろう。どちらも敵対する相手に刺激的で扇動的なニックネームをつけるのが好きだ[6]（トランプが用いた「フェイクニュース」と「いかさまヒラリー」は、ジョーンズの「隠れた支配者たち」と「天の神」に似ている）。彼らの言説に道理にかなった内容がまったくないとしても、キャッチーな言い回しと熱狂的な話しぶりだけで、聴衆を納得させるには十分だった。演壇に立った人物がまるで野獣のように感情をあらわにして話すのをじっと見ていると、目が離せなくなるものだが、ほとんどの人は親しい友人の前でさえその真似はできない。「アトランティック」誌で常勤ライターを務めるジョージ・パッカーは二〇一九年に、トランプの大衆に訴える言葉の強みは、いかにも率直なところだと書いた。「何の専門知識も必要ない……それは言ってはいけないことが何もない人の話し方だ[7]」

時がたつうちに、忘れられないニックネームと内輪だけに通じる用語には強い感情が伴うようになる。単語や言い回しにそうした感情が加わり、その言葉を口にするだけで恐怖、悲しみ、不安、歓喜、畏敬の念(何に対するものでも)を引き出せるようになると、リーダーはそれを悪用して信者たちの行動を誘導できる。こうした独特の言い回しを、一部の心理学者は「含みのある言葉」と呼ぶ。

「含みのある言葉」は、ときに既存の単語の意味を曲解するあまり、そこで新しく生まれた意味が元来の意味をしのぐこともある。3HOが「オールド・ソウル」という語を褒め言葉から恐怖を呼び起こす語に再定義してしまったのは、その一例だ。あるいは、私が子どものころ通った巨大教会《メガチャーチ》で、有罪になることを意味する「convicted」が独特の「神の力に心を動かされて〜をする」という意味で使われていたのも、ジム・ジョーンズが「革命的自殺」や「大儀」の意味をねじ曲げたのも、「アクシデント」の意味を「遭遇するに値する者以外は絶対に遭わないもの」と定義したのも、同様の例になる。ジョーンズが、「われわれはアクシデントを防ぐために、できるかぎりのことをする必要がある」と言ったとして、たいていの人は大半が共有している意味と現実の関係のルールに基づいて、ごく当たり障りのない意味にとらえるだろう。その場合、ジョーンズの信奉者が受け取る「含み」は消失する。ほとんどの人にとって「アクシデント」は単純な語で、特別なアイデンティティや特大な危険性が伴うことはないからだ。

「含みのある言葉」は、ときには人の判断を誤らせる婉曲表現の形をとる。権威をもつ人物が曖昧な言い回しに終始するのは、理屈に合わないことを主張しているか都合の悪い事実を隠している印《しるし》であることは言うまでもない。さらに、婉曲表現を用いればあえて悪い言葉を使わずに嫌なことを曖昧にできるのもたしかだ。タブーとされている概念には誰もが普段から婉曲表現を用いており

（たとえば「死」を、「他界した」「命を落とした」「力尽きた」などと表現する）、礼儀を保ち、相手に不快な思いをさせることなく、ある程度の否定的な意味を込める方法になっている。

だがジョーンズとアップルホワイトの婉曲表現は、死を積極的な願望の対象に作り替えてしまった。ジョーンズは死という恐ろしい現実を「移行」と言い換え、躁状態が激しいときには「偉大なる移行」と呼んだ。そして死のテープでは、死ぬことは「静かに次の段階に進む」ような些細なことだと話している。アップルホワイトは「死ぬ」と「自殺する」という単語をけっして用いず、代わりに「自分の乗り物を降りる」「卒業」「転換の完成」「ネクスト・レベルの体を授かるために古い入れ物を乗り越える」と表現した。これらの用語は条件づけのツールで、信者たちが死という考えに親しみをもち、死に対する根深い恐怖を捨てさせようという意図をもって用いられていた。

「含みのある言葉」には対になっているツールがあって、あらゆるカルトのリーダーに利用されている。それは「思考を停止させる決まり文句」と呼ばれるものだ。精神科医ロバート・リフトンが一九六一年に生み出したこの呼び名は、批判的な見方を阻止し、議論の前進を妨げるキャッチフレーズをあらわしている。この概念を知ってからというもの、私はいたるところで──政治討論でも、私のインスタグラムのフィードに山ほど並ぶ巧みなハッシュタグでも──こうした決まり文句に気づくようになった。カルトのリーダーたちが「意味の停止標識」とも呼ばれる「思考を停止させる決まり文句」を頻繁に利用するのは、自分に対する反対意見を急いで却下したり、欠陥のある自らの議論を正当化したりするためだ。リフトンは著書『思想改造の心理』で、こうした決まり文句について次のように書いている。「人間が抱えている最も遠大で複雑な問題を、入念に選ばれた簡潔でわかりやすい語句に圧縮したフレーズで、簡単に覚えられるだけでなく、簡単に言うこともできる。どんなイデオロギー分析も、この語が登場すれば始まったとたんに終わる[8]。つまり、「含みのある言葉」が感情を強める合図になるのに対し、意味の停止標識は思考をやめろという合図だ。簡単に言うと、この二つを併用することによって、それを聞いた信者の身体が「リーダーの言うことなら何でもしよう」と叫ぶ一方で、その脳は「次に何が起きるかを考えてはいけない」とささやく。それは恐ろしいほど強制的な組み合わせになる。

「思考を停止させる決まり文句」は「カルト」の専売特許などではない。皮肉なことに、誰かを「洗脳されている[9]」と表現すれば、それが意味の停止標識の役割を果たすことさえある。「あの人は洗脳されている」とか「あなたはカルトの一員だ」と言う人との対話は成り立たないだろう。話は終わりだ。ソーシャルメディアでそうした状態を目にすると、議論が必ず行き詰まっていることからもそれがわかる。これらの言い回しが登場したとたん、会話は止まり、意見の決定的な違いの背後にあるものを見つけ出す望みは潰えてしまう。

喧嘩腰の議論は別にして、「思考を停止させる決まり文句」は私たちの日常会話にも浸透している。「しょうがない」「男の子はいつまでたっても男の子」「起きていることにはすべて意味がある」「すべて神様の思し召し」、そして「あまり深く考えないで」などは、どれもありふれた例だ。ニューエイジ思想では、意味の停止標識が次のような狡猾な金言の形をとっていることもある。「真実はひとつの構成概念だ」「宇宙レベルで考えたら、まったく大したことはない」「私には複数の現実を受け入れる余地がある」「恐怖に支配されてはいけない」。そして、あらゆる不安や疑念を

「行動を制限する思い込み」だと片づけてしまう（このレトリックについては、第６部でさらに詳しく話す）。

こうした簡潔で力強いモットーが効果的なのは、「認知的不協和」を軽減するせいだ。認知的不協和とは、二つの矛盾する考えを同時に抱えてしまったときに経験する不快感をいう。たとえば、最近レイオフされて職を失った知人は、この悪い知らせを知ったまわりの人たちが「起きていることにはすべて意味がある」と言うのを聞いて、とても的外れに感じたと嘆いていた。彼女のレイオフの理由は、経済の悪化、会社経営の失敗、暗黙の女性差別、そして上司の気まぐれな性分など、複雑で不快な要因が交じり合ったもので、ひとつの「意味」があったわけではない。それでも彼女のルームメイトや年長の同僚は、そうしたことを考えたくなかった。もし考えれば自分自身が不安になり、人生は基本的にエントロピー増大へと向かっているという事実に突然気づかされて、彼女に同情するという目標とぶつかりあってしまうからだ。そこで知人たちは彼女に「起きていることにはすべて意味がある」という決まり文句を伝えて状況を単純化し、認知的不協和を片づけてしまったというわけだ。「それはとりわけ、考えたくないことについて考えるときに有効だ」と、統一教会（七〇年代に悪名をとどろかせた宗教活動で、ムーニーとも呼ばれる）の元信者ダイアン・ベンスコーターは打ち明けた。「考えなくてもよいという安心感をもたらしてくれる」。こうして「思考を停止させる決まり文句」は、一時的に心を落ち着かせる鎮痛剤のような働きをする。

ジョーンズはこのような言い回しを豊富に用意し、信者の疑問や不安を打ち消す必要が生じるとすぐさま繰り出した。「全部マスコミの間違いだ――マスコミを信じてはいけない」というのがジョーンズのお気に入りの文句で、彼を批判するニュースを誰かが持ち出すと、必ずこう答えていた。悲劇が起きた当日には、「すでに私たちの手を離れている」「[その]選択はもう私たちのものではない」「すべての人が死ぬのだ」と言って、クリスティン・ミラーのように異議を唱える者を黙らせた。

ヘヴンズ・ゲートの場合、ティーとドウは「どの宗教も真実には及ばない」といった決まり文句を頻繁に繰り返して、別の信念体系について考えることをやめさせていた。自分たちの論理が不合理だとする非難を封じるために、「人間より上の進化レベルについての真実」がまだはっきりわからないと言われても、それは自分たちの責任ではないと論じた。それはただ相手が「理解する才能を授かった者」ではないだけなのだ。*

こうした「思考を停止させる決まり文句」があると、ややこしい疑問が生じたとき――たとえば、全員が飢えていてもジョーンズタウンが唯一の優れた選択肢だと言えるのか、自死をせずに悟りを開く方法はあるのか、などと考えはじめたとき――単純でうまくまとまった答えが得られて、心配する必要はないと考えることができた。より多くの情報を調べようとする行動は、権力を乱用する者にとっては害でしかない。そこで「思考を停止させる決まり文句」によって自主的な思考を押しつぶす。同時に、それによって信者は身のほどを知り、苦境からも解放される。「全部マスコミの間違いだ」という考えが頭に刷り込まれれば、すぐにマスコミをスケープゴートに用いることを覚え、何か困難なことが起きても別の原因を考えなくなる。多くの疑問を抱きすぎるのは単に「理解する才能を授かっていない」だけだと言われれば、やがて質問するのをやめるだろう。誰でも、世界中の何より理解する才能を欲しいと思っているからだ。

最も抑圧的なカルト的環境では、信者がこうした戦術に気づいて声高に反対したいと思っても、確実に黙らせる戦略が敷かれている。アップルホワイトもジョーンズも、信者たちが外部の人たちと会話をすることだけでなく仲間同士で会話することも禁じていた。人民寺院の信者たちがジョーンズタウンに移り住むと、誰もがその「約束の地」はまがいものにすぎないと気づくのに長くはかからなかった。では、信者たちは全員が共有していた苦痛に対して、力を合わせて立ち向かったのだろうか？　それは許されなかった。ジョーンズは「沈黙のルール」[10]を強制し、彼の声が施設の放送システムから聞こえているあいだは（それは頻繁に放送されていた）、誰も話してはならない決まりだった。ヘヴンズ・ゲートでも、信者たちの会話は厳しく監視されていた。フランク・ライフォードは、ほかの人たちの邪魔にならないよう、全員が低い声で話すかまったく話さないよう指示されていたと回想している。コミュニケーションがなければ団結はない。脱出を画策できる見込みは、まったくなかった。

＊シナノンの場合、デデリッチや彼の奇妙なルールに疑いをもっても、「（信じた）かのように振る舞う」という規則で抑え込んでいた。

iv

カルト語は特効薬でも、死をもたらす毒薬でもない。むしろ偽薬に似ている。そしてそれが一定の人々にはよく「効く」見込みがあり、別の人々には効かないように思われることには、たくさんの理由がある。この本では全体を通してそうした要因の一部を探っていくが、そのひとつは、ほとんどの人が経験してきたタイプの「条件づけ」と関係している。中年の白人男性の声を無意識のうちに信用してしまう条件づけだ。

私たちは何世紀にもわたって、ジム・ジョーンズのようなタイプの声は生まれながらの力と才能を伝えると思い込まされてきた。神の声のように聞こえるという思い込みだ。実際、テレビ放送の隆盛期には「神の声」(1)と名づけられた話し方があり、ウォルター・クロンカイトやエドワード・R・マローといったニュースキャスターに共通の、低くてよく響く仰々しいほどのバリトンを特徴としていた。あまり深く調べなくても、歴史上屈指の破壊主義的「カルトリーダー」たちの声は、おおよそこの説明に当てはまることがわかるだろう。白人男性が神や政治などの重要なテーマについて自信をもって人前で話すと、そこにいる人の多くは無意識のうちに耳を傾けやすく、低い声と「標準的な」英語の発音を聞いているうちに、たいして疑いもせずに信用してしまう。たとえメッセージそのものが怪しげでも、話しぶりや内容について細かいことにこだわるのをやめている。リンディ・ウェストのエッセイ集『魔女たちがやってくる』には、「テッド・バンディは魅力的ではなかった――ハイな気分なの？」というタイトルの章があり、アメリカでは男性のカリスマ性の水準が驚くほど低いことを酷評している。とにかく白人の男性が自分に注目するようにと訴えれば、たとえそれが「明らかにこの世に生まれた最もパッとしない詐欺師のぼんくら」だとしても、私たちはついていくだろうと、ウェストは言う。粗野で凡庸な人殺しのテッド・バンディにも。大騒動になったファイア・フェスティバルを企画した詐欺師のビリー・マクファーランドにも。レイシストで、ファシストで、女性蔑視のドナルド・トランプにも。そして極悪非道で専制的なジム・ジョーンズにさえも。

たしかに、こうしてドナルド・トランプを（あるいはうさんくさいリーダーすべてを）ジム・ジョーンズと同一視するという十把ひとからげの論法は、必ずしも建設的なものではない。それぞれに固有の危険性を判断する上で最も役立つ方法とは言えないからだ。カルト研究者たちの一致した見解によれば、ジョーンズタウンはとんでもなく異様な悲劇であり[2]、前代未聞だったばかりか、その後も今日にいたるまで類似した事件は起きていない。それにもかかわらず、さまざまな政治的立場の政策決定者とメディア専門家はみな、自分と意見を異にするあらゆる人々を牽制するために「ジョーンズタウン」と「クールエイド」という語を持ち出すという罪を犯してきた。ＰＥＴＡ（動物の倫理的扱いを求める人々の会）のメンバーから中絶の権利を叫ぶ活動家まで、そして真逆のＰＥＴＡ反対と中絶反対を叫ぶ活動家にも、「クールエイドの危険がある」という声を浴びせている。ジョーンズとトランプの類似点を指摘したのは私がはじめてではないが、私が二人の演説口調の共通点を強調するのは、トランプの欺瞞的で暴力的なカリスマ性を生み出す一因となった言語形式について、詳しく考えるきっかけにしてほしいからだ。彼がガイアナの地で大量毒殺を画策できると言って恐怖をあおる意図などまったくない（それどころか、トランプはガイアナがどの大陸にあるのかも知らないのではないかと思っている）。このような問題をすべてジョーンズタウンに還元して考えてしまうと、誤った窮地に陥る――ジョーンズタウンに似ているか、さもなければ申し分のないものか、どちらかになるというシナリオだ。このシナリオは明らかに事実とは異なり、それぞれに微妙な違いがある。そして問題になっているのがジョーンズタウンそっくりの危険な集団ではないにしても、カルト的なレトリックに注目する価値があるように思う。

たしかに、日常のさまざまな場面で誰かの話を聞くとき、私たちはその人がもっているはずだと考える力の大きさに正確に対応した解釈をしてしまう。「自殺カルト」のリーダーと言われて私が思い浮かべるのは、大きな注目を浴び、大きな影響力ももっているひとりの女性、ティール・スワンだ。(3) おもにソーシャルメディアを活動の場としているスワンは、自己啓発の第一人者として知られる三十代の女性で、この本を書いている時点でとても元気にしている。信奉する人たちは彼女を「スピリチュアル・カタリスト」〔カタリストとは触媒のことで、ここでは覚醒のきっかけとなる存在という意味〕とみなし、批判する人たちは「自殺のカタリスト」とみなす。カルト的影響の段階的相違で考えるなら、スワンは女優グウィネス・パルトロウとマーシャル・アップルホワイトの中間、つまり自分勝手な「ウェルネス・インフルエンサー」と真の社会病質者《ソシオパス》の中間に位置すると言えるだろう。

人々がスワンを知るきっかけは、ほとんどの場合がユーチューブだ。彼女はユーチューブの「自己変革」動画で、依存症を克服する方法から直感の磨き方まであらゆることを指導しており、二〇〇七年に配信を開始してから累計で数千万回にのぼる再生回数を達成してきた。ＳＥＯ（検索エンジン最適化）戦略を利用し、鬱《うつ》や自殺念慮に悩む人々の孤独なインターネット検索をターゲットとしてきた成果だ。誰かが「私はひとりぼっち」や「どうしてこんなにつらいの」と入力して検索すれば、これらのキーワードからスワンのコンテンツにたどりつく。スワンを「フォロー」する人のすべてが熱心なフォロワーになるわけではないが、フォローすると「ティール・トライブ」への招待を受けることがあり、これは最も熱心に彼女を信奉する人たちが集まる会員制のフェイスブック・グループだ。会員はやがて彼女が対面で主催しているワークショップに出席するか、コスタリカにある贅沢なリトリートセンターまで飛行機で出かけ、スワン独自のトラウマ治療テクニックとされる「完了プロセス」を受けることになる。

スワンはメンタルヘルスに関する認定資格をもっているわけではなく、「回復記憶セラピー」のような怪しげな心理療法の寄せ集めを用いる（「回復記憶セラピー」は、「抑圧された記憶」を回復させるという物議をかもした手法で、「悪魔崇拝パニック」が全米を席巻した時期に広まったものだ。スワンは子どものころにこのセラピーを受けて、「悪魔の儀式による虐待」の失われていた記憶を取り戻したと主張している）。現代の心理学者のほとんどは、こうした手法が実際には誤った記憶を植えつけ、患者は大きなトラウマを抱えてしまう恐れがあると述べている。

だがスワンが「ティーリズム」と呼ぶ独特の語彙は、彼女が「スピリチュアルで科学的な信頼できる権威」という地位を確立するのにひと役買っている。聖書を利用して社会主義を説くことができたジム・ジョーンズのように、スワンは東洋の形而上学を持ち出してメンタルヘルス障害を診断する。そして「シンクロニシティ」「フリークエンシー」「アカシックレコード」といった神秘主義的な話に、DSM（『精神疾患の診断・統計マニュアル』）に出てくる正式な用語、たとえばボーダーライン、PTSD、鬱《うつ》病などを加えて、ごちゃまぜにしている。メンタルヘルスの問題を抱え、従来の療法と薬剤では解決できない人たちに対して、オカルトと心理療法の用語が入り混じったようなスワンの隠語は、彼女が科学より高次の力を利用しているという印象を与えるものだ（このように医学的な専門用語と超自然的な話を融合させる手法は、特に新しいものではない。サイエントロジーのL・ロン・ハバードからネクセウムのキース・ラニエールまで、問題のある指導者たちは何十年ものあいだそうした戦略を採用してきた。そして、ソーシャルメディアの時代になると怪しげなオンラインの賢人たちが群れをなしてスワンのあとを追い、同じ話し方を用いて、西洋文化で再燃したニューエイジへの関心に便乗するようになった。スワンと同時期に活動して議論の的になった何人かは、第6部に登場する）。

スワンが集団自殺を引き起こした事実はないものの、彼女の指導を受けていた人物が少なくとも二人、自ら命を絶った。批評家たちはこうした悲劇の原因として、スワンが自殺について語る際に、かえって自殺の引き金になってしまう言葉を数多く用いる点を挙げている。たとえば、「私にはあなたのバイブレーションが見えます。あなたには無抵抗な自殺願望があります」「病院と自殺防止の電話サービスは何の役にも立ちません」は、彼女独特の「思考を停止させる決まり文句」の例だ。

本人は自殺を支持することも促すこともないと主張してはいるが、スワンはこうした言葉を、「死はあなたが自分自身に贈るプレゼントです」「自殺はリセットボタンを押します」のような情緒的な含みのあるメタファーと組み合わせて、しつこく繰り返す。スワンのブログへの投稿によれば、「死後に私たちを待っているのはソースエネルギーの純粋で前向きなバイブレーションだと、誰もがみな（頭では考えていなくても）本能的に知っている」から、自殺が起きる。自殺は「救済」だと、スワンは書いている。

二〇一〇年代の初頭、長期にわたってスワンの指導を受けていたレスリー・ワングスガードという女性が、抗鬱剤《こううつ》の服用をやめて自殺を考えはじめ、スワンに助言を求めた。すると、レスリーが何年ものあいだ信頼を寄せていたグルであるスワンは、あなたは私の手法がうまくいくと「望んでいる」ようには思えない、「生きることにしっかり取り組むか、死ぬことにしっかり取り組むか」どちらかにしなければいけないと伝え、レスリーは二〇一二年五月に自殺した。のちにスワンは、「あのような［レスリーのような］タイプのバイブレーションに対しては、どんなヒーラーにも、できることは何もなかった」と述べている。自分だけでなく、誰にもできない、というわけだ。

「自殺のカタリスト」という評判とは裏腹に、ティール・スワンはジム・ジョーンズ同様、セックスシンボルにもなった。彼女の「女神のような」美しさを讃えた記事は枚挙にいとまがない——長い黒髪、鋭く見つめる緑色の目、毎日のスキンケア（「ニューヨーク」誌に掲載された随筆には、「彼女の毛穴についての思いがとまらない」(4)という記述まである）。そして何よりも声が魅力的で、動画から響く「死はとても快い」感覚だと語る言葉は、ギリシャ神話の海の魔物セイレーンが歌う子守歌を連想させる。いかにも女性らしく、聞く者の心を落ち着かせ、まるで母親が話しているように聞こえるスワンの声は、親密で飾らない力をもつ。自分の家でひとりだけで聴くことが多いから、なおさらその感が強くなるのだろう。調査を専門とするポッドキャスト「ザ・ゲートウェイ」の司会者、ジェニングス・ブラウンによると、「私が話を聞いた人たちは、彼女の声にひと晩中、ただただ耳を傾けていると言っていた」そうだ。スワンは男性の権力者に似せようとはせず、「自己変革」のグルを育むという独自のやり方でうまくいっている。彼女は政治家でも預言者でもなく、一人ひとりのＤＩＹ自己実現の母なのだ。彼女が追求しているのはまさに、美しい三十代の白人女性にふさわしいとみなされるカルト的リーダーシップであり、それ以上でも、それ以下でもない。そしてその程度まで、人々は彼女についていく。

v

寛大で地域社会に根ざした人々がカルト的な暴力の犠牲になる事例できわめて重要な役割を果たすのが、「私たちと他の人たち」を区別するラベリング、「含みのある言葉」、「思考を停止させる決まり文句」といったテクニックだ。だがここで見過ごしてはならないのは、そうした方法は「洗脳」ではないという点で、少なくとも一般的に洗脳と考えられている方法に該当するものではない。

ジム・ジョーンズはたしかに、信者たちを洗脳するために言葉を利用しようとした。彼が学んだテクニックのひとつは、ジョージ・オーウェルがディストピア小説『一九八四年』のために作り出した架空の言語、ニュースピークだ。この小説で描かれているニュースピークは婉曲表現によってプロパガンダを詰め込んだ言語で、独裁的な指導者が「マインドコントロール」を目指して市民に強制的に使わせる。ジョーンズはニュースピーク式に信者たちをマインドコントロールしようと考え、たとえばよい食べ物と仕事を手にできることに対して（実際のところ、労働は過酷で食べ物は乏しかったにもかかわらず）、毎日自分に感謝の言葉を捧げるよう義務づけた。

『一九八四年』は架空の話だが、オーウェルはニュースピークによって、二十世紀の現実世界で広く信じられていた見解を諷刺《ふうし》していた。それは「抽象的な言葉」が第一次世界大戦を引き起こす原因になったという説で、その説によれば、たとえば「民主主義」のような抽象的な言葉の乱用が世界の人々を洗脳する効果をもち、それだけで戦争が引き起こされたのだという。そこで二度とそんな事態が生じないようにするために、二人の言語学者、C・K・オグデンとI・A・リチャーズが『意味の意味』という本を書き、英語を単純化して具体的な表現だけにまとめなおす計画に着手した。婉曲表現も誇張表現もなければ、誤解やマインドコントロールの余地もまったくない言語に変えようという考えだ。彼らはそれを「ベーシック英語」と呼んだ。

だが、たいていの人はベーシック英語を耳にしたことなどないだろう。この英語が広く定着することはなく、意図された目的を果たすこともできなかったからだ。なぜなら、言語は人々に信じたくないことを信じさせることはできず、ただ人がすでに受け入れようとしている考えを、信じてもよいと許可するにすぎない。言語が――文字どおりに使われようと、比喩的に使われようと、善意で使われようと、悪意で使われようと、政治的に公正であろうと、公正でなかろうと――ある人間にとっての現実を作り変えることができるのは、その人がすでにそうした改変を喜んで受け入れようと思っているときだけなのだ。

意欲的なカルトリーダーを失望させようというわけではないが、言語と思考の関係については「サピア＝ウォーフの仮説」と呼ばれる言語理論がある。それは、言語は私たちが考えを思いつく力に影響を及ぼすが、それを決定づけることはない、というものだ。つまり、人は自分で使える言語にはない考えを思い描くこともできる。たとえば、ある人が「シアン」と「セルリアン」という色の名前（どちらも明るい青）を知らないからといって、実際に目で見て二つの色の違いを認識できないことにはならない。強いカリスマ性をもつ人物が二つの色は同じだと説得しようとし、色の名前を知らないのがその証拠だと言ったとしても、名前を知らない二つの青が異なって見えることが直感的にわかる人は、どちらも同じだと信じるように「洗脳」されることはない。

だから、ジョーンズが「死のテープ」で「革命的自殺」のような言葉を用いたとき、自分たちがしているのは正しくて良いことだと思い込んだのは、まだ彼を信頼している人たちだけだった。そうした言葉はクリスティン・ミラーには通用していない。すでに生きて集団を抜け出すには遅すぎたものの、抵抗するだけの時間はあった。

この点については、「人は頭に銃を突きつけられても、抵抗したければ抵抗できる」ことを、研究が一貫して示している。そう表現したのは、これまで半世紀にわたってカルトの会員について分析してきたイギリスの社会学者、アイリーン・バーカーだ。バーカーは学者としていち早く、「洗脳」の科学的な妥当性について疑問を投じた。マインドコントロールがはじめて話題にのぼったのは一九五〇年代で、朝鮮戦争の最中に北朝鮮が用いた拷問の手法として伝えられている。やがて一九七〇年代までには洗脳という考えが主流になり、それは「デプログラミング（脱洗脳）」という危うい措置を擁護する役割を果たした――デプログラミングは新宗教に回心した人たちを「救出」する試みで、しばしば違法な拉致《らち》や、さらに悪質な方法が用いられることもあった。*「その言い訳となったのは、そうした信者が自らの自由意志で集団を離れることはできないだろうという考えだった」とバーカーは言う。しかし、彼女の研究では次のような実態が明らかになった。統一教会と関わりをもったことのある一〇一六人を調査したところ、いわゆる洗脳が行なわれたとされるワークショップに参加するほど熱心だった人たちの九〇パーセントは、自分の好みに合わないと判断してすぐに統一教会との関わりを絶っていた[1]。その人たちを回心させることはできなかったわけだ。また、残り一〇パーセントは統一教会に加わったが、その半数は二年以内に自らの意思で教会を離れていた。

では、残りの五パーセントの人たちはなぜ教会に残ったのだろうか？　知力の足りない人や精神的に不安定な人だけが長いあいだ「カルト」に忠実なのだろうと考える人が多いかもしれない。ところが研究者たちはこれも誤りであることを実証している。バーカーは一連の研究で、最も熱心な統一教会回心者と対象群とを比較してみた。対象群として選ばれたのは、とても困難な人生経験をしてきたと思われる人たち（バーカーによれば、「不幸な子ども時代を送った人や、かなり知力の低い人たち」）だ。だが最終的に、対照群の人たちは統一教会にまったく加わらなかったか、一週間か二週間後には脱退した。一般的に、カルト集団は勧誘の対象として「精神的問題」を抱えている人を探すと思われている。そのような人たちのほうが惑わされやすいからだ。だが、実際にカルト集団で勧誘を担当した経験者の話では、理想的なターゲットは温厚でサービス精神があり、頭の切れる人だという。

統一教会の元信者スティーヴン・ハッサンは、新入会員の勧誘をしていた経験があり、カルトが目をつける人のタイプをある程度わかっている。「私が統一教会でリーダーをしていたころ、勧誘する相手として選んでいたのは……しっかりしていて、面倒見がよく、やる気のある人だった[2]」というのが、一九八八年の著書『マインド・コントロールの恐怖』にある彼の記述だ。新しいメンバーを得るには多大な時間とお金がかかるから、すぐにやめてしまいそうな相手に無駄な労力をかけることはなかった（同様に、マルチ商法の幹部の話では、最も大きな利益をもたらす新入会員は一刻も早くお金を欲しがっている人ではなく、長期戦を戦えるだけのしっかりした意志をもった、前向きな人だという。これについては第4部で詳しく説明する）。統一教会に関するアイリーン・バーカーの研究によれば、最も従順な会員は知的で元気のある人たちで、その親は活動家、教育者、公務員である場合が多かった（私の両親のような用心深い科学者とは対照的なようだ）。その人たちは、たとえ自分自身の不利益になっても相手の良いところを見るように言われながら育っていた。

このように、搾取しようとして近づいてくる集団にだまされて加入してしまうのは、絶望している人や精神的な問題を抱えている人ではなく、過剰なまでに楽観主義的な人たちだ。もちろん、情緒不安定に陥ればカルト的な環境が魅力的に感じられることはあるだろう。愛情攻勢は、ストレスだらけの人生をなんとか生き抜いている人たちには、とりわけ心地よく感じられるにちがいない。だが、そうした集団が人々を惹きつける力は往々にして自我や絶望より込み入ったものであり、むしろ最初に伝えられた約束への関心の大きさに結びついていることのほうが多い。

＊七〇年代の「反カルト」運動の一部は、敵対している相手の集団と同じくらい常軌を逸したものだった。カルト・アウェアネス・ネットワーク（ＣＡＮ）というカルト監視団体は二〇年にわたって活動し、何十人もの「カルト信者」を拉致すると、拷問を加えて思想を変えさせようとした。ＣＡＮの創始者のひとり、テッド・パトリックは、成人した娘が左翼の政治活動に関わっていることを心配した両親から二万七〇〇〇ドルを受け取ってその娘を拉致し、二週間にわたって手錠でベッドに拘束したとして大きな問題になった。

たとえばジョーンズタウンの場合、一九七八年の運命の日に命を絶った人々のなかで黒人女性の割合が飛びぬけて高かったのは、彼女たちが絶望していたために「洗脳」されやすかったからではない。[3] 複雑な政治的動揺の渦中にいた七〇年代の黒人女性は、白人の（たいていは歓迎してくれない）第二波フェミニズム運動家や、ほとんど男性で占められた公民権運動の指導者たちの声に圧倒され、自分たちの主張をなかなか広められずにいた。そんななかでジム・ジョーンズは、さまざまな運動の活動家とつながりがあり（アンジェラ・デイヴィス、ブラックパンサー党、アメリカインディアン運動、反動的なネイション・オブ・イスラム、サンフランシスコ在住で左翼傾向のある多くの黒人牧師、さらに自分自身の「虹色の家族」は言うまでもない）、意見を聞いてもらえるめったにないチャンスをくれるように見えたのだ。これについてシキブ・ハッチンソンは次のように説明している。「黒人女性たちは、性差別主義者や人種差別主義者によって搾取されてきた歴史とともに、長いあいだ教会で社会正義を求める運動の先頭に立ってきた伝統をもつために、ことのほか攻撃を受けやすい立場にいた」。あれほど多くの黒人女性たちが命を落とした理由は、のちに嘘だとわかる活動から、得られるものがあまりにも大きかったことにある。

ローラ・ジョンストン・コールはためらうことなく、ジム・ジョーンズの話を信じるよう強制されたことはまったくないと認めた。彼女は自ら進んで、自分が聞きたいキャッチフレーズや「思考を停止させる決まり文句」だけに耳を傾け、それ以外には耳を貸さなかっただけだ。「私が政治的な理由で『ジョーンズタウンに』加わったので、ジムは、『集会でローラが目に入ったら、必ず政治について演説しなければならない』と思ったのでしょう。私は、私にとって重要なことについて演説するよう彼を仕向け、ほかのことには目をつぶったのです」と、ローラは私に話した。

自分が聞きたいことだけを話すように相手を仕向ける傾向は、誰にでもある。それは「確証バイアス」[4]と呼ばれるもので、人間の論理的思考の根深い欠陥だ。自分がもっている信念の正しさを証明する（そして強化する）情報ばかりを探し、解釈し、受け入れ、記憶する一方で、自分の信念に反する情報はすべて無視するか忘れてしまう傾向と定義される。専門家によれば、最も論理的な知性の持ち主でも——たとえ科学者といえども——確証バイアスを完全に免れることはできない。心気症、偏見、偏執症《パラノイア》などの広く知られる人間の不合理な状態は、すべて確証バイアスの一形態だ[5]。そうした状態では、些細なことが起きただけで病気と判断したり、ある層の人すべてをバカにしたり、何かが自分に害を加えようとしている証拠だと考えたりする。曖昧な星占い、サイキック・リーディング、ぼんやり「共感」できるソーシャルメディアの投稿が、熱心な聞き手の心に比類なく響くらしいのも、この現象によって説明できる。

カルト的集団のリーダーは誰もが確証バイアスの力を当てにして、自分のイデオロギーを裏づけるとともに、信者たちが積極的に聞きたいと思っている一方的な情報を伝える。すると、あとは確証バイアスが仕事を進めてくれる。仲間からの圧力が加わると、抵抗するのはますます難しくなる。カルトのリーダーのレトリックがとても曖昧な理由も確証バイアスによって説明できる。「含みのある言葉」と婉曲表現は、反感を買いそうなイデオロギーの具体的な特徴を隠すために（そしてそのイデオロギーを改変できる余地を残しておくために）、わざと曖昧にされているのだ。一方の信者たちは、自分の望むものをリーダーの言葉に投映する（たとえば、ジョーンズが「白夜」という言葉を使えば、ローラのような信者たちはそれを自分の望みどおりに解釈し、もっと暴力的な意味が含まれているかもしれないという可能性を無視してしまう）。ほとんどの人にとって、確証バイアスがもたらす予期せぬ影響はジョーンズタウンのように緊迫したものではない。だが、そのような状況に陥る人たちが、特別にだまされやすいわけでも自暴自棄なわけでもない。そういう人たちは多くの場合、並外れた理想主義者だ。

ローラはコミューンを出たあと、公立学校の教師、クエーカー教徒、無神論者、そして移民人権活動家になった。二〇一七年には取材した記者に、「私は政治への関わりを減らしたわけではありませんが、誰かが言う言葉にうっとりすることは少なくなりました」と語っている。だがそれでもなお、人民寺院が最初に約束したことを実現する方法を模索するのを、やめはしなかった。あれだけの暴力を経験したあとでさえ、希望は残ったのだ。「今でも何らかのコミュニティで暮らす方法があるなら、すぐにでもそうします。ただしリーダーのいない、多様性に富んだコミュニティでなければだめ」と、ローラは私に語った。想像するのはたやすいが、見つけるのは難しい。切なげにため息をつきながら、さらにこう続ける。「私が欲しいものを備えた安全なコミュニティは、まだ見つかっていません。でも私はコミュナリストで、これまでずっとそうでした。無謀な人生を送ってきましたが、私と同じタイプの無謀な人たちといっしょにいたいとは思いません。だから人民寺院での暮らしに心から愛着をもっていました。ジョーンズタウンは私の人生のハイライトだったのです」

フランク・ライフォードも、成人期のすべてと愛するパートナーをマーシャル・アップルホワイトのせいで失ったが、後悔に苦しんではいない。そして、「私はこの経験について、自分はヘヴンズ・ゲートを経由するという目的をもって生まれてきたのだと考えています。入り込んだ闇が深ければ深いほど、より明るい場所へと戻っていけますからね。ちょうどゴム紐で作ったパチンコと同じように」と断言する。「もし私が暗闇と抑圧、自己矮小化を経験していなければ、今のような自己認識へと進む力を得ることはできなかったでしょう」。たしかに、愛情攻勢は打ちひしがれた人たちを惹きつけることができるが、そこにとどまるのはローラやフランクのように、大きな理想主義によって支えられ、この集団に全力を傾ければ奇跡と意味がもたらされると信じる者たちだ。

「私の場合、人生を前向きな気持ちで見通せるように、自分で自分を洗脳します」と、ローラは淡々と私に話した。「さまざまなニュースがあります。私はがんと戦っているところです。誰の人生にも嫌なことがありますよね。病床につくこともあれば、太刀打ちできない出来事もあるでしょう。私は洗脳の存在を信じています。状況によっては、それを『前向きな《ポジティブ》バイブレーション』と呼べるのではないでしょうか。でも、すべての人が自分自身を洗脳しているのだと思います。ときには、そうすることが必要です」

最後のインタビューを終えたあともローラと私は連絡を取り合い、Eメールをやりとりしてシナノンの話を交換した。ある晩、彼女はシナノン時代の古い友達といっしょに夕食をとると、フランキーという名の男性と協力して、当時使っていた仲間内だけの特別な言葉を覚えているかぎり書き出した。そしてその一覧表を、「フランキーはあなたのお父さんを覚えている気がするそうです。彼も当時、シナノンの若者でした」という手紙とともに送ってくれた。「おもしろいことに、あなたが思ってもみないところで人生が同期していました」。その二か月後、ローラはがんで世を去った。その波乱万丈の人生で知り合った大勢の仲間たちに見守られての旅立ちだった。

誰かが人民寺院やヘヴンズ・ゲートのようなコミュニティに加わる理由は、いくらでもあるだろう。つらい人生をよりよいものにしたいと思うからかもしれない。誰かが手助けすると約束してくれたからかもしれない。あるいは、自分が地球上で過ごす時間を、より意義深いものだと感じたいからかもしれない。もしかしたら、孤独を感じるのにうんざりしたからかもしれない。新しい友達を求めているのかもしれない。あるいは新しい家族を。景色を変えたいか、もしかしたら、自分の愛する誰かが先に加わっているせいかもしれない。みんなが参加しているからかもしれない。ただ、冒険のように思えるからだけかもしれない。

そうやって加わった人たちの大半は、命に関わるような状況になる前に立ち去るが、一部の人たちはとどまる。そのとどまる理由もまた、聞き覚えのあるものばかりだ。別れが必要なのに、それを先延ばしにするときと同じ理由になる。認めたくない気持ち、脱力感、社会的ストレス、仕返しされるかもしれないという恐怖、資金不足、外部からの支援の欠如、もっとよいものを見つけられるだろうかという疑問、そして、あと数か月だけがんばってもう少しだけ努力すれば、現在の状況がよくなるかもしれない、はじめのころに戻れるかもしれないという淡い希望。

損失回避の行動経済学理論によれば、人は一般的に（時間、金銭、自尊心などで）得をすることよりも、損をすることのほうをずっと痛切に感じてしまう。そこで心理的に、失敗を直視するのを避けるための努力を惜しまない。不合理なことだが、恋愛関係で苦しんだり、怪しい投資話にひっかかったり、カルト集団に加わったりと、まったく報われない状況に置かれても、もうすぐ事態が好転するからと自分に言い聞かせ、そのままでいようとする傾向がある。そうすれば、ものごとがうまく運ばなかったからこれまでの損失をあきらめなければならないと、認めずにすむからだ。これは「サンクコストの誤り」という心理の一例で、すでに費やした資源を無駄にしないために、もっと資源をつぎ込もうと考える心理的傾向を言う。これだけ長く続けてきたのだから、もう少し続けないと損をすると考えてしまう。確証バイアスの場合と同様、とても賢明で思慮深い人でも損失を回避せずにはいられない。これは人間に深く刻み込まれた傾向だ。私も例外ではなく、ストレスのたまる一対一の人間関係に悩まされたことがあり、虐待するパートナーたちとカルト的集団のリーダーたちの類似点に気づくと、控えめに言ってもみじめな気持ちになる。

つまり、権力の乱用というと毒入りジュースや遺体を覆った紫色の布を思い浮かべるかもしれないが、要《かなめ》は言葉遣いだ。何かの言葉を聞いたとき、すぐに感情的な反応が起きる一方でそれ以上質問できない状況になったり、そこにいるだけで自分が「選ばれた」ように感じたり、自分は自分より劣った薄っぺらな誰かとは道徳的に異なる存在なのだと思ったりしたら、その言葉を疑う余地がある。ラベルと婉曲表現によって命まで奪われることはないだろうが、ただ生きているというだけの人生を送りたくないのなら、最も充実しているのは、自分で自分自身を物語る人生だ。

「心の中で自分を導く声こそ、私たち誰もがもっている最高のナビゲーションです」と、フランク・ライフォードは私に語った。だからと言って、混乱を切り抜けるために、自分の外（または上）にある世界に助けを求めてはいけないというわけではない。フランクはこう続ける。「私にとっての良き指導者とは、導いてくれるのではなく、私たちの心の最も奥深くにある願望や障害に光を当ててくれるような人です」。ただ何を言うべきかを命じるだけの導き手でも、預言者でも、グルでもない。実存というほの暗い図書館に灯る、ろうそくの炎なのだ。必要な唯一の辞書は、すでに開かれている。

第3部

あなたも異言を話せるようになります

i

私がよく人に話すのは、サイエントロジストに「誘拐」されたときの顛末《てんまつ》だ。

当時十九歳だった私は、ロサンゼルスでうんざりするようなアルバイトをしながら、寂しい夏休みを過ごしていた。軽い鬱《うつ》のような状態で、街で唯一の知り合いだった友達につきあって出かける以外、ほとんど何もやる気が起きなかった。その友達はニューヨーク大学一年生のときに出会った、女優志願のマーニーだ。彼女は大学が休暇のあいだロサンゼルス北西部のバレー地区に戻って母親と年の離れた妹といっしょに暮らしながら、コマーシャルのオーディションを受けたり、南カリフォルニア大学の学生映画に出演したりしていた。長いブロンドの髪とウクライナ人らしい顔立ちをもつマーニーはとても魅力的で、ダボダボのTシャツと網タイツの服装を好み、可愛がっていたペットはヘビ。正式な名前は私と同じアマンダだったが、自由奔放でじゃじゃ馬だった彼女は、もっとエキゾチックな響きのマーニーというニックネームで通っていたのだった。そして私が彼女と会った日には、何であれ彼女がやりたいと言ったことをした。マーニーが望みを言うと――臆病なティーンエイジャーの女の子が冷静な子に魅了されて言いなりになるという図式そのままに――二人でそれを実行する。私がホンダシビックを運転してサンタモニカからスタディオシティまで彼女を迎えに行き、いっしょに古着屋めぐりをしたり、食べ歩きをしたり、火曜日の午後に丘陵地帯で（二時間一二ドルの）乗馬を楽しんだりしたものだ。そしてある日、やめたほうがいいと言う私の意見はそっちのけで、ハリウッドにある壮大なサイエントロジー教会で「性格分析テスト」を受けるという誘いにのったのだった。

七月のその日の午後、マーニーと私は街を陽気に歩きまわって喉が渇いたので、スムージー専門店「ジャンバ・ジュース」に行こうとしていた。途中、サンセット大通りに立っていた二十代くらいの女性二人の前を通りかかると、高校生オーケストラの演奏用制服（白いボタンダウンのシャツと黒いスラックス）に身を包んだその女性たちがパンフレットを二冊差し出し、「性格分析テストを受けてみませんか？」と声をかけてきた。まだ若かったそのころの私は自分にばかり目が向き、「セブンティーン」や「コスモポリタン」といった雑誌にある星占いのページをめくっては、ドラマ『ギルモア・ガールズ』の出演者で私と相性がいいのは誰か、私の星座にピッタリの秋のファッショントレンドは何か、といったことを確かめるのが大好きだった。でもすでにニューヨーク市の大学で二学期を過ごした経験があったし、マーニーも同じだったから、彼女は路上で勧誘する二人には見向きもせず、「あなたたちなんて人間以下よ」と言わんばかりに力強い足取りでさっさと通り過ぎるものだとばかり思っていた。ところが、彼女は足を止めると、微笑みまで浮かべながら「あら、楽しそう」と言ったのだから、そのときの私の驚きようを想像してほしい。

受け取ったパンフレットに目を通すと、そこにはサイエントロジーのマークが印刷されていたから、マーニーはきっとこの面倒ごとには関わらないだろうと思った。さあ、スムージーを手に入れ、家に帰ろう……でもそうはいかなかった。クールで美人で何者をも恐れないマーニーにとって、サイエントロジーのマークは大いに興味をそそるものでしかなかったのだ。そして「これは、やってみなくちゃ」ときっぱり言いきると、長い長いまつげをパチパチさせた。

マーニーと同じように何でも受け入れられる人になろうと思い、私も同意した。よく冷えたジュースはしばらくお預けにし、二人で私のシビックに乗り込むと、四ブロック走ってから角を曲がってL・ロン・ハバード・ウェイに入る。広々とした駐車場に車を停め、二人でゆっくり歩きながら、それまで遠くから眺めたことしかなかった三万五〇〇〇平方メートルもの広さの教会へと向かった。この場所の写真を、ドキュメンタリー番組やウィキペディアの検索で目にした人もいるだろう。ギリシャ風のファサードに、ビルの一階分ほどもある大きな十字架（ただし先端が四つではなく、八つあるもの）が飾られた有名な建物だ。アメリカに住む二万五〇〇〇人*のサイエントロジストのメッカと言える場所で、彼らの大半は、（困ったことに）ロサンゼルスにある私の現在の家から約三〇平方キロメートルの範囲に住んでいる。

ここロサンゼルスでは、サイエントロジストは日常の風景に溶け込んでいる。カフェのバリスタ、ヨガの教師、お気に入りのテレビドラマの脇役、そして何より、有名になりたいと目を輝かせてハリウッドにやってくる人たち。こうした映画スター志望者は、「バックステージ」誌でエンタテインメントのキャリア形成特訓コースの広告を見つけるか、サイエントロジーが名前を出さずに後援しているアーティスト・ワークショップに参加する。さもなければ、路上での勧誘に応じて性格分析テストを受ける。午後いっぱいかけて印象的な教会の構内をゆっくり見てまわる人もいるし（そこには誰でも自由に入ることができる)、冷やかし半分で入門コースに出席する人もいる。一部の人たちはまったく偏見をもたずにそうしたことをして、その大半は深入りすることなく離れていく。ところがそのうちごくわずかな何人かは、トム・クルーズ、ジョン・トラボルタ、エリザベス・モスのようなセレブ――サイエントロジーのマスコット的存在――に目を向け、私だって、いつか、いつか、いつか、いつか、あんなふうになれるかもしれないと自分に言い聞かせる。

あたりにいるサイエントロジストを、服装や行動で見分けることはできない。話し方で判断するしかなく、それもどんなところに耳を傾ければよいかを知っていなければ難しい。「もしもサイエントロジーに加わった経験があれば、会員の誰かと話す機会があって、内部の人たちがどんな話し方をするかわかるはずです」と、元サイエントロジストのキャシー・シェンケルバーグは私のインタビューで語った。今では四十代になったキャシーは二〇年近く所属していたサイエントロジーを脱会し、アイルランドでパートタイムの仕事をしながら、あまり目立たない女優として活動している。二〇一六年に、キャシーはかつて受けたあるオーディションの話を公表して、一部のメディアの注目を浴びた。当時、サイエントロジーのトレーニングビデオの出演者を選ぶものだと思って受けたオーディションが、実際にはトム・クルーズのガールフレンド役を選ぶためのものだったという(1)。面接官から特に脈絡もなく、トム・クルーズについてどう思うかと質問されたとき、彼女は率

＊これはプリンストン高等研究所が示している統計値だが、サイエントロジー教会は、世界に一〇〇〇万人という驚くべき数のサイエントロジストがいると主張している。

直に「彼には我慢できません。彼はナルシストで子どもじみていると思います。ニコールと別れて、ほんとうにがっかりしました」と答えてしまった。言うまでもなくオーディションには落ち、まもなくケイティ・ホームズがその役に決まった。

キャシーは近年、サイエントロジーでの経験をコメディにまとめた一人芝居『スクイーズ・マイ・カンズ』の巡業公演を行なっていて、この劇ではサイエントロジーで使われている有名なEメーターを、やりすぎなくらい面白おかしく取り上げている。Eメーターは九〇年代にあった特大のポータブルCDプレイヤーによく似た形をした、嘘発見器のような装置で、サイエントロジーでは「オーディティング」（スピリチュアルな助言）をPC（「プリ・クリアー」の頭字語で、オーディティングを受ける人の意味）に施す際に用いられる。ただしサイエントロジー教会自身が、Eメーターは「それ自体では何もしません」[2]と認めている。何年か前、キャシーはマクドナルドのコマーシャルでナレーションの仕事をしたときに、グレッグという名のディレクターに出会った。すでにサイエントロジー教会を離れてから五年ほどたっていたが、会話をはじめて五分とたたないうちに、彼女の頭の中で警鐘が鳴り響いた。「彼は私に指示を出していたのですが、ある言い回しを使っていたんです」と、キャシーは話す。たとえば、「動揺する」という意味で「エンタービュレイテッド」という語を用いたり、「遅れの原因」という意味で「Dev-T」（Developed Trafficの省略形）と言ったりしたという。「だから彼に、『グレッグ、あなたはサイエントロジスト？』って聞いたんです。そうしたら彼は、『そうだよ、きみもそうじゃないかと思っていたんだ』と答えました。彼はやがて自ら命を絶ちましたが、それはまた別の話です。ええ、彼はすべてを失ってしまいました」

人は大きな夢を抱くと傷つきやすくなる。サイエントロジストたちはそのことを知っていて、われわれはあなたの潜在能力を解き放つのに役立つ鍵を握っていると主張する。「サイエントロジーの人たちはそれをポスチュレートと呼んでいます」と、キャシーはアイルランドのゴールウェイからの電話で、何らかの個人的な決意のことを指すサイエントロジー独自の用語を教えてくれた。ロサンゼルスでよく見かけるスターの追っかけファンなら、「マニフェステーション」と表現するかもしれない。キャシーは、サイエントロジーにのめり込んで家も貯金も家族や友人との関わりも失い、教会のためにあまりにも長い時間を費やしてオーディションをほとんど受けられなくなっても、いつかは成功するという野心を失ったことはなかったという。そして、「私はただ一定のレベルに達してニューヨークに戻り、ミュージカル女優として舞台に立ちたいだけだったんです。でももちろん、それは実現しませんでしたが」と、悲しそうに話した。

並外れた人生が待っているという約束に言いくるめられたせいで、キャシーは一八年ものあいだ教会にとどまることになったのだ。どうしても離れたいと感じたあとも、長いこと決心がつかなかった。一九九一年、売り出し中のタレントとしてシカゴで暮らしていた二十三歳のキャシーには、大手のコマーシャルやナレーションの仕事が少しずつ増えはじめていた（「聞いたことはないかもしれませんが、『SCジョンソン・ファミリーカンパニー』や『家の近くでおいしい食事を・アップルビー』などです」と、彼女は電話越しにコマーシャルのナレーションを再現してくれた）。そしてその年に出会った感じのよい女優仲間から、すばらしい芸能人の団体に加わっているという話を聞かされた。彼女と同じような有望な新人がたくさんいるというその団体の名は、サイエントロジーだという。キャシーはその名前を一度も聞いたことはなかったが、まともな団体だと思えた。なにしろ、名前に「サイエンス」という語が含まれているのだから。それからキャシーはその女優といっしょに地域の会合に加わるようになり、あとでわかったことだが、その集まりはサイエントロジー教会が主催するものだった。キャシーは参加者の真意を、次のように説明する。「『いい？私たちはそんなに無茶をしているわけじゃないの。私たちはアーティストなのよ』という感じでした。アートは万能の力をもつと、L・ロン・ハバードが言いましたからね」

当初、キャシーは完璧な新入会員らしい様子で、目を輝かせ、熱心で、よい暮らしをし、世界のためになることをしたいと願っていた。「二十代のはじめには誰でも思うように、私も平和部隊やハビタット・フォー・ヒューマニティのような、自己中心ではないやり方で人のために貢献できる団体に加わりたかったんです」と、キャシーは説明した。そして精神的な探求を続けていた。ネブラスカ州で一〇人きょうだいのひとりとして、幼いころからカトリック信者として育ったキャシーは、十三歳のときに兄を突然の交通事故で亡くし、「それが私の転機でした」と話す。家族で通っていた教会で、兄が若くして死んだのは神が彼を「選んだ」からであり、兄が選ばれたのは「神とともにいる準備ができた」からだと説かれたあと、教会に通うのをやめた。それは「思考を停止させる決まり文句」だったが、キャシーは納得できなかった。「私はそのとき、『それなら、それは私が求めている神じゃない』と思ったのです」。それからの一〇年間というもの、彼女はもっと大いなる力を求めて、水晶を使う瞑想のワークショップから異言を口走る教会まで、あらゆるものを試した。でも、心に刺さるものはなかった。

キャシーは当初、サイエントロジーは特定の教派に属さない団体で、その第一の目的は「人類に希望を広める」ことだと聞いた。そして、「私が話をした人はみんな同じことを言ったのです。『あぁ、自分が好きなことを何でも実践できますよ』と。だから私はみんなの言うことを信じました。誰もがクールにそう言うので」。ところが入会するとすぐ、別の宗教活動に参加することは絶対に許されないことがわかった。「あの人たちはそれを『スクウィレリング』（リスのようにせわしなく動きまわること）と呼んでいます。そしてある日、ふと目を上げると、自分が五〇〇人もの人たちといっしょにひとつの部屋にいて、正面に置かれたL・ロン・ハバードの胸像に向かって『ヒップ・ヒップ・フーレイ』と万歳を叫んでいるのに気づくのです」

ロサンゼルスに話を戻そう。マーニーが足取りも軽く（私の方は重い足をひきずるように）サイエントロジー本部の壮大なロビーに入っていくと、絵に描いたような笑顔を浮かべた四十代の白人紳士に出迎えられた。パリッとした青紫のスーツを身につけ、銀髪をきっちり整えた彼は、大半がラテンアメリカ系のスタッフに対しては完璧なスペイン語で話す。そして、「本日はお越しいただき、ありがとうございます。こちらへどうぞ」と言いながら、私たちを建物の奥へと導いていく。マーニーはこっちを見て陽気に笑いかけてきたが、私のほうは用心深く、近くにある出口を一つひとつ確認しながら歩いていた。

結局、私たちは全部で三時間以上もサイエントロジーの建物の中で過ごす羽目になり、初心者を手なずけようという彼らの方策に沿って、入り組んだ順路をジグザグに進んでいった。まずミュージアムホールで四五分をかけ、Eメーターの展示や、世界の宗教指導者たちがL・ロン・ハバードについて漠然としたことを語るプロパガンダ映像を見てまわる。それらのビデオは首尾一貫して、ハバードを神から人類への贈り物として描くように編集されていた。次に案内されたのは教室で、青いスーツの男性が笑顔のまま、分厚い紙の束とマークシート、そしてゴルフのスコアをつけるのに使う小さい鉛筆を差し出す。その場で一時間半、じっくり自らの人格評価に取り組めというのだ。やっとのことで性格分析テストを終えると、マーニーも私も疲れ果てて部屋を出たが、結果の一覧が完成するまでさらに半世紀かと思うほど待たされた。午後も半ばになったころ、ミスター青スーツが再び姿をあらわし、ひとりずつ結果を知らせるという。マーニーが先に呼ばれたので、私はまたもや手持ち無沙汰のまま三〇分を過ごし、やっとのことで自分の番が来て再び教室に入った。

別の係員に引き継がれたマーニーが四、五メートル離れた場所に座り、何やら話をしていたが、その内容は私には聞こえなかった。一方、ミスター青スーツは私の性格の暴露にかかる。テストの結果から、私の人生を停滞させている欠点は意固地な性格だということが判明したという。自分が傷つくことを恐れているのが悪いらしい（ええ、たしかにそのとおり。では、マーニーは何と言われたのだろうと心の中で考えた）。そして問題点を指摘するごとに、男性は目を輝かせて何度も同じ言葉を繰り返す――「それについてはサイエントロジーがお手伝いできます」。熱弁がひととおり終わって、ようやく別の係員といっしょにいるマーニーと合流できたと思ったら、今度は強引な売り込みが始まった。この二人目の男性は、スプレーで肌を浅黒く染めた売れない俳優らしき人物で、一連の自己改善コースを次々に勧めてくる。本とワークショップのコースで、宗教とはまったく関係なく、ただ私たちがよりよい人生を送るのに役立つ「ツール」だそうだ。私たちのように将来性のある勤勉な学生の場合、その費用は一クラスにつきたった三五ドルで、もし今日のうちに申し込むなら、今すぐ建物の別の棟に行って、これから何を学ぶかを実際に見せてくれるという。

「短い基本コースで誘い込むのです」と、私がサイエントロジー教会に迷い込んだ日から八年後に、キャシーが説明してくれた。「完全なおとり商法ですよ。まず『コミュニケーションによって成功するコース』や『人生のアップダウンを乗り切るコース』といったものから始まるので、気軽に参加して、『わあ、ほんとうに役に立つ』と思うわけです」。キャシーは私とは違って、強制的にカルトに加入させられたことを隠し立てもせずに話す父親に育てられたわけでもなく、新しいことを受け入れやすい楽観的な性格だ。そして何より重要な点として、引き込まれるまでサイエントロジーのことをまったく知らなかった。「グーグルもない一九九一年のことで、調べることもできず、ただ私の好きな女優さんが会員だったから入会することに決めました」と、当時の状況を説明する。キャシーはコースの代金を支払いはじめ、さらに自分の人生とサイエントロジーとの結びつきが強くなっていってからも、自分からこの集団について調べようとはしなかった。規則ではっきり禁じられていたからだ。彼女は次のように説明する。「インターネットも新聞も、サイエントロジーに関するどんな『ブラックPR』も、見ないようにと言われていました。そういう人たちもジャーナリストも、ただサイエントロジーを破滅させようとしているだけで、それはサイエントロジーが人類の唯一の希望であることを知っているせいなのだと」。当時、(もちろん料金前払いで) カウンセリングが始まると、決まって最初に次の質問をされた――インターネットを見ましたか? 誰かがサイエントロジーについて何か悪いことを言っていましたか? 男性と関係をもちましたか? ドラッグを使いましたか? ジャーナリストに話をしましたか? 大使館や政府の関係者、政治家、弁護士とつながりがありますか? 今にして思えば「狂気の沙汰でした」と話すキャシーだが、当時はただ、決まりきった事前の注意事項のように思えた。

キャシーの新しい仲間はすぐに「私たちと他の人たち」を区別する言い回しを使いはじめ、彼女を外部の人たちから孤立させた。「あの人たちは、『サイエントロジーに属していない人は私よりも劣っている』と思わせる術をよく知っていたのです」と、当時を思い出してキャシーは言った。この組織に対する批判はすべて、「隠された犯罪」だと決めつけられた。何らかの方法でサイエントロジーを脅かす人物や行動——たとえばSP（suppressive person〔抑圧的な人物〕の頭字語で、ジャーナリストや疑い深い家族といった、サイエントロジーに悪影響を及ぼす者のこと）とのつきあい——は、即座にPTS（potential trouble source〔潜在的なトラブルの源〕の頭字語）の烙印を押された。サイエントロジーにはPTSのタイプを記した長いリストがある。これらのタイプ——タイプ1～3とタイプA～J——はすべて、教会にとっての異なるタイプの敵を分類したものだ。疑い深い人、犯罪者、サイエントロジーを公《おおやけ》に非難したり訴えたりした人、SPと親密すぎる人、「精神錯乱」状態の人などが含まれる。PTSのタイプは、潜在的な「他の人たち」を網羅し、自分たちに同調しなかった者を中傷したり迫害したりすることを正当化するのに使われた。

「マクドナルドのコマーシャルの仕事をしたときに、サイエントロジーに加わっていたクリエイティブ・ディレクターのグレッグに出会ったと言いましたよね？　彼が自ら命を絶つと、あの人たちはPTSのタイプ3だったせいだと言いました。つまり、彼は精神錯乱状態に陥っていたという意味です」と、キャシーは話す。「でも実際には、グレッグは自分のお金も父親のお金も使い果たし、家を売り払い、仕事を失っていました。極貧の状態だったんですよ」。彼が命を絶ったのは「PTS」のせいなどではない。サイエントロジーが彼の人生をめちゃくちゃにしたのだ。キャシーは受話器に向かってため息をついた。「今になって思い返してみると、私は自分の人生のうちの二〇年も、あの場所で無駄にしてしまいました」。だが当時は、それが永遠に続くと思っていた。「こんな知識があれば、私は来世に生まれ変わり、ほかの人ができないことを解決できるようになるはずよ、ってね」

サイエントロジーの論理では、L・ロン・ハバードの「テクニック」(信念体系)は完璧なのだから、もし教会にいるのに幸福でないのなら、自分でそれを「引き寄せる」ような何かをしたにちがいないとされた。これはサイエントロジーの典型的な「思考を停止させる決まり文句」で、嫌な経験はすべて、誰の責任でもなく自分の責任であることを意味している。「すべてが自分のせいで起きるというのです」と、キャシーが説明する。「もし歩道でつまずいて足首を捻挫したとすると、それは歩道のひび割れのせいではなく、自分で引き寄せたからなんです」。もしかすると疑いを抱いたせいか、あるいはSPと親しくしすぎたせいかもしれない。サイエントロジーでは、もし結婚生活や友人グループや仕事がうまくいかないときには、相手との関係を断ち切る、「処理する」(相手が教義に同意するまで説得すること)、あるいは「ブリッジ(橋)に乗せる」(相手をサイエントロジーに回心させること)のいずれかを選ぶ必要がある。

本とDVDが山と積まれたテーブルを前にして、スプレーで肌を浅黒く染めたセレブもどきの男性の言葉にマーニーがしきりにうなずいているあいだ、私は高校生のときに母親から受けた教えを思い出していた。それは家族ぐるみでつきあいのある友人の誘いを受けて、春休みをメキシコのビーチリゾートで過ごすことに決めたときのことだった。母は真面目な顔で、私に次のように警告したのだ。「リゾートに到着するとすぐ、私たちは狭い部屋に案内されて、タイムシェア〔リゾート物件を一定期間利用する権利〕の売り込みを受けるの。きっと向こうはお菓子を用意して、お世辞を言って、すばらしいものだって感じさせようとすると思う。でも、絶対に、絶対に、タイムシェアを買いたいと思ってはだめ。そんなことをすれば人生はめちゃくちゃよ。だから私たちは『結構です』と、何度でも何度でも言うだけ。そうすると向こうは、私たちを別の狭い部屋に連れていって、ビデオのプレゼンテーションを見せようとする。どんなことがあろうと、私たちは絶対に隣の部屋には行かない。ただ立ち上がって、部屋を出るの」

私がサイエントロジー本部に足を踏み入れてから、そろそろ三時間が過ぎようとしていた。当時十九歳の私は、この「教会」が三五ドルの自己改善ワークショップから始まる嘘の約束のもと、ごく普通の人々から何百万ドルも搾り取ったあげくにトラウマを与えることなど、まったくわかっていなかった。ただ、それがなんだかタイムシェアの売り込みに似ていることだけはわかった。だから私たちはどんなことがあろうと、隣の部屋に行ってはならなかった。

そこで私は立ち上がり、こう言った。「いいえ、結構です。私たちはあなたがたが求めているような参加者ではありません。これで失礼します。マーニー、帰るわよ」。スプレー染めの男性はミスター青スーツに目で合図を送ってから息を大きく吐き、出口のドアを指さした。私はマーニーの手を夢中でつかみ、走って――全速力で――教室を出ると、ミュージアムホールを横切り、ロビーを抜け、ドアをくぐり、私のシビックに飛び込み、スピードを上げて、二度とL・ロン・ハバード・ウェイに戻ることはなかった。

私たちとサイエントロジストたちとのやりとりを説明するのに、「誘拐」という言葉は少し言いすぎかもしれない……が、彼らはそこまでやりかねなかった。もし私があのときコースのひとつに代金を払うと言い、一歩前進することを彼らに許していたならば、私は映画館に案内されてサイエントロジーの歓迎ビデオを見せられ、背後のドアには鍵がかけられていただろうと、何年もあとになってから気づいたのだ。[1] そしてもしそこからサイエントロジーに居続けたなら、もっと多くのコースに参加し、一対一のセッションも受け、何百万ドルとは言わないまでも何万ドルもの財産のすべてを、教会に献身するために吐き出していただろう。

そうしてしまうのは、サイエントロジストとしての究極の目標が「クリアーになること」とされるからだ。クリアーになるとは、L・ロン・ハバードの最高レベルの啓蒙に上り詰めることで、教会はメンバー全員の頭上にこの目標を掲げるが、レベルが複雑に階層化されているせいで〔実のところ、その階層は永遠に続く〕「クリアー」の状態に達するのは実質的に不可能になっている。キャシーはサイエントロジーに加わってから数年後に、ダイアネティック・クリアーと呼ばれるレベルまで達した。彼女の知るかぎりでは、それがゴールラインだった。そして、「私はそのとき、『すごい、やったー。クリアーになったのよ。もう反応心《リアクティブ・マインド》〔刺激に対して反応する心の部分〕はなくなった。この新しい気づき《アウェアネス》をもって世の中に出ていくのよ』と思いました」と話す。だがサイエントロジーでは、てっぺんだと信じさせられていた場所に到達するとすぐ、実はもっと上があることが明らかになる。実際には、これは始まりにすぎない。なぜなら、まったく別のスピリチュアルな困難が待ち受けているからだ。ここまで来るともう選択の余地はなく、次のレベルへ、そしてまた次のレベルへと進んでいくのみとなる。そしてここまでのぼるためにかかった費用が五〇〇〇ドルから一万ドルだったとしても、ここから先は一〇万ドルを超える可能性がある。

サイエントロジーの「完全なる自由へのブリッジ」（教会の概念による「クリアー」な状態に達するまでの道筋）を渡り続けるうちに、「ジヌー」（銀河系を支配する独裁者）や目に見えない「ボディ・セイタン」（人間にまとわりついて破滅へと導こうとする太古のエイリアンの魂）といった超自然的概念を学ぶようになるだろう。精神的におかしくなっていくかもしれない。それでも進み続けなければならない。すでに支払ってしまった金額は膨大だから損失を避けたい一心で（つまり、サンクコストの誤りと損失回避の心理から）、やめることができない。ゴールはそれほど遠くないはずだ。それに自分より上級の人たちも、高いレベルのオーディティングの途中で今すぐ離脱すれば、不運を引き寄せることになると主張するだろう。災難を呼び込むかもしれない。病気を引き寄せ、死んでしまうかもしれない。OSA（Office of Special Affairs　サイエントロジーの「課報機関」）で長いあいだ幹部を務めた離脱者のひとり、マージェリー・ウェイクフィールドは、八〇年代はじめに精神状態の悪化を理由にオフロード（追放）を余儀なくされたときの様子を書いている。一〇年以上も会員として過ごし、強烈に条件づけされたあとだったので、マージェリーは現在のレベルの途中でオフロードすればエネルギーの点で非常に危険だと確信し、自分は一二日以内に死ぬにちがいないと思っていたそうだ（実際には命に別状がないとわかり、そのことにびっくり仰天してしまった）。

もし私がマージェリーと同じくらい深入りし、OSAやシー・オーガニゼーション（サイエントロジーの自警団的な組織で、シー・オーグとも呼ばれる）に加わっていたなら、スピリチュアルな忠誠を誓う「一〇億年の契約[2]」にサインし、連邦政府に対する犯罪を行なうための訓練に加わっていたことだろう。不法侵入する、政府文書を盗む、盗聴する、犯罪の証拠を破壊する、宣誓した上で偽証するなど、サイエントロジー教会を守るために必要とみなされるあらゆる犯罪だ。マージェリーはかつて、教会の職員が二人の人物を殺す計画を立てているのを目にしたと主張している。そのひとりは離脱者で、すでにＯＳＡに襲われてモーテルの部屋に監禁されていたという。一九九〇年の彼女の宣誓供述書には、「その翌日、彼らはその人物を海に連れていき、錘《おもり》をつけて船から放り出して殺すということだった」と記載されている。もうひとりは、サイエントロジーに批判的な本を書いたジャーナリストだという（私が全力で忘れようとしている事実だ）。

　そうした行為をするようになってしまうのは、最終的にサイエントロジーの法のほうがｗｏｇの法律より上だと学ぶことになるからだ（ｗｏｇは部外者を意味しており、この語は古くさい人種差別語と関係があるかもしれないが、語源については研究者にもよくわかっていない）。かつてサイエントロジストだった複数の人たちによれば、ｗｏｇに対して嘘をつく方法を学ぶコースが用意されていたという。それはＴＲ－Ｌと呼ばれ[3]、一連の嘘をつくトレーニング（Training Routine Lie）という意味だ。聞くところによれば、サイエントロジストはＴＲ－Ｌで、極度に緊張した状態であってもゆるぎない自信をもって嘘をつく技を学ぶという。マージェリー・ウェイクフィールドは宣誓供述書で、ＯＳＡに所属していた当時、裁判官に対して虚偽のセクシュアルハラスメントの申し立てをするよう強制された出来事を詳しく説明している。その裁判官はサイエントロジーに関する案件を担当する予定になっていたが、教会がそれを嫌って排除したいと考えたため、マージェリーに彼からセクハラを受けたと主張する任務を命じたのだという。マージェリーの記憶では、証言する前に「宣誓をした上で嘘をつくこと」について上司に質問したところ、ハバードの「最大多数のダイナミックに対する最大の善＊」と呼ばれるポリシーを引き合いに出された。つまり、サイエントロジーが確実に生き残るためには、とれる手段は何であろうと実行しなければならないということだった。それは彼女にTR－Lと従順を求めることであり、目的のためには手段を選ばないということでもあった。

その時点まで進むと、私はきっとサイエントロジーの教義に熱中するあまり、教会の外の誰とも連絡をとることさえできなくなっているだろう。「高い地位にいるふたりのサイエントロジストの会話を聞いたことがあるかどうか知りませんが、聞いてもきっと何を話しているのかまったく理解できないと思いますよ」と、統一教会の信者だった経験をもつ心理学者のスティーヴン・ハッサンは私に言った。サイエントロジーでは、あらゆるカルト的宗教の場合と同じく、言葉がすべての始まりであり、終わりでもあるからだ。ある意味、言葉が神そのものだと言える。

＊サイエントロジーの「ダイナミック」[4]は宇宙のいくつかの要素をあらわし、自己から始まって家族、グループ、人類という種の全体、さらに神、つまり無限性にまで広がっていく。ハバードは全部で八つのダイナミックを提唱し、サイエントロジストはそれらをDという頭字語で呼ぶ——配偶者は2D、友人グループは3Dだ。

iii

宗教的な言語には力がある。子どものころから慣れ親しんでよく知っているために、別の単語を使うなど思いもよらない聖書の言葉（神、戒律、罪）にしても、もっと最近の新宗教の活動で用いられている別の言い回し（オーディティング、PC、完全なる自由へのブリッジ）にしても、宗教的な発言には独特の迫力がある。言語は単に現実を反映するだけでなく現実を能動的に作り出すという、言語学の「行為遂行性」の理論を覚えているだろうか。宗教的な言語は、最も強力な行為遂行性を発揮するタイプの言葉になるとする学者もいる。ゲイリー・エバリーは、「多くの宗教的言語は『伝える』というより『遂行する』もので、人間性の最良または最悪の部分を行動に移すよう駆り立てるのだ[1]」と著書『危険な言葉』に書いた。

宗教的な言葉を口にすると、信じている者にとってはたとえようもなく深遠に感じられる形で、何らかの出来事が生じる。「私たちはチャントを使って、求めることをはっきりさせ、それを実現させ、自分たちに信じ込ませていました」と、二十七歳のソーシャルワーカー、アビー・ショーは言った。彼女はチベット仏教の分派だと主張して論争の的となっているシャンバラ（シャンバラ・インターナショナル）の元メンバーで、ロサンゼルスのパーティーでたまたま出会い、その数日後にインタビューに応じてくれたのだ。「大好きで今でも思い出せる言葉もあるし、これまでに経験したなかで最も奇妙なトラウマをもたらした言葉もあります」

宗教的な場面で登場する、行為遂行的な動詞を挙げてみよう。祝福する、呪う、信じる、罪を告白する、赦す、誓う、祈る――これらの語は、宗教とは無関係な言葉とはまったく異なる方法で、非常に重要な、必然性のある変化をもたらす。「神の名において」という言葉を発した人は、誰かを結婚させたり離婚させたりでき、追放することすらできるのに対し、「カイリー・ジェンナーの名において」と言ってもそれはできない（ただし、カイリー・ジェンナーの祭壇で心からの祈りを捧げ、彼女だけが自分の今生と来世について決定権を握っていると信じている場合は別で、もしそうなら私は自分の誤りを認め、この本のためにぜひともインタビューを申し込みたいと思う）。もちろん宗教とは無関係に「神の名において」と（そして「カイリー・ジェンナーの名において」と）言うこともあるだろう。聖書から引用した表現は、私たちの日常生活に浸透している――聖書で使われる語をもとにした#blessed〔感謝、ラッキー、といった意味のハッシュタグ〕のような流行りの表現を考えてみればいい。だがこうした表現が宗教との関わる状況で使われる場合には、特別な超自然的な力が備わる。話し手は自分が究極の権威と信じるものを思い起こしながら、その言葉に意味を吹き込むからだ。

「宗教的な言語は、私たちを何よりも大きな背景に関与させる」とエバリーは書いている。それは職場や政治の領域を超え、ほんとうに信じる者にとっては時空のすべてを超えるものだ。そして次のように続ける。「『アウト！』と叫ぶ野球の審判の声は、試合中の野球場では行為遂行的だ。一方、宗教的な言語には、ひとりの人間の自我全体と実在そのものに関わる行為遂行性が備わっている」

ほとんどの宗教が祈りを奨励するのには理由がある。言葉が信仰を強めるからだ。心理人類学者のタニヤ・ラーマンは現代の魔女と「カリスマ派キリスト教徒」（自らそう名乗っている場合）[*]の研究で、もし高次の力を知りたいと思うなら——そして神の実感を得たいなら——口を開き、神に話しかける必要があることに気づいた。神にまつわる語彙は、キリスト教徒とラーマンが観察した魔女のあいだで大きく異なってはいたが、どちらの場合も祈りや呪文を繰り返すことで、それを受け取る相手についての「心的なイメージが鮮明になった」。霊的な権威者に何度も繰り返し話しかける習慣をもてば、やがて語りかけているのがヤハウェだろうとエイリアンの独裁者だろうと、どんな相手でも言葉を返してくるという経験をするようになる。ゆくゆくは、会話（ラーマンが「想像上の対話」と呼ぶもの）をしながら、何かの考えがふと思い浮かんだとしたら——たとえば、誰かの顔や場面が思い浮かび、それがじっくり考えていた問題の答えになるように思えたら——その考えは自分が生み出したものではなく、高次の力から直接もたらされたかのように感じられるだろう。人間は超自然的な感覚を現実のものだと感じさせてくれる何かを必要としていて、言葉はまさにその役割を果たすのだと、ラーマンは私に話してくれた。

宗教的言語の途方もない威力を健全で道徳的なものにしておくためには、そうした言葉を限られた「儀式の時間」に閉じ込めておく必要がある。儀式の時間はメタファーの領域で、そこでは「契約」といった聖書の言葉やチベットのチャントが突如として急にふさわしく感じられるのだ。儀式の時間に入るためには、一般的に、何らかの象徴的行動をとらなければならない。たとえば、歌を歌う、ろうそくに火を灯す、ソウルサイクルのシューズをペダルにしっかり固定する（抽象的な話ではなく実際にそうする）などの行為がある。こうした儀式は、私たちが自分の宗教的な行動を日常生活から切り離すことを示す合図だ。そして多くの場合、終わるときにも何らかの行動をして（ろうそくの火を吹き消す、「ナマステ」と繰り返し言う、シューズをペダルから外す）、儀式の時間から日常的な現実へと戻っていく。「sacred（神聖な）」という語が、文字どおりには「set aside（取りのける）」を意味していることには、きちんと理由がある。

だが抑圧的な集団では、参加者を儀式の時間から離れさせない。二つの時間の区切りはなく、参加者は現実に戻ることができなくなる。現実の世界では、同じことを信じていないかもしれない人たちとも仲良くする必要があるし、ランチの途中でマントラを唱えたりモーゼの十戒を語ったりするのは、日常生活を送る上での暗黙のルールに違反することだと誰もが理解している。ところが、サイエントロジー、統一教会、ブランチ・ダビディアン、3HO、ザ・ウェイ・インターナショナル（キリスト教原理主義のカルトで、これについてはあとで取り上げる）など、破壊的な多くの集団の場合、特別な言葉を語るための「聖なる場」が用意されることはない。「醜態」「呪い」「バイ

＊「カリスマ」という言葉は、実際には何世紀も前からキリスト教と結びついていた。古代ギリシャの「賜物または恩寵」を意味する単語に由来し、一六〇〇年代中ごろまでには教えや癒やしのような「神に与えられた能力」を意味するようになる。これがリーダーシップという世俗的な才覚を意味するよう進化したのは一九三〇年代になってから、さらに平凡な「個人的な魅力」の意味で使われ出したのは一九五〇年代末ごろのことだ。

ブレーションが低い」など、集団が使っている固有の語彙が、その絶大な力を四六時中発揮することになる。

アメリカの文化では、宗教的言語（なかでもプロテスタントの言葉）はどこにでもあって、日常生活でその言葉を選んだとしても、それにはっきり気づくこともない。私は少し前、冷凍の低脂肪マカロニチーズのパッケージに「罪のない」と印刷されているのを見かけた。レンジでチンすれば食べられるマカロニに極悪人のイメージを持ち出すのは少し大げさに感じたが、アメリカ文化には宗教的な話がそれだけ深く根づいていることのあらわれだ。罪人《つみびと》と聖者がいて、聖者は脂肪分二パーセントの乳製品を選ぶ。

宗教と文化が透過性の薄膜で仕切られているおかげで、資本主義市場のあちこちでも神の名を使って商品を売り込むことが可能だ――なかでもマルチレベルマーケティング（いわゆるマルチ商法）の業界は特筆に値する（このカテゴリーのカルトについては、第4部で詳しく取り上げる）。メアリー・ケイ・コスメティクスやサーティーワンギフトなどのキリスト教系直販《ちょくはん》企業[2]は、化粧品やギフト商品を販売する「機会」を、そしてほかの人たちもそうするよう回心させる「機会」を、神が積極的に自分たちに「与えて」くださっていると主張して新入社員を鼓舞する。一〇億ドルを売り上げるビジネスウーマンだったメアリー・ケイ・アッシュはかつてのインタビューで、よく知られた彼女のスローガン「第一は神、第二は家族、第三はメアリー・ケイ」について、次のような受け答えをしている[3]――「あなたはイエス・キリストをマーケティング戦略として利用していると思いますか？」「いいえ、彼のほうが私を利用しているのです」

iv

世界中のカルト的宗教が信者を回心させ、条件づけ、強制するために用いている、「思考を停止させる決まり文句」「含みのある言葉」「私たちと他の人たちを区別するラベルづけ」をひとつ残らず並べたなら、この本より長いリストができあがるだろう。

手始めに、シャンバラの例を見てみよう。そこでは「思考を停止させる決まり文句」が、仏教の自明の理に姿を変えて隠れている。シャンバラの元信者アビー・ショーは二〇一六年に、この集団がバーモント州に所有するのどかなコミューンに移り住んだ。受付で働きながら瞑想を身につけるためで、ただその夏を気楽に過ごそうとしていただけだった。カリフォルニア州の大学を卒業し、広報関係の仕事を求めてニューヨーク市にやってきたばかりだったアビーは、カリフォルニア大学サンタクルーズ校の学生時代に得た仲間とは離れ離れになった。二十代も半ばにさしかかり、リセットボタンを押してスピリチュアルな生活をしてみようかと考えていたのだ。ちょうどそのタイミングでチベットのマインドフルネス・クラスに立ち寄り、その「基本的美徳」の教えに一目ぼれしてしまったという。生きるものはすべて、完全な、価値ある存在として生まれてくるが、途中で道に迷ってしまうという考え方だ。だから私たちは、自分の基本的美徳を取り戻すために瞑想する、ということになる。
アビーはもっと多くを学びたいと思ったが、瞑想の修養を延長するにはかなりの費用がかかった。ちょうどそんなとき、費用がかからずにシャンバラで三か月過ごす機会があるという話をインストラクターから聞いた。小さな田舎の町で働きながら暮らす条件で、それはちょうどアビーが探していた「旅」のように思われた。シャンバラは世界中に何十という瞑想センターと修養所をもち、バーモント州の施設はそのなかでも最大規模のものだった。アビーは都会から抜け出す日を待ちきれない思いでチケットを予約した。

シャンバラにはすぐ、好きになれる点がたくさん見つかった。仲間意識や、寛容と容認の教えはすばらしかった。樹木さえも信じられないほどすてきだと思えた。「バーモントに到着したとき、これほど豊かな色合いの緑を目にしたのははじめてだと思いました」と、アビーは離脱してから二年後、コーヒーを飲みながら私に話してくれた。

シャンバラは一九七〇年代に、チベットの僧で瞑想の指導者《グル》でもあったチョギャム・トゥルンパによって設立された集団だ。[1] トゥルンパはチベット仏教を西欧世界に広める上で大きな貢献を果たしたことで知られている。オックスフォード大学で比較宗教学を学び、シャンバラの信者以外の多くの人たちからも悟りを開いた天才として高い評価を得て、その教え子には詩人のアレン・ギンズバーグ、作家のジョン・スタインベック、デヴィッド・ボウイ、ジョニ・ミッチェルなどが名を連ねた。アビーは、「彼が書いた本はすばらしいので、今では彼についてどう思えばいいのか混乱しています。彼は言語に精通していました。詩人です」と打ち明けた。

だがトゥルンパは深刻なアルコールの問題を抱え、誰もがそれを知った上で、黙って受け入れていた。結局はアルコール依存症の合併症から、一九八七年に四十八歳で命を落とし、息子のサキョンがあとを継いでいる。トゥルンパは自らの依存症を隠そうとはせず、むしろ自分の教えにうまく組み込む方法を見つけ出して、シャンバラの祝祭は酒とドンチャン騒ぎが多いことで知られた。「仏教界では、シャンバラはパーティー仏教徒と呼ばれています」と、アビーは複雑な表情を浮かべながら話す。また、トゥルンパが自分の弟子の多くと性的関係をもったことも周知の事実で、そのうちの何人かはアビーの先生になった。「スタッフがみんな同意していたわけではありません」と、アビーは顔をしかめる。「でもみんな、『ああ、それは七〇年代のことだったから』という感じでした」

トゥルンパはシャンバラの「曼荼羅《マンダラ》」の中心にいた。これは組織の指揮系統をあらわすもので、数多くの実践者が下層に位置し、その上位に教師が位置するという序列を示す。トゥルンパは軍隊と階級組織に夢中で、とりわけイギリスに留学したあとはその傾向が顕著になり、戦争のメタファーをちりばめたレトリックを好んだ。そのために信者は自分たちを「シャンバラの戦士」と呼ぶよう教えられた。しかし、ピラミッド型の権力構造は仏教の教えとは相容れないため、トゥルンパはそれを円形の曼荼羅にしてごまかしている。そこに「頂点」はないものの、中心があり、彼は居心地のよいその中心の座を手にしたわけだ。

メンバーに疑問や心配ごとがある場合、ランクを越えて訴えることはできなかった。アビーは曼荼羅の中心に近いアーチャーリャ（ランクの高い教師）のことをよく覚えている。裕福なその白人男性の妻は、アビーの言葉を借りれば「ほんとうにイヤな女」で、自分がもっているわずかばかりの権限をフルに利用して、アビーのような末端の働きバチにつまらない単純作業をやらせて楽しんでいた。たとえばナプキンを手で洗うよう命じたり、自分の目の前で退屈な儀式を何度でも繰り返させたり、といった具合だ。だが、アビーがその妻の行動をシャーストリー（ランクの低い教師）に訴えようとしても、いつも同じ「思考を停止させる決まり文句」が戻ってきた――「受け入れたらどう？」

この考えは、仏教の「すべての責めをひとつとせよ」という重要な教えを通俗化している。簡単に言えば、何か不快な経験をしても、外界を変えることはできないのだから、自分の内面を見つめることでその葛藤を解決しなければならないというものだ（そのためにニューエイジのうさんくさいグルが次々に――ネクセウムのキース・ラニエールからティール・スワンのような自己啓発ガイドまで――同じ教えを歪めて解釈し、「心の働き」と「恐怖の克服」を口実にして、信者たちがひどい扱いを受けているのは自分自身のせいだと非難する）。アビーはさらに次のように続けた。「みんなが悩み、仏教の大きな哲学的疑問でもある問題とは、社会的不正にどうやって挑んでいくかということです」。自分自身に原因がないことがはっきりしている外界の問題に対応し、それと同時に仏教の原則に従うには、どうすればよいのか？　「とても興味深い答えがたくさんあります。でもシャンバラでは、何も知ることはできませんでした」と、アビーは言った。バーモント州の施設で示された「解決法」は、いつも変わらず、「受け入れたらどう？」というものだった。

シャンバラのカルト語は、気味が悪いほど受け身な方法で信者たちを巧みに操ろうとするもので、サイエントロジーのやり方とはまったく異なっていた。サイエントロジーの創始者は、繊細さとは無縁な人物だ。L・ロン・ハバードは、スピリチュアルな指導者というよりもSFマニアとしてスタートを切っており、その面ではるかに多くのファンをもっていた。ハバードはスペースファンタジーとジョージ・オーウェルに夢中になって、[2]自分でも数百というSF小説を書き、それがサイエントロジーのテキストの先駆けとなっている。また、J・R・R・トールキンの『ロード・オブ・ザ・リング』に登場する「中つ国」の言語のような方式の人工言語を考案し、独自のサイエントロジー辞書（専門用語の辞書と管理用語の辞書）を二つも作った。これら二つの辞書には合わせて三〇〇〇を超える項目が記載されている。この原稿を執筆している時点では、インターネットで専門用語の辞書の一部を閲覧でき、[3]AからXまでの項目を細かく調べることができる。ハバードはこれらの辞書に、サイエントロジー独自の新しい意味をもたせた既存の英単語（たとえば、ダイナミック、オーディット、クリアーなど）を収録する一方、新しい造語も加えた。なかでもよく知られているのが、ダイアネティクスとセイタンだ。

ハバードは心理学やソフトウェア・エンジニアリングなどの分野で用いられる専門用語のテクニカルな響きを好んでいたので、数多くの専門用語を組み合わせて再定義することによって、サイエントロジーの信念体系が現実の科学に根ざしているような印象を作り上げた。たとえば「ヴェイランス」という単語は、言語学、化学、数学の分野でいくつかの定義をもち、一般的には何かに備わっている性質や値を示す。だがサイエントロジーのヴェイランスは、悪霊や邪悪な人格に取りつかれていることを意味し、たとえば「SPのヴェイランスを善良にみせかけているにちがいない」

などと使う。また「エングラム（記憶痕跡）」は、神経心理学者の定義では記憶の蓄積に関連して生じるとされている脳内の変化だが、サイエントロジストにとっては、PCの過去にあった無意識の苦しい出来事のあとで記録されたメンタルイメージだ。エングラムは反応心《リアクティブ・マインド》に蓄えられており、PCがクリアーになることを少しでも望むなら、オーディティングが必要とされる（この文を理解できる人は、サイエントロジーの言葉を流暢に話せるようになるかもしれない……）。

ハバードが作り上げた言語世界は本格的なものに聞こえたので――また、魅力的で包括的なものだったので――数多くの模倣的な「カルト指導者」(4)を刺激した。ネクセウムを創設したキース・ラニエールはあらゆる種類の用語をサイエントロジーから盗用しており、抑圧者、テク、コースなどのほか、EMやDOSのように学術用語っぽく見せた頭字語もあった（EMはexploration of meaning〔意味の探求〕の頭字語で、ネクセウム版の会計監査のこと。また、DOSはラテン語のDominus Obsequious Sororium〔支配・従属女性クラブ〕の頭字語で、ネクセウムにあった女性だけの秘密クラブのこと。いわゆる「ご主人様」と性的に奉仕させられる「奴隷」で構成されていた）。サイエントロジーと同様、ラニエールは信者たちがその集団だけで通用する排他的で賢そうな教えを知りたい気持ちに動かされることを知っていたのだ。そして彼の模造品のハバード語は、信者の気持ちをうまく利用するのに役立った。*

ハバードはニュースピークの方式を採用し、多彩で幅広い意味をもつ一般的な英単語を数十個選ぶと、それぞれにひとつだけの、明確なサイエントロジー固有の定義を割り当てた。クリアー（clear）には、日常的な英語なら少なくとも三〇の異なる意味がある（わかりやすい、開けた、または障害物のない、罪のない、皮膚などにシミのない、などなど）。だがサイエントロジーでは、この単語のもつ定義はたったひとつで、[5]「クリアリング・コースを完了した人」を意味する。この単語を異なる意味で使えば、ハバードの書いたものを理解していないことを暴露するようなものだ。それはPTS、つまり教会にとっての脅威だとみなされることになり、信者にとっては何としてでも避けたい。

サイエントロジーは、カルト語がなければその威力を保てないことを知っている一方で、そうした言語は集団が危険なほどカルト的であると示唆することも理解している。そこで、できるかぎり秘密裏に保護された状態を保とうと、教会は文書、独特の用語、名前、さらに記号にいたるまで、おびただしい数の著作権を所有している。また、サイエントロジーは訴訟好きで不評を買っており、その言語をあまりにも公然と批評したり諷刺したりした部外者や離脱者に対して（おっと！）、根

＊ただしラニエールにはハバードのもっていたビジョンが欠けており、恐喝および性的目的の人身売買の罪状で逮捕・起訴され、サイエントロジー・レベルの帝国を作り上げるには程遠かった。二〇一八年には弁護士で宗教学者のジェフ・トレクスラーが、「ヴァニティ・フェア」誌で次のような意見を述べている。「［野心を抱く『カルト指導者』］すべてがL・ロン・ハバードと同じレベルの才能をもっているわけではない。……［彼は］達人だった」。ネクセウムは「ムーブメント」というより失敗したねずみ講に近いと評したトレクスラーは、それは「セックスのアムウェイ」のようだったと冗談を飛ばしている（ただし私の考えでは、いわゆるマルチ商法の巨人アムウェイは社会にとって、かつてのネクセウムより大きな脅威になっている。これについては第4部で扱う予定だ）。

拠のない訴訟を頻繁に起こしている。それに加えて、トレーニングを受けていない者がジヌーをはじめとしたハイレベルなサイエントロジーの概念を耳にしただけで、「壊滅的な、激変をもたらす精神的《スピリチュアル》な災い」が降りかかるという形而上的な脅しもかけている。

　私はキャシーとの電話での会話中に、あの夏にロサンゼルスでサイエントロジー本部に行ったとき、ミスター青スーツが邪悪な銀河系の支配者やセイタンについて話したかどうか覚えていないと言った。「ええ、もちろん話していませんよ」と、彼女は応じた。「はじめての人にそんなことは言いません。話せばすぐに帰ってしまうでしょう。もし私が最初に出会ったときエイリアンの話をされたら、すぐに立ち去って、あれほどたくさんのお金を失わずにすみました」。こうした理由から、サイエントロジーの入門コースは（「人生のアップダウンを乗り切る」「コミュニケーション」など）すべて幅広いテーマを扱い、わかりやすい言葉遣いで伝えられる。イデオロギーに少しずつ慣れさせるために、集団独自の用語は少しずつ組み込まれていく。

　「はじめは、いろいろな単語を短縮して使うだけです」と、キャシーは言った。たしかにサイエントロジーの用語には、内部の者だけに通用する頭字語や省略語が山ほど含まれている[6]。もし単語を短くできるなら短縮形を使い、ａｃｋ（acknowledgment）、ｃｏｇ（cognition）、ｉｎｖａｌ（invalidation）、ｅｖａｌ（evaluation）、ｓｕｐ（supervisor）、Ｒ－ファクター（reality factor）、ｔｅｃｈ（technology）、ｓｅｃ（security）、Ｅメーター（electropsychometer）、ＯＳＡとＲＦＰ（組織の一部）、ＴＲ－ＬとＴＲ－１（training routines）、ＰＣ、ＳＰ、ＰＴＳと、嫌になるほどリストは続く。

教会に身を投じて一〇年か二〇年もすれば、その人の語彙はすっかりハバード語に置き換えられてしまうことになる。次の会話を見てみよう。これはいかにもサイエントロジスト同士が交わしそうな会話で、マージェリー・ウェイクフィールドが一九九一年の著書『サイエントロジーを理解する』に書いたものだ(7)。カッコ内の翻訳は私が加えた。


二人のサイエントロジストが街角で出会う。

「元気にしてるかい?」と、ひとりがもうひとりに声をかける。

「そうだね、ほんとうのことを言うと、ちょっとだけルッズ〔疲れている、空腹だ、または動揺している〕なんだ。第二のダイナミック〔恋人〕とPTP〔今起きている問題〕があるからだよ。彼女のアパートで、バイパスされたチャージ(8)〔再浮上した古い負のエネルギー〕が私のMEST〔物質、エネルギー、空間、時間の頭字語。物理的世界にあるもの〕に関わっているせいだ。彼女のアパートに引っ越したとき、彼女にRファクター〔厳しい言葉〕を言って聞かせたから、その件についてはARC〔親近感、現実、コミュニケーションの頭字語。良好な状態〕にあると思っていた。でも最近になって彼女は少しPTSになったようだから、彼女にAO〔上級の組織《オーガニゼーション》〕のMAA〔シー・オーグの役員〕に会って、チャージを取り除き〔エングラムのエネルギーを排除し〕エシックスを取り戻す〔サイエントロジーにおける正しい生活をする〕ようにと勧めた。彼は彼女をレビュー〔オーディティングによって評価〕してF/N〔フローティング・ニードル―オーディティングが完了したサイン〕とVGI〔とてもよい指標〕が出たけど、彼女はローラー・コースター〔良くなったり悪くなったりを繰り返す事例」だから、私は彼女のライン［オーディティングとトレーニングの測定］のどこかにSPが存在すると思うんだ。私が自分で彼女をオーディティングしようとしたら、彼女にはダーティー・ニードル［Eメーターの不規則な測定値］があって……実際に1・1［秘められた敵意のある］行動をしていたんだ。だからとうとう彼女をクオル［資格証明部門］に送って、彼女のラインのエンシータ［最近ブラックPRを消費した場合に生じるもの］を探すことにした。それ以外には、何ごともないよ……」

こうした自分たちだけの言葉遣いを覚えると、最初は話し手の気分がよくなる。そう、クールなのだ。「はじめのころは、ほんとうに楽しかった……それを『シータ』と、私たちは言うんです」とキャシーは話し、サイエントロジーで「すばらしい」を意味する内輪の言葉を引き合いに出した。秘密の言葉を嫌いな人がいるだろうか。「自分が優れているように感じられました。ほかの人たちが知らない言葉を知っているからです。そうした言葉を理解するために努力もしました」

見せかけのエリート意識を信奉者に植えつけるために言葉を利用するのは、カルト宗教の指導者に限らない。私自身の生活の中でも、よりカルト的と言える分野で、似たような「私たちと他の人たち」を区別するレトリックを使っているのに気づいたことがある。私は何年か、派閥意識の強いオンライン・ファッションマガジンでライターとして働いていたが、おしゃれな新しい同僚たちに会って最初に気づいたことのひとつは、ほとんどいつもわけのわからない省略語だけを使って話している様子だった。省略しない場合とほとんど長さの変わらない省略語を作っていることさえあった（たとえば、「ザ・リチュアル」という名称のウェブサイトのことを、必ず「ティー・リチュアル」と呼んでいた）。そんな言葉を使っていたのは、ただ自分たちだけにしかわからない――「クールではない人たち」には理解できない――からだ。こうした言葉が内部の者と外部の者を判別する検知システムの役割を果たしているのが、私にはよくわかった。そうすることによって自分たちが主導権を握り、下位の者たちに内輪の用語を覚えて従うように促す。そして下位の者たちもまた、特別な機会や昇進の対象に「選ばれる」ことを願って、喜んでそうするわけだ。

サイエントロジーでは、いくつかの楽しげな頭字語がどれだけ大きな害を及ぼすかに気づくのは難しかった。だがそうした見かけの下で、こうした短縮語は意図的に理解を曖昧にする働きをしていた。どんな専門分野でも、情報をより簡潔に、より具体的にやりとりするために、特別な専門用語が必要になることが多い。それによってコミュニケーションが明確になる。ところがカルト的な雰囲気のある状況では、専門用語はまったく反対の役割を果たす。そうした用語は話し手を混乱させ、自分が知的に劣っていると感じさせる。その結果、言いなりに従ってしまう。

このように混乱させることも、大きな企ての一環だ。あまりにもわけがわからなくなってくると、自分がそれまで話してきた言語そのものが疑わしく感じられ、これから進むべき道をはっきり示してくれるカリスマ的リーダーに、ますます傾倒してしまう。「私たちは現実を理解したいと考え、今何が起きているかを言葉を使って自分自身に説明するのです」と、スティーヴン・ハッサンは解説してくれた。自分自身が話していることの意味が脅かされれば、悲惨な思いをする。人間は生来、そうした高度な心の葛藤をひどく嫌う。そこで、当惑した状態のまま、権威ある人物の言葉に従ってしまう。何が真実で、安全だと感じるには何をする必要があるか、教えてもらえるからだ。

仕事中であろうと教会にいるときであろうと、言葉のせいで自分自身の知覚が疑わしく思えてきたなら、それは何らかの形の「ガスライティング」によるものだと考えられる。私がはじめて「ガスライティング」という用語を知ったのは、恋人に対する虐待が話題になったときだったが、上司と部下、政治家と支援者、スピリチュアルなリーダーと熱烈な信奉者といった、もっと幅広い人間関係でも起こっている。いずれの場合にも、ガスライティングは個人（または多数の人々）の主導権を握って支配し続けるために、相手を心理的に操って自分自身の現実認識を疑うよう仕向ける手法だ。心理学者たちの一貫した見解によれば、ガスライター（ガスライティングをする人物）は自信満々に見えるが、たいていは強い不安感に突き動かされており、自分の思考と感情を自分自身で制御できていない。ときには、自分が相手を巧みに操っていることを明確に自覚していない場合もある。ただしカルト的な状況では、真実の土台を揺るがすことによって信者たちが指導者の言葉をそっくりそのまま信じるように仕向けるという、意図的な手法のことが多い。

「ガスライト」という言葉は、イギリスの戯曲『ガス燈』（一九三八年）に由来している。夫の虐待によって、妻が「自分は気が狂っている」と思い込まされていく物語だ。この戯曲で夫が用いた方法のひとつは、家のガス燈をわざと薄暗くし、妻がその変化を指摘するたびに、そんなことはない、それは思い違いだと言い張るものだった。一九六〇年代からは、相手をだまして正当な根拠のある経験を自ら疑うように仕向けるという意味の「ガスライティング」という表現が、日常会話で用いられるようになっている。* 「ガスライティングは、自分ではよく理解できない言葉が使われているときにも起きることがある」と、社会学者アイリーン・バーカーは説明する。「そうした言葉を聞いた人は混乱し、自分は愚かだと思わされてしまう。ときには言葉が、自分の思っている意味とは正反対の意味をもつこともある。邪悪な集団はこれを実践し、そこでは悪が善を意味し、善が悪を意味するようになる」。「含みのある言葉」と「思考を停止させる決まり文句」（シャンバラの「受け入れたらどう？」のようなもの）は信者に、自分自身の直感を無視するよう促す。「言葉によって、ほんとうの自分がよくわからなくなるように仕向けることができる」とバーカーは言う。

サイエントロジーでは飛びぬけて風変わりなやり方のガスライティングが、「単語クリアー」と呼ばれる手順に登場する。めまいがするようなこの訓練についてはじめて読んだとき、私は自分の目を疑ったほどだ。その訓練を通して、教会が誤解語（MU）と呼んでいる語彙が信者から取り去られていく。「教会の教えによれば、この文章を読んでいる人たちすべてが今この瞬間にサイエントロジーの講義室に座っていない理由は、その人たちにMUがあるからだ」と、サイエントロジーの元信者、マイク・リンダーはブログに書いている。[9]「L・ロン・ハバートのテクニックは完璧で、疑いをさしはさむ余地はない——彼が書いたものはすべてわかりやすく、完璧に道理にかなっている。もし何か理解できないことがあれば、ただその人がMUを読み飛ばして無視しているからだ」

＊ただし、とりわけソーシャルメディア上では、「ガスライティング」という言葉がいい加減に使われているのを見かけることがあり（たとえば、相手を操ろうとする意図がまったくない単純な誤解を誇張するためなどに用いられている）、とても残念に思う。この言葉の本来の意味は、特殊かつ非常に有効なものだからだ。

コースやオーディティングの最中にサイエントロジーの文献を読んでいるあいだ、会員はテキストにあるすべての語句を教会の基準に沿ってきちんと理解していることを実証しなければならない。そのためにはサイエントロジー公認の辞書（教会が認めたいくつかの出版社のもの）をひっつかみ、MUを見つけるごとに意味を確かめる。調べようとしたMUの項目に、また新しいMUがあれば、それも調べなければ（単語の鎖と呼ばれる恐ろしいプロセスを経なければ）読み進めることはできない。とてつもなく曖昧な多音節語から、短い前置詞まで、*すべてのMUの単語をクリアーにすることが必要になる。MUを辞書で引いてもまだ単語がクリアーにならなければ、語源をたどり、文章の中で使ってみて、さらにプレイ・ドー〔子ども用粘土〕を使ったデモンストレーションでその文章を物理的に表現しなければならない。こうした退屈な手順はすべてハバードの教授法である「勉強の技術」の一環だ。

誰かがある単語を誤解していると、オーディターはどうやって判断するのだろうか。明確な兆候には、無関心や疲れが見える態度（おそらく、あくびなど）、読んだものに対する反論、などがありそうだ。キャシーはかつて、『生存の科学』という本を読んでいるときに単語クリアーの悪夢にさらされたことがある。その本には同性愛を非難する章があった。「私は、『ここのところは、よくわからない』といった感じだったから、すべての単語をクリアーさせられ、それでも同意しなかったので最後には『エシックス』に送られました」と、キャシーは当時を思い出して話す。その過程全体には多額の費用がかかったうえ、打ちのめされるような経験だった。「想像できますか？」と、彼女はさらに続ける。「コースを受講して、一週間に一回か二回、夕方から夜にかけてたったひとつの単語に集中するんです。クリアーするまでに、たっぷり三時間はかかります。ある程度のところまで来ると、もう何かに疑問を抱く気さえなくなります。それで思うんです。『とにかく、ここを切り抜けよう。そのとおりだと、ただ言っておこう』と」

＊サイエントロジーには実際に上級レベルのコースもあって、そのコースの名前は「人生の鍵」という大げさなものだが、そこでは文法の基本となる単語（接続詞、限定詞、一文字の単語）をすべてクリアーにする。「of という単語を辞書で調べなければいけないなんて、想像できますか？」と、キャシーは私に質問した（言語を研究している私には、実のところありうると言えるのだが、もちろんサイエントロジーの意味することとは別だ）。「人生の鍵」の修了がとても名誉あることだとみなされているのは、ただ教会のためにそれだけ多くの退屈な時間を費やしたからにすぎない。

カルト的な宗教的言語を思い浮かべるとき、私個人としては、風変わりな頭字語やマントラ、単語クリアーといったものは考えつかない。考えつくのはただひとつ、「異言を発する——聞いたことのない言葉を話す」というものだ。

十四歳のときにはじめてドキュメンタリー映画『ジーザス・キャンプ』を見てからずっと、私はこの現象に心を奪われ、ずっと理解したくてたまらなかった。ノースダコタ州で撮影された『ジーザス・キャンプ』は、ペンテコステ派のサマーキャンプの様子を描き、小さな子どもたちが「キリストのためにアメリカを取り戻す」方法を学ぶ様子を映している。私の両親が二〇〇六年の末にこの映画のDVDを借りてきたので、私は夢中になって立て続けに二回、食い入るように見続けた。ようやく字が読めるようになったばかりの年齢の子どもたちを前に、進化論、公立学校、ハリー・ポッター、同性愛、妊娠中絶は害悪なのだと大の大人が説教している場面を見て、それが私の幻覚ではないことを確かめたい一心だったのだ。ある場面では、五十代に見える男性の牧師が汗をにじませながら、ドクター・スースの絵本『ぞうのホートンひとだすけ』の一節を何度も何度も繰り返す——「人間は人間、どんなに小さくたって」。この妊娠中絶反対の説教はあまりにも感情のこもった真剣なものなので、キャンプに参加している子どもたちも涙を流しながら聞く。牧師が唱和するよう合図を送ると、子どもたちは大声で祈りを捧げる。「イエス様、私が犯す罪、私の国が犯す罪に、血をお流しください。神様、妊娠中絶を終わらせ、アメリカを復活させてください」。さらに、神がロー対ウェイド判決〔女性の人工妊娠中絶の権利を認めた判決〕を覆す公正な裁きを下すことを求めるよう、聴衆をあおる。子どもたちは牧師のまわりに群がり、「公正な裁きを！　公正な裁きを！」と大声を上げる。すると彼は子どもたちの口に、「ライフ（命）」という単語がなぐり書きされた赤いテープを貼り、子どもたちは小さな手のひらを空中に掲げたまま、懇願し続ける。

当時十四歳だった私はこれらのすべてに激しく興味をかきたてられたものだが、この映画で一番のお気に入りは、子どもたちが異言を発する場面だった。学者はこの現象を説明するのに「グロッソラリア」という語を使うことが多い。グロッソラリアとは、人が宗教的な恍惚状態になったときに、意味不明な、知らない外国語のように聞こえる言葉を発することをいう。グロッソラリアはペンテコステ派のようなキリスト教の一部の教派のほか、ザ・ウェイ・インターナショナルなどのもっと主流を外れた、議論の的になっている宗教グループでも見られる。

信者のあいだでは、一般的にグロッソラリアは天から贈られた才能とみなされている。話し手の口からあふれ出る「言葉」は天使の言葉、または古い神聖な言語だと信じられており、その言葉は誰か他の人によって「翻訳」される。それを解釈する力はまた別の才能だからだ。「グロッソラリアを話している人が、翻訳に対してどのような反応するかを見ているとおもしろい。ときには翻訳している人が言ったことを気に入らないのが、見ていてわかるからだ。それでもとにかく先を続けていく」と、現代グロッソラリアを専門に研究している数少ない学者のひとり、ラトガース大学の言語学者ポール・ドゥ・レイシーは説明した。

ドゥ・レイシーをはじめとした研究者によれば、グロッソラリアの話者が発する単語は、実際にはそれほど異質なものではない。それらの単語は辞書で見つかるものではないが、音声的にも音韻的にも話し手の母語と同じ規則に従う傾向がある。つまり、英語を話すグロッソラリストの口から/dl/という子音連結で始まる単語が聞こえてくる見込みはない。この音は英語には存在しないから だ(ただし、ヘブライ語などの別の言語にはある)。同じように、ブルガリア語を話すグロッソラリストがアメリカ英語の/r/発音を用いることはない。そしてヨークシャー出身のグロッソラリストが話す異言から、イングランド北部の方言の特徴が急にすっかり消えてしまうこともない。

グロッソラリアは宗教理念に基づいた慣行だから、それが実際には何なのかを科学的に説明することはできない。だが、グロッソラリアが何をするかは明確だ。「グロッソラリアの主要な役割は集団を結束させることにある。グロッソラリアを話す人物は、自分がその集団の一員だと行動で示している」と、ドゥ・レイシーは説明する。一方、言語学とは別の分野の研究によると、異言を話すのはとても心地よいことがわかっている。リラックスするために体を揺らすのと同じことを、言葉で実行しているのだという。二〇一一年の「アメリカン・ジャーナル・オブ・ヒューマン・バイオロジー」誌に掲載された報告によれば、グロッソラリアによってコルチゾールの分泌が減る一方、αアミラーゼ酵素の働きが活発になるという。どちらもストレス減少の代表的な兆候だ。(1) さらに、心理的抑制が減少して自信が高まる。これは宗教的な詠唱《チャント》がもたらす副次的な効果でもある(香港で二〇一九年に実施された小規模な研究によれば、宗教とは無関係なチャントをしているときや安静にしているときと比較すると、仏教徒のチャントでは自意識の消失と超越した至福感に関連する脳と心臓の活動が生じることがわかった(2)。

単独の経験ならば、グロッソラリアには理屈の上で何の危険性もないが、実際問題としてのグロッソラリアには邪悪な側面がある。心理学者で『異言の心理学』の著者でもあるジョン・P・キルダールは一九七〇年代半ばに、グロッソラリアが信仰心を強めるらしいことに気づいた(3)。なかでも、個人的に強いトラウマで苦しんだ直後にはじめて異言を経験した場合に、その傾向が顕著にあらわれた（キルダールは頻繁にその事例を見つけている）。驚くほど大きな人生の変化のあとで、はじめてグロッソラリアを経験すると、多くの場合その経験に依存する感覚が生まれる。「それが、ほとんど自分の存在理由になってしまう」と、キルダールは述べている。つまり、グロッソラリアは強力な回心を引き起こすことができるのだ。

いくつもの理由から、人は異言を話すと暗示にかかりやすくなる。クリストファー・リン（先述した「アメリカン・ジャーナル・オブ・ヒューマン・バイオロジー」誌の研究の著者）は、グロッソラリアは基本的に一種の解離性障害で、自分が自己の意識から切り離されているように感じる心理的状態だと論じている(4)。解離症になると、トランス状態に陥ったかのように行動または経験が自分のコントロールから切り離されて、独自に起きているように感じられる。研究者が解離症に分類する状態は幅広く、解離性同一性障害という深刻な症状から、携帯電話を手に持ちながらあちこちを探しまわったり焚火の炎をじっと見つめながら忘我状態になったりするような日常的な解離の感覚まで、さまざまだ。だが、解離症は自己欺瞞として生じることもあり、そうでないという証拠があるにもかかわらず、意識の上では現実のように思えてくる。悪意ある指導者から圧力を受けている状態では、グロッソラリアによって話し手の冷静な判断力が弱まり、グルの影響力のせいで圧倒的な霊的経験が生じているように思ってしまう。

　結局のところグロッソラリアは強く感情に訴えかける手段であり――「含みのある言葉」の究極の形と言えるだろう――一部の宗教的指導者は間違いなくそれを利用している。過激で支配的な福音派キリスト教団体、ザ・ウェイ・インターナショナルは、真の信者なら必ず異言を用いることができるし用いるべきだと教えることで知られており、異言は「その人が生まれ変わったことを証明する、目に見え耳に聞こえる唯一の証拠」だとしている。ある匿名の元信者はブログ「Yes and Yes」で、トラウマとなっている子どものころのグロッソラリアの経験を次のように回想している。「十二歳のとき、私は……みんなの前で異言を話さなければならなくなったが、とても恥ずかしがりだったから、話すことができなかった。クラスを指導していた男が……私の目の前まで顔を近づけ、脅すように私に異言を話させようとした[5]」。少女の両親は部屋の反対側から、認知的不協和に陥って呆然としながら、成り行きを見守っていた。「私は声を上げて泣いた。男の顔は私の目の前にあり……弱い者を脅す恐ろしい口調で、慈愛に満ちた言葉を話していた」

　もし自分がこの脱退者のような子ども、あるいは『ジーザス・キャンプ』に参加した子どもたちのひとりで、息詰まるような宗教的環境で育ち、そこで使われている言葉だけしか知らなかったらどうだろう。そうした若者たちにとっては絶望的な状況だと思うかもしれない。もし「洗脳」が実際にあるなら、その餌食になるのは影響を受けやすい子どもたちにちがいない。だが実際には、たとえ子どもが非常に幼く、疑問を口にする手段も許可ももたないとしても、疑問を抱くようになる可能性は十分にあるようだ。

　フロー・エドワーズの場合を見てみよう。現在は三十代になった作家のフローは、現代史屈指の悪評を得ているキリスト教系世界終末論《ドゥームズデー》カルト、チルドレン・オブ・ゴッドの共同体で育ち、その経験を回顧録『黙示録の子ども』にまとめた。この団体は一九六八年にカリフォルニア州で創設され、のちに（「ブランド戦略」的な理由から）ファミリー・インターナショナルに名を変えている。指導者のデヴィッド・バーグはファーザー・デヴィッドと呼ばれ、のちに信者たちを開発途上国に移住させた。西欧諸国は「地獄の炎で最初に焼かれる」と信じていたからだ。そのためフローは両親と一一人の兄弟姉妹とともに、子どもだった八〇年代の大半をタイで過ごすことになった[6]。

　チルドレン・オブ・ゴッドでおそらく最もよく知られているのは、キリスト教、愛、セックスを絡め合わせるという厄介な面をもつことだろう。その教義のひとつとして、バーグは成人男性の信者は誰とでも、たとえ未成年の少女とでも自由にセックスしてよいと命じ、そのルールを婉曲的に「愛の法」と名づけた。チルドレン・オブ・ゴッドはまた、「フラーティ・フィッシング（浮気釣り）」と呼ばれる独特の信者獲得方法でも悪名をとどろかせた。頭韻を踏んだ名前はどちらかといえば無邪気な響きで、ｉＰｈｏｎｅのゲームの名前と言われても違和感はない。だが実際には、それはセックスを餌にして男性を誘惑し、教団に入会させろという、女性信者に対する命令だった。「今ではメディアに『イエスのための売春』と呼ばれています」と、フローは私のインタビューに答えてくれたが、その声には軽い苛立ちが感じられた。「聖書には、『わたしについてきなさい。あなたがたを、人間をとる漁師にしてあげよう』という一節があります。イエスはその場面で弟子たちに、網を置いて自分についてきなさいと呼びかけているのだと思います」。だが、自分は預言を解釈する者であると自負していたバーグは、その一節の意味を歪め、女性は外に出て自分自身の体を「男を釣る」ために使わなければならないということだと決めつけた。チルドレン・オブ・ゴッドでは、「神は愛、愛はセックス」というスローガンを誰もが知っていた。

こうして猥褻《わいせつ》さと宗教とを同列に並べるやり方は、バーグのもとに集まったヒッピーの流れをくむ信者たちにとって急進的なものに感じられた。「彼は毒づき、罵《ののし》るのが常でした。格式ばったことはまったくなく、『信者のみなさん、少しお時間をいただいてこれからお話を云々《うんぬん》』という話し方ではなかったのです」と、フローは説明した。バーグの断固たる反資本主義、反教会の姿勢は、拠りどころを求める七〇年代の多くの人々の共感を呼び、彼らはキリスト教には改革が必要だとするバーグの信条、古い教会に代わる新しい教会が必要だとする考えを称賛した。「古い妻は新しい妻に取り換える必要がある、というようなものです」と、フローは話を続けた。「彼は実際、私たちはイエスのための若くてセクシーな新しい花嫁だと、いつも言っていました」

こうした言語的環境のなかでフローは成年に達したが、それでも少なくとも頭の中では、まだ抵抗する力を残していた。そして、「私はチルドレン・オブ・ゴッドに生まれつきましたが、たしかにどこかで、いつも疑いを感じていました。それでもそれを声にすることは許されませんでした」と話す。では、彼女の疑いはどこから生まれたのだろうか。「直感です。筋道を立てて考えることもありました。『ちょっと待って、口で言っていることと、私たちにさせていることが違うよね？　私たちはどうしていつも隠れていなければならないの？　どうして学校にいるようなふりをしなければいけないの？』と考えました。でももっと大きかったのは、自分の兄弟姉妹を守りたいという本能でした。彼らの扱われ方を見て、これは正しくないとわかったのです。生まれてたった六か月の子を、規律に従わせようとするのは間違っています。幼いうちから、神の『イエスのための売春婦』になるよう訓練するべきではありません。どんな名前で呼ぼうとも同じです」

このように、虐待的な宗教に加わってとどまる人たちのすべてが、問題を抱えていたり愚かだったりするわけではない。その一方で、自分がこうしたカルト的な苦境に置かれていると気づくのは、誰にでもできることではないのも事実だ。なぜフローのような直感をもつ人と、それをもたない人がいるのだろうか。第４部でさらに詳しく見ていく。

vi

「セックス・ナード」〔ナードは、特定の興味や趣味に強いマニア的な情熱をもつ人〕という語を耳にしたことがある。足や鞭といった類いのものを用いて性的倒錯に耽る人たちをあらわしている。そうした人たちが「ナード」とみなされるのは、彼らのやっていることがセックス文化の片隅で続けられている、通常はクールとも魅力的ともみなされない分野の実験だからだろう。これと同様に、私はある種のカルト的宗教を信じる人たちを、「スピリチュアル・ナード」と考えたい。そうした人々は、ほかの人たちが知ることもないニッチな神学理論に夢中になり、一生をかけて自分の人生の目的を考える旅をしていく。そしてその目的を見つけるために、従来の枠にとらわれない考え方をしようとする。「私はいつも社会の中心から外れたところに興味を惹かれるんです」と、元シャンバラ信者のアビー・ショーは私に言った。「私は恵まれた家庭に生まれ、伝統的なシナゴーグに通いながら、大都会で育ちました。でも今は仏教徒で、スキッドロウ〔ロサンゼルスで多くのホームレスが暮らす地域〕の問題に取り組んでいます」

スピリチュアル・ナードになること自体は、本来悪いことではない。異なる信念体系を探索し、日曜学校で習ったことを当たり前と思い込まず、自分自身で判断を下すという行動は、程度の差こそあれ、すでに二十一世紀の多くの若者が行なっていることだ。アビーも、「私はシャンバラを知る前から、ずっとあちこちを探しまわっていました。そんなときにシャンバラに出くわして、『この先どうなるのか、ちょっと見てみよう』と思っただけです」と言っていた。しかし今でもアビーが苦しい思いをしているのは、かつて師に対して、あれほど大きな無条件の信頼を寄せなければならなかったことだ。ときには、何があっても毎日唱えなければならなかった「サキョンのための嘆願」[1]と呼ばれるチャントがフラッシュバックする。そのチャントは、トゥルンパの後継者である指導者サキョンに対する信者たちの終わりなき信仰心を強め、彼の命を延ばしてくれるよう仏陀に願うものだった。アビーはいつもサキョンに不安を感じていたので、こうした儀式で彼を崇めなければならないことに苛立っていた。だが同時に自分のコミュニティが大好きだったから、いいところだけを見てなんとか受け入れようとも思っていた。当時を振り返ると、自分があれほど長く信頼し続けたことに困惑するばかりだ。「あそこで二年も過ごすつもりはありませんでした」と、アビーは打ち明けた。

　性的倒錯のメタファーを続けるなら、鞭と緊縛を用いてもトラウマを引き起こさない建設的な経験をする方法がひとつだけある。それは「同意」という重要な鍵を必ず手にしておくことだ。自分がやめたいときにパートナーが確実にわかってくれるような、セーフワード〔危険なプレイをただちに中断させる合言葉〕を手にしている必要がある。性的な倒錯行為は基本的に、それなしには成り立たない。たとえるなら、宗教にもセーフワードが必要なのだ。自分の信仰と信念を試しているあいだは、その集団に足を踏み入れたばかりでも、どっぷり首まで浸かったあとでも、質問をし、自分の不安を伝え、外部からの情報を求める余地がなければいけない。「それが正当なものならば、吟味されてもびくともしません。覚えておかなければならない最も大切な点はそのことです」と、スティーヴン・ハッサンは私に話してくれた。

二〇一八年に衝撃的なニュースが流れたのは、アビーがすでにシャンバラを離れる決心をしたあとだった。その年の夏、サキョンによる性的暴行を告発する一連の最悪の記事が「ニューヨーク・タイムズ」紙に掲載されたのだ。(2) 元シャンバラ信者の女性グループが連帯し、サキョンだけでなく一部の高位の教師たちも性的暴行を行なっていたという証拠を提出していた。アビーは物思いに沈んだ様子で、「コミュニティ全体が崩れ落ちていくのを見るなんて、とても現実とは思えませんでした」と、ため息交じりに話す。

こうして大論争が起きてまもなく、アビーは静かにバーモント州をあとにした。カルト的集団が及ぼす影響の段落的相違で考えれば、その影響はサイエントロジーの場合ほど長続きせず、シャンバラを脱会した代償として身の危険を感じることも、その後の人生がすっかり台無しにされてもいない。ある意味では自分でも拍子抜けするほどで、まるで風船が何もしないうちにゆっくり床に落ちていくようなものだった。彼女は社会事業《ソーシャルワーク》の修士号を取得するためにロサンゼルスに移り、今ではそれほど序列のない形の仏教を実践している。そして、さまざまな瞑想グループに参加してから、三人のルームメイトとシェアしているアパートに戻る（「まあ、共同生活に惹かれるところはまだ変わっていませんね」と言って笑った）。自分の部屋にごく小さい祭壇を置き、バーモント州で学んだ教えにひっそり頼ることもある。そして、「自分が好きなことだけを残し、あとは忘れようとしています。今でもまだ、あのとき起きたすべてのことをどう判断すべきか、手探りを続けている状態なんです」と言った。

キャシー・シェンケルバーグも別のスピリチュアリティに興味を移し、サイエントロジーおよび当時の古い人間関係すべてから適度な距離を置いている。組織を離れたあと、彼女は日々の暮らしで関わる人物すべて――友人、エージェント、マネージャー、会計士、歯医者、カイロプラクターなど――を一新する必要があった。以前は、そうした人たちはすべて教会の信者だったからだ。それでもときには、まったく予期せずに周囲からサイエントロジー特有の用語が聞こえてくることがあり、その瞬間、長年にわたって感じていたパラノイアの苦痛が急に体内の神経系を駆け巡る。「同じようにサイエントロジーを脱会した仲間がそうした用語を使うと、私は理屈抜きで反応してしまいます。私にとってはPTSDなのです」と、キャシーは私に打ち明けた。「だから私は、『ちょっとだけ私のことを考えて、サイエントロジーの言葉を使わないでもらえるかしら。聞くだけで動揺してしまうから』とお願いします。そういうときは、動揺すると言うときに通常使うupsetという単語ではなく、サイエントロジーで使うenturbulateという単語を使います」

その昔いっしょにサイエントロジー体験をしたマーニーとは、一〇年近く前に性格分析テストを受けるために「誘拐」されてからほとんど会う機会もなかったのだが、この章を書きはじめてすぐに連絡をとった。マーニーはまだロサンゼルスにいて、芝居に関わる仕事をしている。考えてみると、私はあの日の出来事を彼女がどう思っているのか、一度も聞いたことがなかった。もしかしたら私の脳にある扁桃体が記憶を大げさに変えてしまっただけで、彼女はもうとっくの昔に忘れてしまっているかもしれないという不安がよぎる。「あのときのことを、考えたことある?」と、メールを送った。返事はすぐに来た。「忘れたことなんかないわ」。しかも、全部大文字で。

あの苦しい一日のなかで最も鮮明な記憶として残っているのは、マーニーが不思議なほど落ち着き払い、辛抱強かったことだ。彼女は何時間もかかった案内にただ楽しそうについていき、大げさな演出に精一杯従っていたように見えた。一方の私はすっかりしらけて、抜け出す方法ばかり考えていたのだが。ところがマーニーの記憶は、はるかに悲惨なものだった。「あの人たちが私たちをどうやって引き離していたか、覚えているわ」と、メールが返ってきた。「女の人が私に(きっぱり)すぐに終わるから(終わらなかったけれど)、怖がらずに自分に正直になりなさいと言ったのも覚えている。私に必要なことを正しく見極めるには、そうするしか方法がないからって。それから、『あなたと友達は知らないうちにまたここに戻ってくる』とも言っていた」。マーニーは、ここ一〇年のあいだにまた別の、もっと恐ろしいサイエントロジーとの出会いがあったことも明らかにした。それでも私たちが受けた性格分析テストが、「実質的な入門」だった。

ロサンゼルスに住む俳優志望者たち、あるいはどこにいても夢見る人たちにとって、それは実際のところ、ちょっとした職業上の危機のようなものだと思う。求めているのがスピリチュアルな悟りであろうと、永遠の救いであろうと、トム・クルーズ並みの(事実上、地上の神になるに等しい)強大な名声であろうと、天国そのものが危うくなるほど巨大な何かに身を捧げるには、大きなリスクを背負って必死に献身するだけでなく、極端なほどの「不信の停止」(虚構の世界と知りながら懐疑心を抑制し、一時的に現実の世界だと信じ込むこと)をして、それが可能だと信じ込まなければならない。それほどリスクの高い賭けなのだ。ときには数時間で逃げ出して多少うろたえるだけですむが、ときにはすべてを失うこともある。だが、そこにはいつも物語がある。

そして自分自身の言葉を取り戻しさえすれば、その物語を自分で語ることができる。

第4部　#ボスベイブになりたい？

i

バラは赤く
お金は緑
アメリカンドリームは
ねずみ講

ハーイ！　あなたの投稿、大歓迎よ。あなたはほんとに明るくて、エネルギーにあふれてる人よね！　そのエネルギー、サイドハッスルに使ってみない？[1] ちょっと質問😉 もし、家にいながらパートタイムでできて、しかもフルタイム並みの収入を手にできるビジネスがあったら、興味はある？　私がやっているのは、そんなビジネスなの。こういうことに対してすごーく心が狭くて、チャンスをつぶしている人もいるけれど、あなたは新しいことを受け入れる心の広さがあるから、きっと成功するわ!!　もっとくわしく聞きたくない？　今週、電話してもいいかな？　話したいことが多すぎて文字で打つのが大変だから（笑）。私の電話は×××－×××－×××よ。あなたの電話番号は？　返事、待ってるね、ボスベイブ！　xoxo

フェイスブックの悲惨なタイムトンネルのひとつに――まったくストーカーめいたワームホールだ――どっぷりはまり込んでいた私は、ふと気がつくと、知り合いでもない誰かが二〇〇八年の卒業記念パーティーに何を着ていったかを知るために、貴重な時間を山ほど費やしていた。そして何気なく何度かクリックしたとき、思いがけない投稿が目に飛び込んできた。中学時代の同級生ベッカ・マナーズが、詐欺まがいのダイエット商品を、三四一六人の「友達」に売りつけようとしていたのだ。

私がベッカにはじめて出会ったのは、七年生のときのミュージカルの練習だ。ベッカは私の知るかぎりではボルチモア郡で誰よりも冷静なトゥイーンガールで、私とは下品なジョークを言い合って意気投合すると、それから一二年生になるまでずっと仲良しだった。二人はいっしょに学校の服装の決まりを無視し、車の中で甲高い声を合わせてアラニス・モリセットの歌を歌い、数えきれないほどお泊まり会をし、二十七歳になった今は四四〇〇キロメートルほど離れた場所で暮らしていて、ソーシャルメディアを通してお互いの生活の見当をつけている仲だ。もう一〇年近くも直接会って話をしていないが、私は定期的にインターネットに目を通しているせいで、ベッカが結婚して両親の家の近くに住み、落ち着いた暮らしをしていることを知っている。そしていま彼女はフェイスブックの友達全員に（今はLAに住んで、バカ高いカクテルを飲み、充満する排気ガスを吸い込んでいる私も含めて）、彼女の知っている新しい「#ウェルネスビジネスのチャンス」について質問してね、と呼びかけている。

夏のはじめ、この旧友が砂糖の袋と並んでニッコリ微笑みながらポーズをとり、急に体重が減ったことを知らせる写真が私のニュースフィードに届きはじめた。どの写真にも、「すばらしい気分、私の旅は始まったばかり！　#砂糖を減らした結果」といった、なんだか曖昧なキャプションがついている。製品名もスポンサー名もけっして明らかにしないものの、感動をほのめかす更新が続くことや、不自然な感嘆符、漠然としたハッシュタグを見るだけで、すぐにわかる——直接販売の売り込み以外の何ものでもない。「あーあ、またひとり完敗」と、私は現在の親友であるエスターにメールした。エスターはフロリダで育ち、彼女の高校時代のクラスメートにも、ベッカと同じ「カルト」に飲み込まれた人たちが一〇人以上いる。それはＭＬＭ（マルチレベルマーケティングの頭字語、いわゆるマルチ商法）というカルトだ。

マルチレベルマーケティング、ネットワークマーケティング、リレーションシップマーケティング、ダイレクトセールス（直接販売、いわゆる直販《ちょくはん》）など、ＭＬＭの同義語は五指に余り、どれも法の抜け穴を利用したねずみ講のきょうだいと言えるだろう。あっというまに西欧資本主義の柱のひとつになったものの、すぐさま非主流へと格下げされたＭＬＭは、「商品を買って組織に加入した会員が、新たな会員を勧誘して加入させる」という販売形態をとる。この組織を動かすのは給与を受け取って働く従業員ではなく、「会員」だ。また、こうした組織の大半は白人の男性が創業して白人の女性が経営しているブランドで、化粧品や「ウェルネス」商品を販売している。新入会員は高すぎる商品（フェイスクリームからエッセンシャルオイル、ダイエット用サプリメントまで）を友人や家族に売りつけながら、顧客の一部には「あなたもこの商品を売ってみませんか」と誘いをかける。ＭＬＭの誘い文句の台本は、いつも同じだ。ほんものの「ボスベイブ」になって「自分自身のビジネスをスタートさせ」、「家にいてパートタイムで働きながらフルタイムと同じ収入を手にし」、つねづね求めていた「経済的独立」を果たす「一生に一度のチャンス」、というのが定番のトークになっている。アメリカ人が参加しているＭＬＭの数は数百にのぼり、アムウェイ、エイボン、メアリー・ケイは最もよく知られたブランドだが、そのほかにもハーバライフ、ヤング・リヴィング・エッセンシャルオイルズ、ルラロー、(2)リップセンス、ドテラ、パンパードシェフ、ロダンアンドフィールズ、センツィー、アーボン、ユニーク、そして象徴的ブランドのタッパーウェア(3)がある。

ＭＬＭの典型的な新入会員といえば、私にはベッカのような女性が思い浮かぶ──私が卒業した高校にいたような中流階級のシクサ〔ユダヤ教から見た異教徒の女性のこと〕で、故郷の町にとどまり（あるいはフロリダに移り住み……なぜか移住先は必ずフロリダ）、若いうちに結婚をして、すぐに子どもを産み、フェイスブックに驚くほどの時間を割いている。こうした女性たちが一年かもうしばらくのあいだ、家にいて母親業に徹しているうちに、うまく話に乗せられて、ロダンアンドフィールズのねっとりした美容液、ルラローの紙のように薄いレギンス（そのほか、私がニュースフィードで目にしたことのある商品なら何でも）を売り歩く羽目になる。ＭＬＭがターゲットにする人の大半は専業主婦と母親で、一九四〇年代に現代的な直販業界が生まれたときから変わっていない。直販の広告宣伝はいつも、「女性の地位向上《エンパワーメント》」を促すその時代に流行のキャッチフレーズを繰り返す。一九〇〇年代半ばのＭＬＭの会員募集広告では、タッパーウェアが「投票権を手にして以来、女性に起きた最高のもの」だと請け合っていたが、ソーシャルメディアの時代となった現在は、商品化された第四波〔SNSの発達と利用によって発信力が高まった時代の〕フェミニズムの見かけだけ感動的なフレーズを利用するようになっている。

現代のMLMの言葉は気分を高める威勢のよい引用句が特徴で、ピンタレストを見てみれば、華やかで優美な筆記体で書かれたそうした文言が見つかるだろう——「あなたならできる、ボスベイブ」「目指すは心の中の#ガールボス」「フェムパイア〔女性の帝国〕を作ろう」「ママプレナー〔母親兼起業家〕になろう」「#WFH〔在宅勤務〕で、子どもたちに寂しい思いをさせずにSHE-E-O〔女性CEO〕にひけをとらない収入を実現!」。こうしたフレーズがまず愛情攻勢の役割を果たし、売り手になってもよいと考えている人の心に火をつける。その後、時間がたつにつれ、そうしたフレーズにはアメリカンドリームの重みが加わるようになり、ビジネスを「あきらめる」ことは自分の人生の目的そのものをあきらめることになるのだと信じ込ませていく。直販の黎明《れいめい》期には、売り手はあちこちの個人宅で「パーティー」と呼ばれる商品のデモンストレーションを主催し、買い手に直接会って、値段が高い上に化学薬品のにおいのする細々した商品を披露していた。ところが最近では多くの女性が新しい方法を選ぶようになり、ソーシャルメディアを通して商品を次々に紹介し、画面を操作する昔の級友たちをうんざりさせている。私の親友のエスターは二十六歳で、ホジキンリンパ腫から回復した経験をもち、がんのない暮らしについて頻繁に投稿して、健康を意識したポジティブな生き方を発信しているのだが、それに対してMLMの売り込みをたくさん受けている。彼女のインスタグラムには週に一、二回は異なる直販のスカウトからDMがきて、仲間に加わるよう勧誘される。「こんにちは、ガールボス!!!　あなたのコンテンツ大好き!!!　めちゃくちゃかっこいい!!!　がんの経験をビジネスにつなげようと思ったことはある?!?!」そうしたＤＭが来ると、彼女は全部スクリーンショットをとって私に送り、削除する。*

私に言わせれば、ＭＬＭはねずみ講で、それはスターバックスのバニラビーンクリームフラペチーノがミルクシェイクなのと同じくらい明白なことだ。ＭＬＭはねずみ講を美化した言い回しにすぎない。だが、ねずみ講と言われると献身的なＭＬＭ参加者は憤慨することだろう。「私は絶対にねずみ講なんかに関わっていません。ねずみ講は違法ですからね」というのが、よく聞かれる弁明だ。だがこの表現は「思考を停止させる決まり文句」で、なかなかおもしろい。なぜなら、この論理をもう一歩先に進めてみれば明らかになるように、ただ何かが違法だと言うだけでは、それが

＊ＭＬＭの参加者は、どんな悲劇でも――がんの診断から世界的なパンデミックまで――販売と勧誘の機会に変えようとする。二〇二〇年はじめにＣＯＶＩＤ－19〔新型コロナウイルス感染症〕がアメリカで猛威を振るったときには、ＭＬＭの会員たちがすぐさま、自分の販売している商品がウイルスからも経済的不安からも守ってくれると主張しはじめた。連邦取引委員会はアーボン、ドテラ、ロダンアンドフィールズをはじめとした一五以上の直販企業に対し、それぞれの会員が「免疫力を高める」エッセンシャルオイルの写真をソーシャルメディアに続々とアップし、誇大宣伝しはじめたことに警告を出している。(4)　そうしたメッセージには「#ＣＯＶＩＤ　#予防」のハッシュタグがつき、「ロダンアンドフィールズは隔離期間でもビジネスを継続中！　私はもう三年も在宅で働いていて、ほかの人たちの収入が途絶えているときにも収入を確保！　私がやっていることは何か、この会社がどんなふうに動いているか、覗いてみませんか?……#在宅勤務　#経済的自由」といった文言が並んでいた。

事実ではないことや、自分がそれに関わっていないことにはならないからだ。銀行強盗を働き、責任を問われたときに、「私はやっていません、銀行強盗は違法ですから」と言っても無実を証明することはできない。アラバマ州モビールの街ではプラスチック製の紙吹雪をまくのは違法だ。[5] だが、だからといってプラスチック製の紙吹雪が存在しないわけでも、人々がそれを使わないわけでもない。ときにはモビール市民が違法だと知らずにまいてしまうこともあれば、違法だと知っているものの自分の手にある紙吹雪がプラスチック製だと思わずに使ってしまうこともある。どちらの場合も、プラスチック製の紙吹雪は存在し、それを使うのが違法だという事実は変わらない。

ねずみ講は実際に違法で、それには正当な理由がある。人から数百ドルもの金をだまし取る力があるだけでなく、破産に追い込んで絶望の淵に追いやる力もあるからだ。ねずみ講は地域社会全体を、ときには国家経済さえ壊滅させることができる。アルバニアやジンバブエでは実際にそれが起き、ねずみ講と投資詐欺（ポンジ・スキーム）によって大打撃を受けた。[6] もちろん、ねずみ講の会社が自らそう名乗るわけがない。[7] そうした会社はさまざまに異なる曖昧な名称で、ありふれた風景の中に溶け込んでいる。たとえば、ギフティングサークル（ルームサークル、ロータスサークル、フラクタルマンダラなどの名称で呼ばれることもある）、投資クラブ、そして最も一般的なのがマルチレベルマーケティング、頭文字をとってＭＬＭ（マルチ商法）という名称だ。

宗教とカルトを区別するのが難しいように、ねずみ講と「合法的な」ＭＬＭに客観的な区別はほとんどない。理屈の上で両者の違いを挙げるなら、エイボンやアムウェイのようなＭＬＭの会員はおもに特定の商品やサービスを販売して報酬を得るのに対し、ねずみ講の会員は主として新しい売り手をできるだけすばやく獲得することで報酬を得る。だが実際のところ、やり方がまずくて行き詰まりを抱えたＭＬＭは、実質的にはねずみ講と同じだ（これについては、あとで詳しく説明する）。

どちらの組織も次のような手順で誕生する。最初にひとりのカリスマ的な創始者が少人数の人々に愛情攻勢をかけ、それぞれ独自にビジネスを始めるよう勧誘して、それを承知させる。通常の起業とは異なり、このビジネスに加わるための教育や職務経験は必要ない。「人生を変えたい」と思っている人なら、誰でも始められる。

基本給はない――基本給があると、これは「仕事」で、自分は「従業員」になってしまう。ＭＬＭがこれらの言葉を嫌うのは、お役所的な契約による服従とみじめさのイメージを呼び起こすからだ。それとは違い、このビジネスでは何らかの商品を自分の力でなんとか売りさばき、そこから少額の手数料を得る。だから、これは「ビジネスチャンス」で、自分は「起業家」なのだ。そのほうが、ずっといい。

経済的自由を手にするための、この簡単な道筋のスタートを切るのに必要な手順は、たった二つしかない。ひとつめの手順――サンプルとマーケティング資料が入ったスターターキットを購入する。価格は五〇ドルから一万ドルの間、ときにはもっと高価な場合もある。どちらにしても、新しいビジネスのオーナーが最初に支払う立ち上げ費用としては安いものだ。店を開いたりＥコマースのブランドを立ち上げたりするには、はるかに高くつくが、この活動に加わればそんなことはない。そう思えばタダも同然では？

二つめの手順――毎月、自分のチームに加わる新しい会員を一〇人集める（ときにはそれより少ない人数になることもあるかもしれないが、たいていはきちんと集める）。自分のチームに、何かしゃれたニックネームをつけるのも名案だ。たとえば、「ダイアモンドチーム」や「グッドバイブ・トライブ」、あるいは「ユー・ウィン・サム」や「ユー・ブーズ・サム」という名前はどうだろう。こうした名前はグループみんなの団結を強めるのに役立つ。その後は、グループに集めた新入会員を励まして、それぞれ自分自身の新入会員を毎月一〇人ずつ集めてもらう。会員は、自分の下の全会員から生じた収入（自分が誘った新入会員が購入するスターターキットと在庫商品の代金、さらに彼らが商品を販売した売り上げ）の一部を受け取ることができる。自分より下の世代のメンバーを「ダウンライン」と呼び、自分を誘った会員を「アップライン」と呼ぶ。ちなみに、ＭＬＭの創業者はこのピラミッドの頂点にいて、すべての会員から一部を受け取る。

商品を動かし、ダウンラインを大きくするためには、このすばらしい新ビジネスのことを自分の知り合い全員に伝える必要がある。そのためには、対面とオンラインでなるべく多くのパーティーを開催すること。ワインとおつまみを用意したり、何時間かかけてしゃれたバーチャル活動を準備したりして、参加者をできるだけたくさん集めることが奨励される。参加者にはパンフレットや化粧水などの商品をしっかり見てくださいとお願いし、できれば何かを買ってもらう。あるいは――それよりはるかに奨励されるのは――参加者自身が商品を売る側になる登録をしてもらう。会社の商品が役に立つかどうか、市場の需要を満たしているかどうかはどうでもいいし、販売の経験などまったくなくても問題ない。一般的な経済の法則は、ここには当てはまらないからだ。何があってもシステムはうまくいくことが約束されている。購入費用を支払い、会社の求める手順をしっかり守り、あまり質問しすぎないようにすれば、アメリカンドリームはあなたのものだ。

このような支払いと勧誘のパターンが、新入会員による新しいグループごとに繰り返されていく。それぞれの会社は参加者を、リクルート、アフィリエイト、コンサルタント、ディストリビューター、ガイド、アンバサダー、プレゼンター、コーチなど、いかにも起業家っぽい名前で呼ぶ。実際には金さえ払えば誰でも参加できるのだが、こうした呼び名は特別で選ばれた者という感情を生み出すのにひと役買うからだ。新しい参加者が支払った金はアップラインに吸い上げられ、上位にいる人たちの月ごとや四半期ごとの販売ノルマ達成を支える――ただしそうした販売ノルマは、「ゴール」や「ターゲット」のように、もっと親しみやすい名前に偽装されている。では、こうした定期的なノルマを達成できない場合は？　格下げ？　あるいはクビ？　そんなことはできない。それではみんなの信頼を裏切ることになる。特に自分自身を失望させてしまう。だから最後の手段として、自腹を切って在庫品すべてを個人的に購入し、与えられる賞だけを見つめる。そうやって会社の三角錐の構造を上にのぼっていくわけだが、その構造はもちろん「階級制のピラミッド」と呼ばれることはなく、ただ「段階」のある「梯子」とみなされている。来月こそは山ほど新入会員を獲得し、目標を達成し、最後には、シニアコンサルタント、ヘッドコーチ、セールスディレクターといった、もっと高級な肩書をもらえるはずだ。

「私が『希望の購入』と呼ぶものについては、さまざまな議論がある」と、ミネソタ州にあるハムライン大学の経済学教授、ステイシー・ボズリーは分析した。ボズリーはMLMを正式に研究している、世界でも数少ない金融研究者のひとりだ。どうやら男性が多数派を占める経済という分野では、#ガールボスが多数派を占める業界は学術的な関心を向けるに足る場とみなされていないらしい（それは大間違いだ）。「ＭＬＭの業界はときに、人々がほんとうに買い求めているものは一種の希望なのだということを教えてくれる」と、ボズリーは言う。ＭＬＭの会員募集に用いられる言葉のほとんどが、とても仰々しくて遠回しな表現で占められているのは、そのせいでもある。募集にあたっては、「投資」や「雇用」などの専門用語は避けられ、「驚くようなチャンス」や「力を得られる活動」といった向上心をくすぐる表現が好んで用いられている。

だが、こうした口当たりのよい隠語は怪しげな数字を覆い隠し、見えなくしてしまう。ダウンラインの世代がどんどん増えるにつれて、市場は急速に過密になり、誰もが、そしてその親会員も、すでに会員が飽和状態になっているまったく同じコミュニティ内を必死で探しまわっては、自分の下に加える新入りの勧誘を何度も試み、失敗を繰り返すようになる。期待にあふれた人たちの数は、頂点にいて利益を手にできる少数から、何も手に入れられずにひどい目に遭っている底辺の無数の会員までを含め、飛躍的に増えていく。アップラインの人たちや創業者がビジネス機会のプレゼンや富裕層ワークショップで何度も保証したように、もしＭＬＭのモデルが完全に計画どおりに進むなら、誰もが一年以内にお金持ちになるだろう……ただし簡単な算数で、その一二か月の終わりまでに自分のダウンラインに何人の人が加わる計算になるかを考えてみてほしい。軽く一兆人を超える。それは世界人口の一四二倍にのぼり、とてつもない量のダイエットサプリが必要になるはずだ。

数多くの研究が、ＭＬＭの新入会員の九九パーセントはまったく利益を得られず、頂上に位置する幸運な一パーセントのみが、ほかの全員の支出によって利益を得るという結果を示している。(8) その計算は自明の理だが、たとえまったくの赤字で、銀行口座の残高はゼロ、戸棚の中は誰も欲しがらないアイクリームでいっぱいだとしても、少なくとも自分のチーム（自分の「ファミリー」）の一員で、自分が勧誘した仲間の会員を妹《シスター》と呼び、リーダーをママやパパとさえ呼んでいるかもしれない。そうなると、それらの人々とのあいだにとても情緒的な共依存の関係が育まれるだろう。一日中メールのやりとりをし、秘密のフェイスブック・グループを作る。ビデオチャットで毎週ミーティングを開き、いっしょにピンクワインを飲み（「だって自分で稼いだんだから！」）、互いに思いを打ち明ける。一年かけてお金を貯め、高くつく会社の総会にも出席しているから、仲間のボスベイブたちと個人的な知り合いになれる。

こうして自分の損失に目をつぶり、数字を忘れ、なんとか持ちこたえる。いつか、最後には、大金が舞い込むことが約束されているのだから。それに自分は上の人からも下の人からも、収入を得るために頼られている。もし今ここであきらめてしまえば、自分の「ダイアモンドチーム」を失望させることになる。家族と「ファミリー」を失望させてしまう。そうなれば神さまだって失望する。もう#ガールボスではなくなってしまう。何者でもなくなる。そうしたさまざまなプレッシャーの下で、事態はまぎれもなくカルト的になっていく。

ＭＬＭは詐欺に近いが、平均的な詐欺ではない。複雑で、人を熱中させる、独自の言葉と文化をもつ組織だ。ＭＬＭには深く浸透した強力なイデオロギーがあり、それには伝道的な性質がある。会員は創業者であるリーダーたちを尊敬し、そのリーダーたちは会社の運営を成功させるだけでなく、自由世界を主導していきたいという望みを共有している。リーダーに対する尊敬は、宗教的な崇拝の念に近い。シカゴ大学の有名な社会学者エドワード・シルズは「カルトのカリスマ性」を、「ある個人が人間存在の重大な問題につながっているとみなされる場合」に生じるものだと定義した。この考えに従うなら、MLMのリーダーは3HOのヨギ・バジャンやシャンバラのチョギャム・トゥルンパと同じくらい大きい影響力をもつ。彼らは称賛と感嘆符と見かけだけ感動的な言葉によって相手を回心させてしまう。含みのあるキャッチフレーズ（多くの場合は神を連想させるもの）によって相手を条件づけし、強制してしまう。「思考を停止させる決まり文句」によって反対意見を封殺してしまう。そして、会員に対して、これらと同じテクニックをあらゆる機会に、あらゆる知り合いに使うよう訓練するのだ。

MLMは「私たちと他の人たち」を区別する言い回しを巧みに用いて信奉者たちの結束を強め、従来の雇用形態に組み込まれたアメリカ人たちより、自分たちのほうが優れていると思わせる。世界最大のMLMであるアムウェイでは、アップラインのメンターではなく「雇用主」のために働いている人が手にしているのは、仕事（JOB）ならぬ間抜けなボス（J・O・B　jackass of a boss）だと、軽蔑して語られる。アムウェイの新入会員は必ず、「誰かほかの人のために働いていると、自分の価値に見合った報酬は得られない」と言うよう教えられる。『カリスマ的資本主義——アメリカにおける直販組織』の著者でカリフォルニア大学デーヴィス校の社会学者ニコル・ウルジー・ビガートによれば、MLM信奉者にとって「起業家」という言葉は単なる職業ではなく、「経済の中で道徳的に優れたあり方[9]」なのだ。

ＭＬＭはガスライティングによって、非の打ちどころがないシステムに従っているのに成功できないのは、ただ自分に悪いところがあるからなのだと、会員に信じ込ませてしまう。「意欲的で勤勉な人なら、このビジネスで必ず成功することができます……優れたシステムは必ずうまくいくのです！」という言葉は、アムウェイのハンドブックにそのまま記載されている「思考を停止させる決まり文句」だ。ＭＬＭの言語は、やる気を起こさせるキャッチフレーズと失敗した場合の暗い脅しという両極端の言葉が並んでいることで知られ、札束のプールで泳ぐほどの金持ちになれていないとすれば、それは会社のせいではなく自分のせいなのだと会員に思い込ませる。自分には信念が欠けていたか忍耐が足りなかったせいで、生まれもった潜在能力を生かせず、保証されていたはずの収入を得ることができなかったのだ。インターネットを検索すれば、いたるところでＭＬＭに関連した無数の「ビジョンボード」を見ることができる。そこに並んでいるのは、感情に訴えて相手の心を動かそうとする陳腐な言葉ばかりだ。「始める前からＭＬＭに失敗している人が多い。頭を使って考えるばかりで、心を使わないからだ」「働かないで無一文の人が、無一文だと愚痴をこぼすのが、私は大嫌いだ。#億万長者の考え方」。また、OnlineMLMCommunity.comというウェブサイトに掲載された「ＭＬＭに関する史上最高の言葉50」というタイトルの記事(10)には、鼓舞するような格言や名言が嫌というほど並んでいるが、いずれも本来はＭＬＭとは無関係の言葉だ。たとえば、ウィンストン・チャーチルの「悲観論者はあらゆる好機に困難を見出し、楽観論者はあらゆる困難に好機を見出す」という名言もその一例で、たしかにチャーチル本人の言葉ではあるが、まるでこのイギリスの政治家の成功が直販と何か関係しているような取り上げ方になっている。

「それは心理戦のようなものだった」[11]と、化粧品を販売するキリスト教系MLMの「ユニーク」で「プレゼンター」を務めた経験のあるハンナは、この会社からガスライティングされた経験を思い起こして語っている。大学生だったハンナは在庫品を買い取るために五〇〇ドルを支払ったあげく、販売ノルマを達成できなかったとして会社から追放された。「もしあのとき、大学に通っていなくて、パートナーも、ほかの仲間たちもいない境遇だったら……自己嫌悪に陥っていたと思う。……おまえには力が足りないと一日に何度も何度も言われ続ければ、心が壊れる人もいる」

結局のところ、MLMは、起業家に新規事業を売るビジネスではない。ほとんどの有害な「カルト」と同様、実際には存在しない何かの漠然とした約束を売るビジネスなのだ。そして売るものは商品ではなくレトリックだ。商品をひとつも売れない多くの新入会員にとって、コミュニティに加わり、自らを誇らしくコンサルタントと呼び、チームの決起大会に参加し、高額の費用がかかる年次総会に出席することが、MLM経験のすべてになる。数字の辻褄《つじつま》は合わないが、とにかく言葉の力によってそこから離れられない。

私のフェイスブックのフィードからベッカ・マナーズのダイエットに関する投稿が突如として姿を消したので、それから数か月たったころ、慎重に言葉を選んでメッセージを送ってみることにした。傷つけることがないよう、気をつけなければならないのはわかっていた。ベッカはすべてを失い、恥ずかしさのあまり、だまされていたことを公表できないでいるのか？　MLMから遠回しに、あるいはあからさまに脅迫されて、沈黙を強いられているのか？　あるいは彼女自身が盗賊のようにひそかに大儲けし、詐欺を働いたように思って人前に出たくないのか？　とにかくメッセージを出してみた。「急に連絡したりして、ごめんね。でもたしか前に、直販のお仕事をしてたでしょ？私は今、マルチレベルマーケティングで使われる言葉について本を書いているので、もしよかったら、あなたの経験について話を聞かせてもらえないかしら？」

ベッカの「使用後」の写真はどれも、健康と幸福をめいっぱい発散させていた。でも、MLMの会員規約に縛られていただろうし、ソーシャルメディアでは完璧な自分を見せたいという普遍的な願望もあったはずだから、あの姿がほんとうではなかった可能性は十分にありえた。そしてうれしいことに、一時間もしないうちに返信が来た。

ええ、もちろん、ぜんぶ話す！　去年、オプタヴィアっていうダイエットプログラムをやっていたのよ。でもあんなの、ほんと、頭のおかしいカルトだった。

「わー、うれしーい」と、私は返信した。

ii

ハーーイ、ボスベイブ！　お返事、ほんっとに、ありがとう!!　あなたは、これにピッタリの人だと思うわ！　ただ、ＤＭで送れる情報は、あんまりないのよ。私が見られるウェブサイトはひとつだけで、それもクライアント向けだから。でも、あなたが「やり遂げたい！」って思っていることに応じた、いくつかのプランがあるの。クライアントは家族同然だから、前に進む前に正しい情報を知っておくことがとってもとっても大切なんだけど、直接お話ししてみるまでは、何が一番いいかわからないのよね。電話でお話しする時間は、ほんの二〇分くらいよ☺　お互いにもっといろいろなことがわかるようになるのが、とっても楽しみ!!　ｘｏｘｏ

ＭＬＭ特有の熱狂的な言葉遣い――感嘆符だらけの、「自分を信じてさえいれば必ずリッチになれる」といったスタイル――から、私はどこか中毒性のあるポジティブさを感じてしまう……あるいは、実際にはとても複雑で不安をかきたて、もっと慎重な注意が求められてしかるべき経験なのに、無理やり希望の光をちりばめているように思える。

アムウェイからオプタヴィアまで、どのＭＬＭのメッセージのやりとりを見ても、ポジティブな考え方のパワーを力説する愛情攻勢のトークと、ネガティブな考え方の危険性を忠告する不吉な警告とが、驚くようなかたちで入り混じっていた。表面的に見れば、仕事仲間に元気な姿勢を見せるよう奨励するのは何の問題もなさそうだが、MLMは新入会員に対して「ネガティブな考え方」を心の底から恐れるよう条件づけするので、彼らは会社や会社に関わる人を批判するような言葉をいっさい口にしなくなる。「噂話をしてはいけません。ほかの人の悪口も言ってはいけません。誰かがその言葉を耳にしたり、その噂を聞いたりすれば、ディレクターから連絡が来ます」と、以前アムウェイのディストリビューターをしていた人物は忠告した。アムウェイは自分たちにとって好ましくない態度や発言を「スティンキン・シンキン（不愉快な考え）」と呼んでいる。ちょっと耳にしただけではかわいらしい響きをもつこの呼び名を用いて、信奉者を外部の「不愉快な考えをする人」から隔離できる。そういう人は自分たちの成功にとっての脅威となるからだ。もし友人や家族の誰かが会社に疑いをもつようなことがあれば、「そんな人物は人生から消し去りなさい」と指示される。

信奉者はどこへ行っても——友人や家族にも、見知らぬ人にも、とりわけソーシャルメディア上では——MLMの不自然に陽気な言葉遣いで話すようになる。インスタグラムやフェイスブックを探せば、すぐにボスベイブが見つかるだろう。商品の名前をはっきり書いている場合もそうでない場合もあるが、ロボットのように決まりきった快活な口調でわかる。たとえ本人は飼っている犬のことを投稿しているだけでも、まるで文字を入力している背後に誰かが立っていて、つねに販売と会員獲得を目指すようにと目に見えぬムチを打ち鳴らしているかのようだ。威圧的な宗教の信者のように、MLMの新入会員は儀式の時間から逃れられない。

私はこうした「きれいごと」すぎるレトリックを耳にすると、一目散に逃げるが勝ちと本能的に思ってしまう。ただ、直販の大げさなたわごとを真に受ける人なんて、どうしようもない愚か者だと片づけてしまえば気分はいいかもしれないが、実のところ、この中毒性のあるポジティブなレトリックはアメリカ社会にしっかり根づいている。マルチ商法というカルトは、西欧資本主義という「カルト」の、直接の産物なのだ。

私たちが知っているようなネットワーキング・マーケティングがアメリカで始まったのは世界大恐慌後の一九三〇年代で、ニューディール政策によって導入された雇用規定に反応したものだった。ただし、直販業界が爆発的に成長するのは、それから何年かたった第二次世界大戦後になる。そしてそのときから、この業界は女性の活躍の場となった。

第二次世界大戦中、男性が外国の戦場へと駆り出されたあと、前代未聞の勢いで女性が労働市場に参入していった。だが戦いが終わると、それらの女性はまた家庭に引き戻され、子どもや退役軍人となった夫の面倒をみる羽目になる。そして一九五〇年代には二〇〇〇万人ものアメリカ人が郊外へと移り住んだが、そこで女性が働くチャンスはほとんどなく、女性の多くはワクワクする気持ちも、自立も、充実感も、職業につくことで得られる現金も、すべて失ってしまった。

アール・タッパーという名の実業家が頑丈なポリエチレン製の食品保存容器を考案したのは、ちょうどそのころのことで、タッパーは容器にタッパーウェアという名前をつけた。ただしこの商品が飛ぶように売れはじめたのは、直販の才覚をもつデトロイト出身のシングルマザー、ブラウニー・ワイズ（ワイズというのは本名だ）が登場してからになる。ワイズはタッパーウェアを手に入れたとき、郊外の母親たちはこの容器に必ず飛びつくだろう、そしてそれだけでなく強力な売り手にもなりうると確信した。その後、ワイズとタッパーは手を組むことになり、家庭で開催する「タッパーウェアパーティー」が誕生した。

ハッシュタグが生まれるずっと前に、ワイズは「女性のエンパワーメント」まがいの言い回しを利用して女性を採用し、ディーラー、マネージャー、ディストリビューターからなるネットワークを構築している。こうしてMLMの似非フェミニストじみた場当たり的な言葉が生まれる舞台が整い、今にいたるのだ。古い広告には、「タッパーウェアの仕事は、やりがい満点！」と、鮮やかな紅色の筆記体文字が躍っている。ポスターに描かれているのは、淡い黄色の髪で真珠のイヤリングとカシミアのセーターを身につけた、上流社会の婦人のイラストだ。手には本をもち（読んではいない）、有頂天の笑みを浮かべながらポスターの外のどこかを見つめている。視線の先にあるのは、きっと彼女の夢にちがいない。また別の四〇年代の広告からは、いかにも陽気そうな白人女性が甲高い声で語りかけてくる。「タッパーウェアのディーラーになれば、すぐに収入が得られる！　自分が稼ぎたいだけ稼げるの。学びながら稼ぐのよ。あなたは独立したビジネスオーナーだから。自分が自分のボス……。タッパーウェアのディーラーとして収入を得るチャンスよりすばらしいものなんて、ほかに何もないわ――さあ、今すぐに！」

それから数十年にわたり、直販業界の数々の親玉たちはワイズのやり方を真似ながら、白人の専業主婦にねらいを定めた商品と言葉遣いを生み出していった。彼らは女性たちに経済的自立の約束をあふれるほど浴びせたものの、それはけっして伝統的な女らしい妻のイメージを損なうものではなかった。今日にいたるまで、MLM新入会員の大部分を占めているのは無職の女性、なかでもブルーカラーの労働者が多く暮らす町の専業主婦だ。

直販業界はまもなく、こうした取り澄ました労働市場から締め出されていた別のコミュニティの人々もターゲットにする方法を見つけ出す。まず、スペイン語を話す移民、経験の浅い大学生、経済的に苦しい黒人家族が新たなターゲットになった。また、教会、軍事基地、大学のキャンパスなどの強く結束した集団に備わっている信頼関係も直販業界に利用されていく。彼らが理想とする新入会員は、経済的安定を求めている、しっかりした信念と楽観主義の持ち主で、新しくやってきた国で再出発の希望に燃える人、将来に若々しい意気込みをもつ人、より大きい力を発揮できると確信している人が求められた。MLMに誘い込まれる典型的な人物は、手っ取り早く金持ちになる方法を探している欲張りな輩《やから》ではなく、日常の暮らしを維持するための収入を求めている平凡な人たちだ。金銭的な苦労、親密なコミュニティ、理想主義を兼ね備えた人物が見つかれば、どのアップラインにとっても大成功ということになる。

キリスト教コミュニティはやがてMLMの温床となり、その多くは自らを積極的に「信仰に基づいた」活動と名乗っている。マリー＆マーサ、クリスチャン・ブリング、ユニーク、サーティーワンギフト、メアリー・ケイをはじめ、明らかに宗教的な信条をもつMLMは枚挙にいとまがない。アメリカで暮らして自宅周辺を眺めてみれば、たいていは一方の手に聖書、もう一方の手に高価な化粧水の試供品をもっている善良な人々を見かけるだろう。世界のどこよりもユタ州にMLMの本社が多い理由はここにある――モルモン教徒は理想的な販売員になることに、直販のリーダーたちが気づいたからだ。[1]「末日聖徒《まつじつせいと》（モルモン教徒）は布教者となるべく生まれ育っている……だから、友人に布教しているとき、自然にMLMの商品の販売につながっていく機会は多い」と、消息筋がポッドキャスト「ザ・ドリーム」で語っている。「もし自分のおじさんが訪ねてきて、『人生を変えるようなすばらしい機会がある』と言ったら、教会で聞いているメッセージと同じように聞こえることもあるだろう」

宗教はMLMと――さらにはアメリカの労働文化全般と――しっかり結びついている。だがそうした結びつきは、実はアメリカ合衆国が誕生する前から存在していたのだ。神聖な神の恵みと金銭的な「恩恵」との結びつきは、五〇〇年ほど前の宗教改革までさかのぼる。社会学者は、近代的資本主義の幕開けはこの十六世紀の改革運動だったと考えており、現代アメリカの職場での価値観の多く（たとえば、「一日の仕事をがんばる」「身を粉にして働く」[2]「誠実に支払う者は、他人の財布に大きな力をもつことができる」などの基本的な考え方）がここから生まれている。宗教改革者、なかでもフランスの神学者ジャン・カルヴァンは、人間の精神的な成功と失敗だけでなく金銭的な成功と失敗にも、神が何らかの役割を果たしていると考えた。このような考えから、勤勉な仕事ぶり、個人による努力、蓄財によって特徴づけられる「プロテスタントの倫理」が生まれ、それはヨーロッパにあらわれた新しい資本主義経済とうまく同調した。

まもなく、誰もが信心深くて自立した起業家という新しい理想を目指しはじめた。専門職について働くことがキリスト教徒の暮らしの中心になるにつれて、自分自身を熟練した勤勉な稼ぎ手と呼べることは、自分が神から選ばれた人になることを意味した。こうして「資本主義精神」が、上から下まであらゆる階級の、ほとんどの西洋人の価値体系に組み込まれたのだった。そのために、資本主義的な専門語の多くが――「神聖な」証券取引所の鐘から、「全能の」ドル（強いドル）まで――宗教的なニュアンスをもち続けている……宗教改革の亡霊がいまだ健在なのだ。

一八〇〇年代までにはプロテスタントの倫理がアメリカに広まっていたが、そこにはわずかな変化があった。裕福であることは神からの贈り物というより、むしろ個人が独自に成し遂げた業績への褒美であり、優れた人格の証とみなされるようになったのだ。こうして修正されたプロテスタントの倫理は、野心、粘り強さ、競争を重視するようになり、それらは産業資本主義の台頭とも合致した（産業資本主義の特徴は、大量生産と、労働の明確な分業だ）。十九世紀にはまた、「ニューソート（新思考）」と呼ばれる哲学的な潮流も生じ、その結果として「引き寄せの法則」（ポジティブな考えをもっていればよい出来事が、ネガティブな考えをもっていれば悪い出来事が、人生にもたらされるという考え」のような人気のある自己改革の考えも生まれた。この時代には、マーク・トウェインの『王子と乞食』やチャールズ・ディケンズの『大いなる遺産』といった、貧乏から大金持ちになる物語がベストセラーになっている。最初の「自己啓発」本（タイトルもそのまま『自己啓発』）が一八五九年に出版されると、それも大成功を収めた。冒頭に「天は自ら助くる者を助く」という言葉を掲げ、貧困は個人個人の無責任な行為の結果だと主張する内容だ。この「困難を気力で乗り越える」という新しい態度は、自分自身を信じてさえいれば、自分の運命は自分自身の力で切り開くことができ、職業から身体的な健康まですべてを自分で管理できるという考えであり、現在アメリカンドリームと呼ばれているものを誕生させる一因となった。

こうしたプロテスタントの理想は二十世紀のあいだに再び変化していく。カーネギー鉄鋼会社、ロックフェラーのスタンダード・オイル、シカゴに建設されたユニオン・ストックヤード食肉加工場など、大規模なアメリカ式ビジネスの台頭に伴って生じた変化だ。[3]二十世紀になると、仕事仲間と歩調を合わせて親しくつきあいながら、自分の力で出世階段をのぼっていくことが称賛される風潮が生まれたために、自分ひとりで独自に成功して競争力をつけることは軽視されるようになった。この段階では、ニューソートは優れた会社人間になる方法を指南する書籍や講座に姿をあらわしている。『人を動かす』（デール・カーネギー著）、『思考は現実化する』（ナポレオン・ヒル著）、『積極的考え方の力』（ノーマン・ヴィンセント・ピール著）はすべて一九三五年から一九五五年までのあいだに出版された書籍だ。

二十世紀中盤を通して、幸せな気持ちと健全な自我があれば裕福になれるというメッセージがアメリカの教会を席巻した。『積極的考え方の力』の著者ノーマン・ヴィンセント・ピールは有名な牧師で、ニューヨーク市にある保守派プロテスタント教会、マーブル協同教会を率いていた。ピールがその教会で「繁栄の福音」を説いた相手は、ほとんどがマンハッタン在住の裕福で大きな影響力をもつ信徒たちで、そのなかには特筆すべき存在として、若き日のドナルド・トランプもいた（トランプが成長して筋金入りのＭＬＭファンになったのは、偶然ではない）。ピールは聞く者を奮起させる自己啓発の雄弁術で知られ、次のような格言を残している。「たとえポケットが空でも、何かをする妨げにはならない。妨げになるのは、空っぽの頭と空っぽの心だけだ」「自分自身を信じなさい！　自分の能力を信頼しなさい！　自分自身の力に対して謙虚さを保ちながらも、妥当な自信をもたなければ、成功や幸せが手に入ることはない」

半世紀がたった今、ドナルド・トランプの演説とソーシャルメディアへの投稿から、ピールが与えた影響を耳にすることができる。「成功のヒント――自分自身を勝利者とみなすこと。そうすれば正しい方向に集中できる。自分がもつ技術と才能を活用すること――そして粘り強く努力すること」と、トランプは二〇一三年にツイートしている。その後二〇一六年に大統領選挙戦を開始すると、トランプの自信にまつわる大言壮語はさらに妄想を帯びたものになっていった。その年のはじめに外交政策の顧問は誰かと尋ねられると、次のように答えている。「私は第一に、自分自身と話し合っている。私はとても優秀な頭脳の持ち主で、これまでにもいろいろな話をしてきた。私は自分が何をしているか、きちんとわかっている……私の第一の顧問は自分自身だ」

こうした複雑な歴史の中から、プロテスタンティズム、資本主義、企業化の異様な落とし子として、MLMが生まれたのだ。プロテスタントの倫理は、アメリカの職業文化全体の中で大きな部分を占め続けており、国民の誰もがそのレトリックを内面化しながら成長していく――「よく働き、よく遊べ」「また一日、また一ドル」。ところで、私とパートナーは短い格言が書かれたマグカップを収集しているのだが、先日あらためて格言を一つひとつ読み直してみた。すると、どれもこれも中毒性のある生産性礼賛の教義を、ただ臆面もなく説いていることにはじめて気づいた。ひとつのマグカップには「睡眠は弱者のもの」とあり、別のマグカップには「あくびはコーヒーを求める声のない叫びにすぎない」とある。声のない叫び？　私たちはみんな働きすぎで疲れきるのが理想の姿だと信じ込まされ、暇と「怠惰」を恐れるあまり、飲み物を入れるカップにまでその気持ちを示すしゃれたジョークをプリントしてしまうのだろうか。二十一世紀のアメリカでは、どうやら、そうらしい。

プロテスタント的資本主義の言葉は、どこでも目にするありふれたものだが（コーヒーを飲むマグカップにまで書いてある）、MLMの業界ではそうした言葉が主役を演じており、一瞬にしてアメリカ人の最も空想に満ちた野心と最も深刻な恐怖心をあおる。なかでもそれが鮮明にあらわれているのが、富と地位は個人の力で手に入れるべきものだという能力主義を強調するMLMのやり方だ。能力主義は、人は自分の人生をきちんとコントロールできる、本気でやれば他人の力を借りずに自分の力でやり遂げられるという信条を基盤とする。成功した人は成功するにふさわしく、苦労している人はただ自業自得だという神話が、アメリカ人は大好きなのだ。MLMの新入会員は、商品の販売と別の新入会員の獲得で得る手数料だけが「成功」の基準とされているので、なおさらこの考えを好む。MLMのイデオロギーによれば、労せずして得られる勝利はなく、目的を達成するために誰が、または何が犠牲になろうとかまわない。そして、理由のない失敗はない。

私がこれまでに読んだ直販のプロパガンダの大半は、販売チームの構築に必要なのは「血、汗、涙、心、魂」だと強調し、販売者は自分の努力を愛国者である名誉の印《しるし》とみなして、笑顔を絶やさないようにと呼びかけていた。無数のMLMがナショナリズム的なスローガンを掲げ、#ボスベイブに加わることは、国に奉仕するために署名することなのだという考えを後押しする。あるダイエット用サプリメントのMLMは、文字どおりアメリカン・ドリーム・ニュートリションという名称だし、ユナイテッド・サイエンシズ・オブ・アメリカという名前の会社もある。石鹸や歯磨き粉といった日用品や衛生用品を販売するアムウェイは、「アメリカン・ウェイ」をひとつにした混成語だ。

現代の企業の多くは自社の製品を、より大きなアイデンティティ上の利点と結びつけて販売しようとする。たとえば、この流行のリップグロスやあのビーチタオルは、リサイクルしたプラスチックでできているので、それを買う人は一般におしゃれで、健康的で、魅力的で、環境に優しいという自覚をもてるというわけだ。社会学者はこうした考えを「組織のイデオロギー」と呼んでおり、必ずしもすべてが悪いというわけではない。大成功を収めているブランドの創業者たちは、強烈な価値観と儀式を備えた「カルトのような企業文化」をもつことは、先が見えず移ろいやすい現代の市場でリピート客と忠実な社員を確保するためには必要なことだと認めている。[4] もちろん、このような組織のイデオロギーのことは話半分で聞いておくべきものだ。なぜなら、自分の政治や健康管理に関する判断を、さらに自らのアイデンティティまでも、利益第一のブランドが言うことに基づいて決めてしまうのは、たとえそれが「倫理的」や「持続可能」などと自負するブランドであっても（そのようなブランドならなおさら）危険な話だからだ。「ウォーク資本主義」〔社会問題に取り組むことを標榜する資本主義〕は社会的正義に匹敵するものではない。それは、フェイスブックの友達にダイエットサプリを売ることが神聖なる行ないではないのと同じだ。

MLMはもともと、他のほとんどの企業よりはるかに真剣に組織のイデオロギーについて考えており、自らの活動を日常の世俗的な利益だけでなく、人生の意味そのものにも結びつけている。[5] 直販のスローガンには、「『ユニーク』であることは完璧なことよりすばらしい」や「存在することと生きることは同じではない。どちらかひとつを選びなさい」といった、精神論的な誓約が並んでいる。[6] エッセンシャルオイルのMLM「ドテラ」がピンタレストで公開した画像には、「フォーギブネス（赦し）」というブレンドオイルの効果が載っており、それを使えば「共感、赦し、解放、光、愛、寛容、理解」の心を得られるとのことだ。アムウェイの共同創業者のひとりで巨万の富を築いたジェイ・ヴァン・アンデルは生前、自分の会社に関わることで「人々が刺激、明るい前途、利益、希望に満ちた新しい暮らし」を手にできると断言していた。

直販のような流行遅れでレトロな感じがする業界は、すでに今の時代にはすたれていると思うかもしれない。だが信じがたいことに、インターネットの時代にもしっかりと生き残っている。インターネット上では、MLMの会員経験者がそれらの企業を批判し、心理的虐待を受けた、大きな赤字を抱えたなどの話を続々と暴露しているにもかかわらずだ。ユーチューブで「マルチ商法　詐欺」を検索してみれば、「MLMの『ガールボス』の体験談は嘘」「私はルラローの会員になって活動したあと破産申告をする羽目になり、今は仕事を二つ掛けもち」「アムウェイ　最後の一撃（音声の証拠つき！）――私はこうしてMLMのカルトを抜け出した」などの動画が無数にあり、どれも再生回数は数百万にのぼっている。アンチMLMの人々は、インスタグラムとティックトックの一角で熱心に活動している。二〇二〇年にはティックトックが、プラットフォームを利用してMLMの会員を募集することを全面的に禁止した。#ボスベイブ・コンビナートを有罪とする証拠は次々に挙がり続けている。

それにもかかわらず、MLMのレトリックは人の精神を攻撃するのがうまく、また一貫して大きな説得力と柔軟性をもっているために、そうした企業は繁栄を続けるばかりだ。二〇一〇年代に入って原料にこだわるミレニアル世代が消費者市場を左右するようになり、「一〇〇パーセント天然」で「有毒な原料を使っていない」パーソナルケア製品の需要が高まるにつれ、最も抜け目のないMLM創業者たちはそれに合わせた商品を提供するようになった。直販は時代遅れな「スージーホームメイカー」〔一九六〇年代にアメリカで販売された「ままごと」玩具シリーズ〕を売るだけのものではなく、情報通の若者向けに変身してきたのだ。おしゃれな最新の包装で飾られた「クリーン・ビューティー」MLMは、売り手の土台となる集団に「マイクロインフルエンサー」を引き込む方法を探っている。マイクロインフルエンサーとは、小規模なブログを発信して数千人のソーシャルメディア・フォロワーをもつ女性たちだ。そうした女性に「あなたのフィード、とてもすてき!」とお世辞を並べたDMを送れば、彼女たちは心を動かされ、クリーン・ビューティーな「社会活動」に参加して副収入を得たいと思うのではないか。こうした流行に敏感な世代のMLMは、「自立して収入を得ているインフルエンサー」という魅力的なイメージとうまく組み合わさることで、完璧な副業としての売り込みに成功している。機敏な直販業界は、つねに自己改革の方法を見つける――生まれ変わりをけっして止めない資本主義的ゴキブリと言えるだろう。

ハーイ、元気？　私たちはここで人生を変えるビジネスをしているのを、思い出してほしいんだ!!　もちろん、お金を稼いでいるわけだけど、それよりずっと大きい話で……ひとつの「運動」なんだよ。みんなこれに加わるべきなのに、まだ知らないだけ。みんなにわかってもらえるかどうかは、あなたにかかってるの!!　すべての人に働きかける必要があるわ……家族、友達、インスタのフォロワー、スターバックスで後ろに並んでいる人。とにかく会話を始めて。そこにいる人と知り合いになるのよ。私たちの製品は基本的には自然に売れるものだから、もし目標に達していないなら、ボスベイブらしく、もっと一生懸命に、もっと賢く、しっかり働く必要があるわね。あなたには可能性がある。私をがっかりさせないで。でももっと大事なのは、自分自身をがっかりさせないことよ！　xoxo

中学時代の友人ベッカとＭＬＭの経験について電話で話をしたとき、彼女の声を聞くのは実に一〇年ぶりだった。ベッカは二十八歳になり、夫、二匹の犬、四匹の猫とともに、メリーランド州にある小さな白いカントリーハウスで暮らしている。九時から五時の仕事をこなしながら、高校時代と同じように地元で歌う仕事もしていて、毎週金曜日の夜にバックステージBBQカフェの舞台に立つ。週に何回かはAAに顔を出し、夕方にはほとんど毎日、まだ赤ちゃんの姪と遊ぶ。「私は自分がどんなふうになっちゃったか、ちゃんとわかっているのよ」と、皮肉っぽい冗談を飛ばすのは昔から少しも変わらず、今ではもう耳にしなくなった故郷の町に独特の母音の発音が心地よい。

ベッカはオプタヴィア（以前のメディファスト）がどこかうさんくさい事業であることを、はじめから知っていた。話を聞いてわかったらしく、「わけのわからないマーケティングのたわごとは、いったい何なの？　ほんとうにうんざりしたわ」と、断言する。どうやら、世間知らずで希望に胸をふくらませ、うっかりねずみ講の底辺に飛び込んでしまった人たちとは、ひと味違っていたようだ。ベッカはオプタヴィアの巧妙な手口に気づいていた一方で、大量にいたフェイスブックの友達のネットワークをうまく利用すれば、その裏をかけるという自信をもっていたらしい。「あれがカルトだっていうことは、一〇〇パーセントわかっていたのよ」と、ベッカは言った。「でも、『何でもいいから、一口のってみよう』みたいな感じだった。詐欺でも何でもやってやろう、みたいにね？」

「わかる、わかる」と、私は相槌を打った。

オプタヴィアは、ニュートリシステムやビストロMDと同様の減量プログラムを販売する会社で、購入者の家にパッケージ化された食事を配送する。「こういう会社は必ず、『自分が自分のボスになって、家で仕事をしましょう』なんて嘘を並べて、誘い込もうとするのよ」と、ベッカは電話の向こうからあきれた口調で話す。ベッカの友人の何人かは、物議をかもしているMLMのルラローに加わっていた。ルラローはかつて数十億ドルの売り上げを誇ったレギンス販売の会社だが、二〇一九年にワシントン州の司法長官からねずみ講の疑いで訴えられている（この文章を書いている時点で、この訴訟は係争中）〔二〇二一年二月に、同社は四七五万ドルの解決金を支払うことに同意した〕。ベッカは、ルラローがどれだけ貪欲に友人たちの暮らしを食い尽くし、その友人たちがどれだけ巨額の金銭を失ったかを目にしていた。ところが自分の義母からオプタヴィアに加わらないかと声をかけられると、その購入費用とノルマが比較的少なかったので、ちょうどよいときにちょうどよいMLMに出会ったように思えたという。

その一年ほど前、ベッカの婚約者が三十歳を前にして稀《まれ》な血液がんと診断され、その彼がようやく化学療法を終えて寛解にいたったときには、ベッカはすっかり疲れきっていた。「彼の看病をしているうちに、私の体重はものすごい勢いで増えてしまったの。鬱《うつ》状態にもなって、ようやく禁酒できたところだった。それにタバコもやめていて、そのせいで体重が増えたのもあるわね」。彼女の夫の母親はオプタヴィアに入会して販売員となり、そのプログラムに従ったせいで体重を大幅に減らしていたが、製品はとても高価で、一か月に四〇〇ドルほどかかったから、ベッカは自分も真似をしようとは思わなかった。するとその義母が、こんな提案をしてきた――もしもベッカが「コーチ」として入会し、自分の体重が減っていく様子を週に何回かフェイスブックに投稿すると同時に、別の二、三人を誘って入会させれば、自分用のダイエット食品の代金を十分にまかなえるというのだ。「義母は私にボスベイブなんてくだらないものを押しつけるんじゃなくて、ただ何がどうなるかだけを話してくれた。だから私は、『いいわね、ええ、私は何人かを加入させられるわ、みんなに大げさに宣伝すればいいのよね』っていう気持ちになったのよ」と、ベッカは言った。

ベッカはコーチとして入会し、活動開始の費用として一〇〇ドルを支払うと、ダイエットを始めた。「指示どおりにしていくと、短期間で体重が落ちるの。私は四か月で二二キロくらい減ったわ」と、彼女は打ち明ける。「でも、その食事をやめたとたん、ピザが目に入って、すぐ二キロ以上増えた。ずーっと維持していくのは現実的じゃないわね。でも、『ビフォア&アフター』の写真を撮って、でたらめな話にハッシュタグをつけて投稿すれば、いったい何をしているのかってみんなが知りたがるわけ」

MLMは新入会員獲得戦略を秘密にしておく必要があるので、「コーチ」(新入会員)が外部の人に伝えてもよい内容について、厳しい規則を定めている。ベッカがフェイスブックへの投稿にオプタヴィアの名前をけっして書かなかったのは、会社からはっきり禁止されていたからだ。その代わりに、そっくりそのまま投稿するようにと原稿を渡された。その原稿は、オプタヴィアのプログラムがほかにはない奥義であるかのような印象を与え、人々がむやみにこの会社のことを検索して、サイエントロジーが「ブラックPR」と呼ぶものを見つけるのを防ごうとするものだった。

さかのぼって一九七〇年代には、統一教会の信者たちが自分たちの狡猾な勧誘と資金集めのことを、「聖なる策略」(1)という上品な言葉で表現していた。これと同じようにMLMの会員は甘い言葉を用いて友人や家族を惑わし、その周辺にいる人たちを仲間に引き入れようとする。メアリー・ケイでは「夫に気づかれないプラン」(2)という婉曲な名前のついた方針を示して、夫の「許可」を得ずに入会するよう主婦たちに働きかけ、入会後はかかった費用を夫に内緒にしておく方法を教えている。メアリー・ケイのある販売担当幹部役員はコンサルタント向けのマニュアルで、自分の場合の「夫に気づかれないプラン」を次のように説明していた。「もしみなさんが今すぐ何かを買いたいなら、私は現金、小切手、ビザカード、マスターカード、ディスカバーカード、アメックスカードを受け付けています。また無利子ローンのプランと夫に気づかれないプログラムもあります。これはとてもクリエイティブな資金調達としても知られ、一部を現金、一部を小切手、一部をカードで支払っていただくものです。そうすれば合計金額は誰にもわかりません」

ベッカは、ダウンラインに加わる可能性のある人と電話で話すまでは、具体的なことを伝えないよう指示された。そして電話で話をするところまできたら、「健康に関する情報収集」を行なう。それは二〇項目の調査で、次のような個人的な事項を質問する――「失敗しないとすれば、何キロくらい痩せたい？　最後に目標体重だったのはいつ？　そのときと今では、何が変わった？　そのころどんな感覚だったか覚えている？　もう一度その体重に戻れたら、どんな感じがするかしらね？　同じように手助けしたいご家族はいるの？　いろいろ話してくれて、ありがとう……私が提供する品物は、きっとあなたの健康上の目標を達成するお手伝いをできるはずよ。あなたにも使ってもらえるのが、ほんとうに楽しみなの」

このような情報収集は、資格をもつ食事療法士による健康診断とはまったく別物だった。それはベッカやベッカの義母のように特別な資格をもたない人たちによる、「トラウマ性の絆」を形成するための戦略だ。この会社は、新入会員にコーチ、シニアコーチ、プレジデンシャルディレクター、グローバル・ヘルスアンバサダーのような肩書を与えることで何が起きるかをわかっている。そのような肩書をもらうと、自分が権威ある立場にいるという気持ちで満たされるのだ。「自分はほんとうにヘルスコーチなのだと思い込んでいる女性が大勢いると思う」と、ベッカは断言した。「あなたは人々に命というすばらしい贈り物をしているんだって言われる。秘密のフェイスブック・グループで自分のコーチから名指しで感謝されれば、『すばらしい仕事だ！　誰かの命を救っている！』ってなるでしょ」。だが誰もが心の奥底では、コーチとシニアコーチとの違いは栄養に関する専門知識とは無関係であることを知っている。その違いは、その月に自分のダウンラインに追加できた人数の差だ。それでも、会社から立派な肩書をあてがわれて愛情攻勢をしかけられ、命を救う役割を果たしているとおだてられていると、自分がそれでよいと思っていれば、言われるがままに解釈するのに慣れてしまう。

リーダーが年に一回集まって開かれる親睦会と総会ほど、オプタヴィアのコーチたちのテンションを上げるものはほかにない。新入会員はこのイベントに参加するために一年をかけて貯金を続け、日程が重なれば親友の結婚式にも孫の誕生日パーティーにも欠席して、オプタヴィアのカリスマ的リーダーで共同創業者でもあるウェイン・アンダーソンに一日会うチャンスを逃さない。「みんなは彼をドクターAと呼んでいて、まるで、そうね、君主のようだったわ」と、ベッカは顔をしかめながら、自称「よりよい健康を目指す運動のリーダー」になった麻酔専門医のことを語った。「ドクターAが登場すると、私たちがどれだけ人々の命を、一回にひとりずつ救っているか、私たちがどれだけアメリカを健康的にしているかって、カルトっぽい思いつきを口にするわけ。もちろん、彼に会うためのチケットにはバカ高い値段がついているのよ」

どのMLMも例外なくトニー・ロビンズ〔世界的に有名な自己啓発活動家〕がやっているような派手な自己啓発イベントを開催しており、出席するには何千ドルもの費用がかかる一方、内容はどれも似たり寄ったりだ。タッパーウェアには毎年開催される「ジュビリー」がある。メアリー・ケイの「キャリア・カンファレンス」は見事な演出の表彰式で知られる。新入会員はこうした集まりに、ただの楽しみで出席するわけではなく、ほんとうに「成功」したいなら新人が総会に出席するのは必須だと宣伝されているから出かけていく。ただし、こうした大会の重点は、販売に役立つアドバイスを授けることではない。会社が途方もなくすばらしく見えるように演出して、すでに熱心に取り組んでいる新入会員が、さらに深入りしていくよう誘い込むのが目的だ。アムウェイの平均的なイベントは、キリスト教の「テント・リバイバル」〔大きいテントの中で開く伝道集会〕、政治集会、アメフトの試合、特別大規模な親族会を、足して四で割ったようなものになっている。

アムウェイはほかのどのMLMファミリーにも増して信じられないほど大きな力をもっており、その影響力は会社に直接関わっている人たちばかりか、アメリカの政治体制全体にまで及ぶ。一九五九年に創立されたアムウェイはおよそ一〇〇か国で営業活動を行ない、「インディペンデント・ビジネス・オーナー（IBO）」と呼ばれる四〇〇万人のディストリビューターのネットワークを通じて、年間九〇億ドルもの売り上げをあげている。アムウェイはキリスト教系の企業で、「アメリカ人は、かつて自分たちを偉大にしていた資質を失ってしまった」という主張を基本とする。失われた資質とは、何かを達成する個人の自由、伝統的な「アメリカの家族中心の価値観」、そして神の祝福するアメリカへのゆるぎない献身だ。[*]「私はこれからみなさんに、この国の間違っているところをお話ししようと思います」と、アムウェイにごく少数しかいないエグゼクティブダイアモンドのひとり、デヴィッド・セヴァンは、一九九一年の総会で大声を上げた（アムウェイの最上位の肩書にはすべて、希少な宝石などの宝物の名前がついている。ルビー、パール、エメラルド、ダイアモンド、ダブルダイアモンド、トリプルダイアモンド、クラウン、クラウン・アンバサダーなど）。「この国は、人々が賛成するものをすべて許してきました……そしてキリスト教徒以外の人々を雇ってキリスト教を基盤とした社会を作ろうとし、失敗に終わっています……アムウェイのビジネスは、神の法の上に作り上げられているのです[3]」

非常に保守的だったアムウェイの二人の創業者、ジェイ・ヴァン・アンデルとリッチ・デヴォスは、それぞれ二〇〇四年と二〇一八年に世を去った。二人目に挙げた名前には聞き覚えがあるにちがいない。デヴォス家はミシガン州出身の一家で、政治的な影響力をもつ億万長者だ。ドナルド・トランプ政権下で教育省長官を務めたベッツィ・デヴォスは、リッチの義理の娘にあたる。五〇億ドルを超える個人資産をもっていたリッチ・デヴォスは、共和党全国委員会の財務委員長を務め、ジェラルド・フォードの大親友であり、数億ドルにのぼる特別なアムウェイ優遇税制を確保し、莫大な金を共和党大統領候補の金庫につぎ込んだ。アムウェイは、ロナルド・レーガン、二人のジョージ・ブッシュ、そしてもちろん歴代大統領のなかで直販に最も友好的だったドナルド・トランプの大統領選挙戦に資金を提供した。トランプは二〇一〇年代を通して、いくつかのMLMの会社を宣伝して大金を得ていた[4]。そのなかにはビタミンの会社とセミナーの会社も含まれ、両社は七桁もの金額を支払うことでトランプの似顔絵をマスコットとして使う許可を得るとともに、社名をトランプ・ネットワークとトランプ・インスティチュートに変更している（二〇一九年に連邦裁判所は、これらの組織と関連した不正行為でトランプとその三人の子どもたちを告訴できると裁定した）[5]。デヴォスの厚意に応えるために、これらのすべての大統領はアムウェイおよび直接販売協会を公の場で、非常に立派で大いに愛国的な事業だと称賛した。**

リッチ・デヴォスが支持する「繁栄の福音」の十七世紀の解釈によれば、裕福でない者は神から愛されていない。デヴォスが宣言しているように、「自由企業制は……神が私たちにくださった贈り物であり、私たちはそれを理解し、受け入れ、信じる必要がある」。デヴォスによれば、もし自分が人生でずっとその制度から締め出されてきたように感じているなら、雇われ仕事に見切りをつけてMLMに乗り出さないのは愚か者ということになる。

これがアムウェイの伝説的な総会に浸透しているレトリックで、そうした会の進行は次のようなものだ。総会の幕開けに、司会者がまるでペンテコステ派の説教師が賛歌を口にするときのような抑揚をつけて、アムウェイで最も成功した一名か二名のIBOの逸話を読み上げる。次にそのIBOがメインの講演者を紹介する。講演を依頼された人物が『ロッキー』のテーマソングにのって登

＊「アメリカの家族中心の価値観」は古典的な「含みのある言葉」で、政治的右派が妊娠中絶、同性婚、フェミニストの政治運動を「本質的に反米的だ」と非難する際の武器となっている。
＊＊民主党員さえ、公の場での称賛と引き換えにデヴォスの資金を受け取ってきた。ビル・クリントンは二〇一三年に大阪で開かれたアムウェイの総会でスピーチをしたあと、七〇万ドルを受け取っている。

場すると、出席者たちはお祭り騒ぎだ。講演者は——たいていは宝石の名をもらった白人男性のIBOで、登壇することで何万ドルもの謝礼を受け取っている——アムウェイのおかげで手に入れた邸宅、ヨット、車、休暇旅行をパワーポイントで次々に写し出しながら、感情もあらわに自らの成功談を披露する。「すばらしいと思いませんか?」「私は信じています!」という叫び声が、会場全体にこだまする。ダイアモンドやパールの名をもつ人たちが、「すばらしい!」と大声を上げる。次に授賞式が行なわれ、締めくくりとして参加者全員が涙ながらに「ゴッド・ブレス・アメリカ」の大合唱に加わる。そしてアップラインがダウンラインの目を見ながら、声に出して「アイ・ラブ・ユー」と叫ぶ。

社会学者でなくても、ビジネスで下位にいる人たちに対する「愛情」攻勢は欺瞞だとわかる——この序列関係から、彼らがヨットどころか一銭たりとも得ることがないと知っていれば、なおさらだ。ほとんどの新入会員はヨットなど欲しがっていない。ヨットがあっても使い道がないだろう。そもそもこの会社と契約し、この大げさな総会に参加した理由は、彼女たちが専業主婦か、なんとかまともな暮らしをしたい移民だからなのだ。

たとえば、しばらくのあいだMLMのビジネスに加わって、総会に一、二回出席したあと、やっぱりやめたいと思いはじめた人がいるとしよう。その気持ちを内部の誰かに打ち明けたとたん、アップラインから大量のメールが届くことになる。どれも罪悪感をあおり、ガスライティングによって思いとどまらせようとする文面だ。ベッカの場合は幸いにも義母が冷静なアップラインだったせいで、オプタヴィアに一年だけ加わったあとでやめることに決めたときも、電話の着信を数回無視するだけですんだ。だがほかのＭＬＭ会員たちの場合、やめるためには大きな負担を強いられることになる。おそらくサイエントロジーのようなエイリアンに連れ去られるといった脅しはないだろうが、夢をあきらめて代理家族を失うことへの罪悪感と不安にさいなまれるだろう。以前にアムウェイのＩＢＯだった人物は、それまで彼女を愛していると言っていた人たちが突然、容赦なくいっさいの連絡を断って無視するようになったのは、ほんとうにひどかったと嘆いていた。「参加を決めたとたんに、アムウェイの人たちの愛……［と］注目を浴びることになります。その人たちは個人として、心から自分に関心を抱いてくれたのだと感じるのが普通でしょう。でもそう思うのは大きな間違いです。それはあなたをグループにつなぎとめる手段にすぎません」

iv

ハーイ、ベイブ。フェイスブックのグループチャットであなたのメッセージを見たわ。やめようと思っているのね。ちょっとイライラがたまって、退屈しちゃっているのかしら。わかるわ。でも、私を信じて。このビジネスで一番成功するのは最後までやり遂げる人たちなの。これはテストだと思えばいいわ。あなたは、自分が本物のボスベイブで、ひとりで立て直せることを証明したい？　それともここであきらめる？　これまでに、どれだけの時間と労力をつぎ込んできたかを思い出すのよ。それをすっかり無駄にしちゃって、ほんとうにいいの？　あと二、三か月続けたら得られる収入のことも考えてみてね。それに、必要な医療費や、お子さんたちのことも考えてみてね。利己主義になっちゃだめ。強くならなくちゃ！　ここでは、私たちはみんな家族よね、だから私を助けてちょうだい、そして自分のことも助けるのよ。あとで後悔するようなことをしてしまう前に、じっくり電話で話をしましょう、いいわね？　xoxo

ＭＬＭの言葉が、一部の人には詐欺めいてうんざりするものに聞こえるのに、一部の人には魅力的で信頼できるものに聞こえるのには、また別の理由もある。「札束のプールで泳いでみたい？」

や「一年で大富豪になれる！」といった誘いを見て詐欺を連想するかどうかは、言葉自体の問題ではない（これらの言葉は、文脈なしのそのままの意味なら、魅力的に聞こえるものだ）。それは、人間が情報を異なる方法で処理するように進化したことと関連し、「だまされやすさ」の社会学と関連しているのだ[1]。

ノーベル賞を受賞した心理学者ダニエル・カーネマンによれば、「だまされやすさ」が存在するのは、人間の脳の中で二つの対立する情報処理システム（システム1とシステム2の思考）が発達してきたからだ。システム1の思考はすばやく、直感的で、無意識のうちに生じる。誰かから何かを話しかけられたときには、このシステムが個人的な経験と事例による知識に基づいて即断を下すことができる。小さい集団で暮らしていた古代の人類の場合、集団のメンバーは生まれたときからずっと顔を合わせて信頼関係を作り上げていたので、システム1の方法でほぼすべての必要を満たすことができた。そのころには、誰かから何かを言われたとき、あまり疑い深くなる必要はなかった。相手は自分の母親かいとこか、あるいは生まれたときからの知り合いだったからだ。現代の暮らしでは、ニュースを聞いて経験則に基づいて反応し、それについて即座に判断するというのがシステム1の思考になる。

さらに私たちにはシステム2の思考もあり、こちらはもっと時間をかけて熟考した末に、合理的な判断を下すものだ。この思考システムは、進化の上ではるかに新しい。何十億人もの人々がインターネット上で匿名のまま情報をやりとりし、疑わしい主張と害のある陰謀説を広めている「情報化時代」の現状では、システム2の思考が役に立つ。何かが疑わしく思えたとき、システム2の思考なら直感に頼って即座に判断を下す必要がないからだ。時間をかけ、質問をし、徹底的に調べ、それからどのように対応したいかを決めることができる。残念ながら、このシステム2の思考過程はシステム1よりはるかに新しいので、いつも機能するとは限らない。確証バイアスがあったり認知的分業がうまくいかなかったりする論理的思考の欠陥が人間に深く組み込まれているのは、ある程度はシステム2の機能不全のせいだ。[2] 簡潔にまとめるなら、人間はたくさんの異なることに関するたくさんの情報を処理できるよう、進化し続けている。けれども私たちはAIを内蔵したロボットではなく、そうした処理を完璧にこなしてはいない。

現代の暮らしでは、MLMが大がかりな準備を整えて全力で売り込んでくると、たいていの人は直感で反応する。良い点と悪い点を書き出してリストにしたり、じっくり検討したりする必要はない（結局のところ、たいていはよく知っている人から売り込みされるので、簡単に判断できる）。（A）たしかにすばらしい機会のようだ。システム1が機能しているわけだ。または（B）くだらない話だから遠慮しておこう、という判断をすぐにできる。システム1が機能しているわけだ。だがなかには、もっと時間をかけてじっくり考える必要があると思う人もいるだろう。幸いなことに、私たちにはシステム2がある。

経済学者のステイシー・ボズリーは、ねずみ講の勧誘に対してシステム1とシステム2がどのような結果を出すかを実証するために、実験をしたことがある。その実験でボズリーはステート・フェアの会場に店を出し、通りがかった希望者に現金五ドルを手渡すと、そのまま五ドルを持ち帰るか、五ドルで「飛行機ゲーム」（ねずみ講を凝縮したような内容のゲーム）に参加するかを決めてもらった。一部の人たちはこの申し出の内容を一目見るなり、「もちろん、そんなゲームはやらないよ。五ドルはもらっておく。それは詐欺だもの」と言った。一方で、判断にゆっくり時間をかけ、ルールをすべて読んでから自分なりに評価を下して、ようやく「ゲームはやらないわ。損をする内容だから」と言った人もいる。その人たちも同じ結論には達したが、システム1ではなくシステム2を用いた。そして、やはり慎重によく考えたものの、認識力やリテラシーといった判断に用いるツールが不足していたために、結局は飛行機ゲームに参加した人たちもいる。さらに、ただ衝動的にゲームに参加して、失敗した人たちもいた。ボズリーによれば、このような「衝動性」が、詐欺に対する脆弱性を示す一般的な指標だという。

ねずみ講やいんちき療法をはじめとする「うますぎる話」に対し、なぜシステム1の直感を働かせる人とそうでない人がいるのか、はっきりとはわかっていない。なかには、幼少期に培われた「信用する気持ち」の違いに関係しているのではないかと言う研究者もいる(3)。その理論によれば、子どものころに周囲を信用する気持ちが発達すると、一生を通して世の中は自分に対して正直かつ親切に対応してくれるだろうと考えるようになる。子どものころのあらゆる体験によって、信用しやすい人になるかどうかが決まる可能性があるというのだ。私の父のように親の不在によって信用する気持ちをなくしてしまう場合もあるし、別のトラウマによってそうなる場合もある。もちろん、ストレスや経済的な苦境などの要因が加われば、疑わしいと思う直感を無視することを選び、詐欺的な行動にどっぷり浸かってしまう人もいるだろう。私が詐欺を嗅ぎ分けるとても敏感な鼻を持っているのは、何でも理屈で考える癖のせいだと言いたいところだが、私がねずみ講を軽視できるのは、彼らの請け合う約束ごとに差し迫った必要を感じずにすむ幸運に恵まれたおかげでもあるようだ。

社会学者たちは、より高い教育と科学的手法の訓練を受けることで、一般に人はだまされにくくなるとも言っている。また、好むと好まざるとにかかわらず、人は不機嫌なときにもだまされにくくなる。研究者がいくつかの実験を行なった結果、人は機嫌がいいとだまされやすく、疑いをもたなくなる一方、機嫌が悪いとだまされることに敏感になることがわかった。(4) これは、私がこれまで聞いたなかで最も気難しいスーパーパワーにちがいない。

V

MLMの会員は、さまざまな言い方で自分のビジネスを擁護しようとする。私がこれまでに聞いたなかで一番気に入っているのは、「これはねずみ講ではありません。企業の仕事こそが、ほんとうのねずみ講ですよ」というものだ。これは無意味な「思考を停止させる決まり文句」でもあり、「私たちと他の人たち」を区別するよう条件づけされていることを示すネオンサインでもある。だが、MLMは企業国家アメリカについてあれこれ悪口を言い、企業国家アメリカはMLMをくだらない詐欺まがいの商法だと思っているものの、突き詰めればどちらも同じプロテスタントによる資本主義の歴史から生まれたものだ。そして、私たちの社会は真の実力社会だという中毒性のあるポジティブな寓話、つまり、誰でも懸命に働いて信念をもてば梯子の一番下からてっぺんまで登りつめることができるという考えが、私たちの「ごく普通の」働き手のレトリックにもしみ込んでいる。

現代の企業の多くは、企業イメージを熱心に支持してくれるカルト的なファンを積極的に獲得しようとしている。たとえば、トレーダージョーズ、スターバックス、イケアなどのブランドは、社員と常連客の両方に非常に強い連帯感と忠誠心を生み出すことに成功した。カルトに似た企業の言葉をもっとよく知るために、私はオランダの経営学者で経営コンサルタントのマンフレッド・F・

R・ケッツ・ド・ブリースに連絡をとることにした。一九七〇年代から職場でのリーダーシップスタイルを研究してきたケッツ・ド・ブリースは、企業がカルト的になりすぎて居心地悪くなっているかどうかを判断する際に、そこで使われている言葉が決定的な手がかりになると認めた。そして、叱咤激励の言葉、スローガン、単調な話し方、隠語、会社内だけでしか意味の通じない用語が多すぎる場合は、赤信号が灯るという。

ほとんどの人は、わけのわからない職場特有の言い回しに出会ったことがあるだろう。インターネットで検索すれば「コーポレートBSジェネレーター」〔企業が使う「意味不明の言葉」を生成するアプリ〕はすぐ見つかり――それで遊んでみるとおもしろい――「市場主導のデリバラブルを迅速にオーケストレートする」や「ワールドクラスの人的資源を漸進的にクラウド化」といったフレーズを、次々に作り出す。私がかつて働いていたファッションマガジンの職場では、社員がほとんど根拠のない怪しげなメタファーを好んで使っていた。「シナジー」（同じページにある状態）、「針を動かす」（目に見える進捗があること）、「マインドシェア」（ブランドの人気に関係のある何か？　私には今でもよくわかっていない）などだ。なかでも私のかつての上司は、みんなが意味もなく名詞を他動詞に変えたり、他動詞を名詞に変えたりするのが大好きだった。「ホワイトボード」を「ホワイトボーディング」に、「サンセット」を「サンセッティング」に、動詞の「アスク」を名詞の「アスク」にして使う。自分が何を言っているのか、なぜそんなことを言っているのか、よくわかっていないことが明らかでも、そういう言い回しを使った。当然ながら、私はいつもこの体制順応的な言葉遣いにゾッとして、暇なときにパロディー化して楽しんだものだ。

テクノロジー分野のジャーナリストのアンナ・ウィーナーは回顧録『不気味な谷』で、こうした企業の仲間内だけで通じる言葉すべてを、「ガラクタ言葉」と名づけた。ガラクタ言葉はシリコンバレーが繁栄するずっと前から存在していたが、そのテーマは時とともに変化している。一九八〇年代には、「バイイン」「レバレッジ」「ボラティリティー」といった証券取引所の匂いがプンプンする用語が使われた。[1] 九〇年代になると、コンピューターのイメージが加わり、「帯域幅」「ピングして」「オフラインにしよう」などが好まれた。二十一世紀には、スタートアップの文化と、仕事と暮らしの分離の消滅（たとえば、グーグルのオフィスにはボールプールが設置され、マッサージ・セラピストがいる）が「透明性」と「インクルージョン」への動きと重なって、神秘主義的で政治的に正しい、セルフエンパワーメントの言葉が生まれている。「ホリスティック」「アクチュアライズ」「アラインメント」などだ。

このような仲間内だけの言葉は、それ自体がそのまま有害なわけではない。いつもながら、言葉には文脈が必要になる。そして競争の激しいスタートアップ企業でこうした言葉を使うと、力をもつ者はいとも簡単に、成果を出したいというスタッフの意欲（および雇ってもらうという基本的な必要性）を巧みに利用することができる。ガラクタ言葉の使いすぎは、経営陣が社員の個性を抑えつけ、「現実のすべてが会社の定めた規則で支配されている」という心境に追いやっていることを示しているかもしれない。そうした規則は、思いやりや公正さを十分に考慮して作られたものではないようだ（研究では、CEOのおよそ五人に一人にサイコパスの傾向が見られるという結果が一貫して出ている）。[2]「すべての会社には特別な用語があり、ときにそれが意味をなしていることもあるが、ナンセンスなこともある」と、ケッツ・ド・ブリースは言った。「私はコンサルタントとして、みんながコードネームや頭字語を使う組織に加わることがあるが、使っている人たちは実際には自分が何を話しているのかわかっていない。ただ経営陣が言うことを真似しているだけだ」

たとえばアマゾンの場合、ジェフ・ベゾスが目指す理想はＭＬＭのリーダーたちのものと驚くほどよく似ている――お役所仕事の軽視、階層の固定化、誰を裏切ろうともトップに上り詰めようというやる気、意欲を高める高尚な話と敗北のメタファーとの対置。ベゾスはリーダーシップの原則と呼ばれる独自の「十戒」を作り出した。[3] それは、アマゾンの社員がどのように考え、行動し、話すべきかを定めた規約だ。その一四箇条の原則には、「広い視野で考える」「深く掘り下げる」「気骨をもつ」「結果を出す」など、どれも漠然とした平凡な言葉が並んでいる。社員はそれをマントラのように暗唱する。二〇一五年に「ニューヨーク・タイムズ」紙に掲載されたアマゾンの暴露記事によれば、これらの原則は会社の「日常語」の一部になっていて、「社員を雇用する際に使われ、会議で引用され、ランチタイムの屋台に並ぶ列からも聞こえてくる。アマゾン社員のなかには、自分の子どもにこの原則を教えているという者もいる」。

アマゾンに雇用が決まった者は、まずこのリーダーシップの原則の五一一語をすべて暗記するよう指示される。数日後、それを暗唱するように求められ、すべてを完璧に言えた者は象徴的な賞をもらえる。それは、「私は変わり者です」と名乗れる許可で、「変わり者」とは職場の可能性を目覚ましく広げていく人を指すアマゾンのキャッチフレーズだ。その後、社員は会議で互いのアイデアをけなすように指示され（シナノンの「ゲーム」の悪意ある対立に似ている）、「たとえそうすることが不快で消耗するとしても」やらなければならない（リーダーシップの原則一三による）。地位が下の者が、管理職の気に入らない言い方で意見を述べたり質問に答えたりすれば、その人はバカと呼ばれるか、途中で遮《さえぎ》られて発言をやめさせられる。アマゾンの元社員によれば、いくつもの金言がよくオフィスで復唱されていた。たとえば、「壁に突き当たったら、その壁をのぼれ」「仕事が一番、生活は二番、そのバランスをとろうとするのは最後」といったものだ。ベゾス自身が一九九九年に株主に宛てた書簡で、「私はつねに社員に対して、恐れろ、毎朝恐怖を感じて目覚めろと言い聞かせています」と書いている。

社員が無感覚でただ従うように仕向ければ、企業が目標をより短期間で達成するのに役立つかもしれないが、硬直化によってイノベーションが起きにくくなり、長期的にはビジネスにとっても社員にとってもいいことはないと、ケッツ・ド・ブリースは言う（もちろん倫理や共感については言うまでもない）。ケッツ・ド・ブリースは経営コンサルティングの場で、上級管理職の人たちに次のように自問することを勧めている。会社は、ブレークスルーを促進できる個性と反骨精神を育てているか？　社員が独自の生活を営み、自分自身の言葉で語るよう奨励しているか？　それとも、全員がまったく同じ口調で、まったく同じ言葉を使って、まるで責任者のような口調で話すことを求めているのか？「経営陣は油断していると、いわば反響室《エコーチェンバー》に入った状態になってしまう」と、ケッツ・ド・ブリースは説明した。「社員は幹部が聞きたいと思っていることだけを話すようになるので、幹部が愚かな行動をとっても許されるようになり、その愚かな行動があっというまに組織化されていく」

私は、「サステナブルファッション」のスタートアップ企業で働いていた元社員にインタビューし、まず彼女がタリン・トゥーミーの「ザ・クラス」（第5部で少し取り上げる「カルト・フィットネス」スタジオ）に参加した経緯について尋ねた。すると彼女は、そもそもワークアウトの「カルト」に加わった唯一の理由は、地獄のようにひどい仕事をついに辞めたからだと話した。そのファッション企業で働いた三年間、肉体的に厳しかったうえ、精神的にサディスティックなリーダーがいたために眠ることも、まともな暮らしをできる収入を得ることも、会社以外の人たちとの交友を続けることもできなかった。結局、その仕事を続けるうちに自称「神経衰弱」に陥り、会社を辞めて自分を見つめ直す日々を送るようになる。そんなときに出会ったのが「ザ・クラス」で、それに入会した彼女はすっかり前向きな経験をすることになった。「そのワークアウトのグループは前の仕事とはまったく違っていた。前の仕事は、私の存在すべてを支配していたから」と、彼女は私に話してくれた。「ボスは、自分の会社を宗教のように信仰するよう、私たちに期待していた。実際、そのせいで、しばらくのあいだ私の人生はめちゃくちゃになっていたのよ」

何百万人ものアメリカ人が、どこかの時点でカルト的な企業で働いてきており、一部はアマゾンのような専制的な雰囲気にさらされて苦しんできた。アメリカ的資本主義の幻の梯子を眺めてみれば、そうした企業のほんの数段下に、人々にお金ではなく嘘を支払う企業——キラキラと星の輝くマルチ商法の会社——が目に入るはずだ。

vi

私は前に、MLMは摘発されていないものの、実質的にはねずみ講と同じだと言った。では、どんなときに捕まるのだろうか？

その答えを見つけるために、連邦取引委員会（FTC）がMLM企業にはじめて業務停止命令を出した経緯を振り返ってみることにしよう。一九七〇年代はじめに、安物の化粧品を売るホリディマジックという会社に対して、次々に訴訟が起こされはじめた。ホリディマジックはその一〇年ほど前にウィリアム・ペン・パトリックという人物が創業した会社で、この男は私がこれまでに調べた直販業界の面々のなかで、最もうさんくさいほら吹きだ。カリフォルニア北部を拠点としていたこの男は当時三十代で、金に汚く、共和党の上院議員になることを目指しており、かつて「ロサンゼルス・タイムズ」紙によってカリフォルニア州で「最も奇妙な政治家」[1]と評されていた。

ほかのほとんどのMLM創業者と同じく、パトリックも「繁栄の福音」と「ニューソート」が大好きで、人々を鼓舞するモットーを威嚇的なものに変えてしまうことで有名だった。たとえば、「みなさんはホリディマジックのプログラムとともに歩む人生で、より幸せに、より健康に、より豊かになり、自分の欲しいものを手にできるようになっていきますと［新入会員に］伝えなさい[2]」

と書いたあとに、こう続ける。「ホリディマジックのプログラムで失敗する人は、次のどれかに当てはまるにちがいない――怠け者か、愚か者か、欲張りか、死んでいるかだ」。パトリックはまた、史上稀に見る奇妙なMLMカンファレンスを開くことでも知られていた。リーダーシップ・ダイナミクスと呼ばれたその会議は、ベイエリアの安っぽいモーテルで開催され、参加費は一〇〇〇ドルだった。二日間にわたるそのカンファレンスでは、新入会員は一連の異様なパワーゲームに参加させられた。パトリックは新入会員を棺桶に入らせて、それを巨大な木の十字架に吊り下げ、午後のあいだじゅうぶら下げておくのだ。また、ジム・ジョーンズ、チャールズ・デデリッチ、(そこまで強烈ではないが)ジェフ・ベゾスと同じく、パトリックも新入会員に「集団療法」セッションへの参加を強制し、そのセッションで会員たちは何時間もぶっ続けで互いを罵倒し合わなければならなかった。

パトリックの行動はどこから見ても常軌を逸していた。だが、FTCが彼を摘発して裁判にかけたとき、彼に対する告発のなかで最も説得力があり、最終的にホリディマジックの業務を停止させることになった根拠は、パトリックが話す言葉に関する指摘だった。裁判では最終的に、「虚偽の誇大表現、含みのあるキャッチフレーズ、相手を鼓舞するように見せかけたガスライティングといった言葉遣いにより、パトリックはねずみ講の主宰者だと定義される」という判決が下った。これは道理にかなった判決だ。なぜなら、仕事に限らず暮らしのあらゆる機会に、「何かが倫理的に間違っているのに、その理由が何かをうまく特定できない」と心の中で思うことがあったなら、その証拠を探すべき場所は言葉だからだ。ホリディマジックを業務停止に追い込むためにFTCが注目したのはまさにここで、それからさらに数年にわたり、次々にあらわれるMLMを起訴する際には、同じく異様で詐欺的な言葉遣いを引き合いに出して摘発した。そうしたMLMには、彼らが追ったなかで最大の組織であるアムウェイも含まれていた。

一九七九年、FTCはついにジェイ・ヴァン・アンデルとリッチ・デヴォスをねずみ講の活動をしたとして告発し、非常に長期にわたる裁判が続けられた。けれども、誰もが知るとおり、アムウェイは店じまいしていない（繰り返しになるが、この会社の創業者は国家元首たちとゴルフをする仲であり、政府がそんな会社を業務停止に追い込むはずがなかった）。判事はアムウェイに一〇万ドルの罰金を科しただけで（巨大企業にとっては、はした金ともいえる金額だ）、そのまま活動を続けることを認めたのだった。

最終的には、FTCがアムウェイとの裁判に負けたことによって、直接販売の業界全体がその先ずっと一定の保護を受けられることになった。一九七九年以降、FTCが廃業に追い込んだMLMの数はほんのわずかにすぎず、そのなかに巨大な組織はひとつも含まれていない。今では、MLMは非難を浴びるたびに、こう答えることができる。「いえいえ、とんでもありません。あなたは私たちを誤解しています。私たちはねずみ講ではありません。カルトでもありません。私たちはアムウェイと同じです。私たちは能力主義をとっているだけなのです。私たちは、起業家、ビジネスオーナー、#ボスベイブになれるチャンスそのものです。けっして詐欺などではありません――私たちはアメリカンドリームなのです」

そして裁判の事例を見るかぎり、このような意見はたしかに正しく、それらの会社にカルト的な部分は何ひとつないと考えてよいことになる。

ハーイ、こんなことをするのはとっても残念よ。でも上からの指示で、残念ながらあなたがやめることを了承しなければならないわ。あなたがチームに加わったとき、私はあなたの可能性にワクワクしてしまったの。でも、あなたに成長してもらおうと思ってたくさんの時間と努力を注いできたけれど、あなたにはほんとうはそんなもの必要なかったみたいね。なかにはこのチャンスに向いていない人もいて、ほんとうのところ、あなたより私のほうがアップラインとして大変なのよ。フェイスブックのグループからあなたを削除して、あなたのアカウントも停止しなければならないわ。あなたは、どっちみち、ボスベイブじゃなかったのね。x

第5部　この時間はあなたの人生を変える……あなたはとってもステキになれる

i

私は同じ場所で元気いっぱいに足踏みしている。まるでおもちゃの兵隊だ。頭がぼーっとしてきて適当にすませたくなってくるが、全力でやるか、それが嫌ならまったくやらないか、どちらかにしようと前もって心に決めていた。次に両手のこぶしを握り、胸の前で肘《ひじ》から先を筋肉の限界まで勢いよくグルグル回す。そのあいだ目をしっかり閉じて、「私はとってもパワフル」と、同じ言葉を何度も繰り返す。

両側では私の両親が、十分なスペースを確保できるよう前後に少しずれた位置に立って同じ動きをしながら、私といっしょにアファメーション〔なりたい自分になるための肯定的な自己宣言〕――「私はとってもパワフル」――を繰り返している。「体で表現して、目覚めさせて!」と、優しさと獰猛さを半々に交えて叫びながら、熱のこもった指導を続けているのは、インストラクターのパトリシア・モレノだ。彼女はこの動き《ムーブ》を「ウィルパワー(意志の力)」と呼んでいる。

八カウントを何度か繰り返したあと、今度は胸の前で空中にパンチを繰り出し、左右の腕を交互に振り出すごとに胴体をひねる。この動きは「ストロング(強さ)」と呼ばれている。「注意しとくけど、自分ができないことを口にするのはやめて、自分の強い部分を思い起こしてね」と、モレノが語りかける。「決心するのよ、今日、私は望みどおりに変われるくらい強いと。さあ、こう言って。『私は自分で思っているより強い』」。パンチを繰り返して体をひねりながら、私たちも繰り返す。「私は自分で思っているより強い」。「いいわね！　戦士みたい！」と、モレノが優しく語りかける。

あと二つの動きで、四つのステップからなるルーティーンは完了する。次は「ブレイブ（勇敢）」と呼ばれている動きだ。片足でジャンプしながら、もう一方の足を後方に蹴り出し、同時に、親指を中にしてギュッと握りしめた手を、ジャンプに合わせて片手ずつ交互に勢いよく上に突き上げる。「ストレスを感じたらこの動きをやってみて。心配ごとも、疑いも、恐怖も、全部心から消すのに役立つから！」と、モレノは先へと進めていく。「次に、言葉も変えるわよ。『私は自分で思っているより勇敢！』って言って」。両親も私も勢いよくジャンプを続けながら、その言葉を復唱する。「私は自分で思っているより勇敢！」

最後の動きは「アバンダンス（豊かさ）」だ。両手のひらを心臓に当ててから、心を込めて両手を頭上に突き上げ、大きなVの字を描くように伸ばす。そしてまた両手のひらを心臓に当てて、今度は逆に両手を下に向けてVの字に伸ばす。そうしながら何度も、「私は必要なものすべてに恵まれている」と繰り返す。「感謝の気持ちをもてば、あなたの、人生は、変わる！」と、モレノが大声を上げる。「自分が今もっている恵みについて、よく考え、よく話し、それに集中して」。それからジャンピング・ジャックの動き――ジャンプして足を開きながら両手を頭上で大きく広げ、次にジャンプして足を閉じ、両手を下げてつま先に触れる運動に移る。そしてそのあいだも叫び続ける

——「私は必要なものすべてに恵まれている！」

「じゃあ、全部をやってみよう！」とモレノが声をかけると、私たちは四つの動きを順番に繰り返す。ウィルパワー、ストロング、ブレイブ、アバンダンス。

　すると、いつのまにか涙があふれてきた。モレノといっしょに体を動かしながらアファメーションを繰り返しはじめて五分もたたないうちに、私の声が震え出したのだ。母親がこっちを見て、なんだか困ったような笑顔を見せながら、「アマンダ、あなた、……泣いてるの？」と言った。その声に非難がましいところはまったくなかった。私の両親はもう二年も、私が泣いているところなんか見たことがなかっただけだ。「こうなるって、みんなが言ってたの！」と、私は意に反してあふれてきた涙にとまどいつつ、泣き笑いしながら自己弁護の金切り声を上げる。

　そのとたん、のぼせた頭が一気に冷えた。「もういい、十分だ」と、父親が不満そうに声を上げ、動作をピタッとやめる。まるで身につけていた服が滑稽なものだと気づいて、一気に脱ぎ捨てたかのようだ。「私はガレージに行って、ライフサイクル〔フィットネスバイク〕をするよ。エクササイズは自分ひとりでやる！」

「わかったわ、クレイグ。ついでにリサイクル用のごみももっていってね」と、母親は言い返しながらも、まだ同じ場所で足踏みをし、両手をグルグル回している。

　これは、モンテル家ではめったにないどんちゃん騒ぎだ。どちらも科学分野の教授である両親と私とは、ジャンピング・ジャックをしながら「私は必要なものすべてに恵まれている！」と繰り返し叫ぶようなことに対して最も冷笑的な目を向けるトリオなのだが、今日は「インテンサティ」の無料オンラインクラスを受講している。カルト好みだとメディアで取り上げられたこのワークアウト[1]は、二〇〇〇年代のはじめに元エアロビクス・チャンピオンで現在はバーチャル・インストラクターを務めるパトリシア・モレノによって生み出された。両親のサンルームに置かれたｉＰａｄの画面では無料配信の動画が流れ、現在五十五歳のモレノが、つやのある黒髪をポニーテールにして明るい笑顔をふりまきながら指導している〔二〇二三年一月に五十七歳で死去〕。コスモポリタン・ドットコムで「スーパーフィットしたメキシコ人のオプラ」と「体育会系のジェニファー・ロペス」を合わせたような存在と評されたモレノは、運動と自己啓発をいともたやすくひとつにまとめあげた。エネルギッシュな彼女のワークアウト・テクニックは、ダンス、キックボクシング、ヨガの要素を、自己を肯定するアファメーションの言葉と組み合わせたもので、それぞれの動きにマントラが付属している。インテンサティ独自の用語では、こうした動きとアファメーションとの組み合わせを「インカンテーション（呪文）」と呼ぶ。これはモレノが二〇〇〇年のはじめにトニー・ロビンズのカンファレンスで学んだ概念だった。インテンサティ（intenSati）は、激しさや強度を表すintensityという単語を語呂合わせした名称で、intention（意思）とsati（古代インド語のパーリ語でマインドフルネスを意味する語）の合成語でもある。これは明らかに「怪しげ」な部類に入るだろう。

　私の母親は五十八歳、父親は六十四歳で、どちらも私よりはるかに整った体形をしているのは、七年前にバルティモアから引っ越してきたサンタバーバラで、自転車と水泳に励んでいるおかげだ。両親はいつも、自分たちは「グループでワークアウトをするタイプ」ではないと言っているが、私が週末に両親の家に行ったとき、この本のために調べているカルト・フィットネス・クラスのひとつを試してみてほしいと説得したのだった。「家でやるワークアウトのことなら、よく知っているわ」と、母親は微笑み、髪をうしろできっちりまとめあげた。「私がペロトン〔バイクエクササイズ〕に登録しているのは知っているでしょ」

インテンサティを私に推薦したのはナタリア・ペトルジェラだ。彼女は二〇〇五年にモレノの教えに（身体的にも思想的にも）従うようになり、やがて生徒からインストラクターに昇格した。私がナタリアに話を聞きたいと思ったのは、私がよくロサンゼルスで目にするステレオタイプな「カルト・ワークアウト」マニアよりも、彼女のほうが堅実に思えたからだ（ロサンゼルスで出会うマニアは、高級ジム「イクイノックス」に登録して心身の健康を熱心に探究し、ソウルサイクルに週三回、残りの四日はコアパワー・ヨガに通い、ルルレモンのレギンス姿で暮らし、『ザ・バチェラー』のシーズン一二以降は単純炭水化物を口にしていないというタイプの人たちだ）。ナタリアはニューヨーク市にあるニュースクール大学でフィットネス史を研究し、スタンフォード大学で博士号を取得しており、「体育会系ではない」が「スポーツと縁がないわけではない」そうだ。そして、エクササイズに及び腰で場をしらけさせるようなことを言いそうなフェミニストである私が、もし何らかのカルト・ワークアウトに夢中になるとするなら、それはインテンサティだと断言した。「私もあなたと同じように、このカルトっぽいワークアウトには懐疑的だったのよ」と、彼女は言う。「最初に、インテンサティは『声と視覚化によってあなたの体と将来を変えます』って聞いたとき、『とんでもない、これは相当な眉唾もの』だと思ったのを覚えている」

「わかった、わかったわ」と、私は答えた。「試しにやってみる」

神秘主義的な自己啓発の教えと、本格的なエクササイズのクラスを合体させることは、今では驚くようなものではないように思えるかもしれないが、ナタリアが二〇〇〇年代半ばにインテンサティに出会った当時、その二つの概念はまだ知られはじめたばかりだった。モレノは二〇〇二年にこのワークアウトを作り出した時点ではそれを知らなかったものの、立ち上げの時期が絶妙だった。二十一世紀が幕をあけたころ、ブティック型フィットネス（特定のエクササイズに特化した小規模なスタジオ）がちょうど爆発的に増えはじめ、主要産業になろうとしていた。一九八〇年代と九〇年代には、ほとんどのアメリカ人が大規模なビッグボックス型のジムかYMCAなどのコミュニティ・センターでエクササイズをしており、カリスマ的なインストラクターや強力なブランド戦略、並外れた恩恵を売りにする小規模で高額なワークアウト・クラスは、まだ一般的ではなかった。

一九五〇年代には、医学界が女性にエクササイズをするよう広く推奨することなどなかった（ましてや、女性が週に何度も人前で全身汗まみれになりながら自分を力づける言葉を叫ぶなど、論外だった）。一九二〇年代と三〇年代にアメリカで成功したわずかなフィットネスサロンのひとつにスレンデレラというチェーンがあり、その方針は女性に汗をかかせることなく優雅に痩せさせることで、純粋に美容を目的としていた。クラスで行なわれていたのはリトミック（軽いストレッチとダンス）で、激しい運動という「骨折りや苦痛」なしに、女性客をほっそりした「ちょうどよい体つき」にすると約束していた。激しい運動は女らしくないと軽蔑され、そんなことをすれば「男性的な」大きい筋肉がついて、子どもを産むときに危険になるとみなされていたせいだった。その代わりに、アメリカの女性たちは「減量」にこだわるようになった（それからというもの、減量自体が陰気な「カルト」となって、現在まで残り続けている）。

ジムなどで汗をかくまで運動をするのは誰にとってもいいことだとアメリカ人が広く考えるようになったのは、一九六〇年代後半になってからだ。一九六八年にフィットネス本『エアロビクス』がベストセラーになり、エクササイズは男性にも女性にもたしかに利益をもたらすと、一般の人々に納得させるのに大いに役に立った。その後、一〇年から二〇年のあいだに女性たちは喜んでエクササイズを受け入れ、まもなくあることがわかった。のちに認知人類学の研究で明らかになることだが、それは、エクササイズはグループでやるほうが楽しいという事実だ[2]（みんなでいっしょにエクササイズをすると、エンドルフィンがより活発に分泌される[3]）。

一九七〇年代と八〇年代には、ウーマンリブ運動がさかんになり、タイトル・ナイン〔米国の公的高等教育機関における性別による差別を禁止した法律〕が成立し、スポーツブラが登場して、女性たちは意気揚々と集まって体を鍛えるようになる。ジャザサイズというフィットネスが登場したのは、ちょうどそのころのことだ（そして一九八四年までにはアメリカでもっとも急成長したフランチャイズのひとつになり、ドミノ・ピザに次ぐ二位につけた）。プロのダンサー、ジュディ・シェパード・ミセットが考案したジャザサイズというダンス・エクササイズによって、数百万人の女性がコミュニティ・フィットネスというものに関心をもつようになった。また、ジェーン・フォンダやラクエル・ウェルチといったセレブのインストラクターが、トレードマークとなる明るい色のピッタリしたスパンデックスのレオタードと元気な指導法で、「フィットネス・インフルエンサー」の先駆けとなった。

八〇年代後半から九〇年代全般にかけては、「24アワー・フィットネス」や「クランチ・フィットネス」のような大規模なビッグボックス型ジムやヘルスクラブがワークアウト市場を席巻する。そしてほぼ同じころに、ヨガも一般のアメリカ人たちに浸透しはじめた。もちろんヨガは何千年も昔からあって、二五〇〇年も前のインドの書物にヨガの実践に関する言及が見つかっている[4]。だがそうした長い歴史の大部分で、ヨガを実践していたのは宗教的な苦行者だけだった。しかもこうした東洋のヨガ行者は、アクロバットのような太陽礼拝のポーズをとることもなかったし、サーモスタットで室温調整することもなかった。ヨガは瞑想に近く、ずっと静止していることが中心だった（現在でもインドの僧の一部は長時間まったく動かない離れ業をし、何日も続けて微動だにせず同じポーズをとり続ける）。一方、西欧で一般にヨガ理論とされているほとんどすべては、一八〇〇年代以降に生まれたものだ。そのころ、写真技術の発達に伴って、ヨガのポーズの写真が海外にまで伝わるようになる。ヨーロッパの人たちはそうした写真に釘付けになり、インドのポーズを、自分たちが知っているボディービルディングと体操の概念に組み合わせて、ひとつにまとめたというわけだ。ヨガの歴史を研究している学者によれば、現代のアメリカ人が現在ヨガと認識しているものの多くは、ある程度はこうしたまぜこぜの結果なのだという。

二十世紀の終わりにかけて、ヨガはフィットネス・スタジオが単なる「体を鍛えて変化させる」だけの場には終わらない素地を築いた。フィットネス・スタジオはヨガのおかげで、心の健康、さらには精神的な悟りまでもたらす、親密な雰囲気の神殿にもなることができたのだ。だが、そうした神秘主義的な感覚を生み出すために必要な儀式——アファメーション、マントラ、チャントといった宗教に起源をもつ儀式——を、激しい運動に重ね合わせることはまだなかった。身体的なものと霊的なものを混ぜ合わせるという考えは、ドーナツとクロワッサンを掛け合わせるのと同じくらい、誰も思いつかないことだった。それは現実のものになりつつあり、まもなく巨大化するのだが、当時そのレシピはまだ完成には程遠かった。

そして……二十一世紀が近づいてきた。二〇〇〇年になるとまもなく、アメリカのフィットネス史に存在していたものが融合して大爆発を起こし、私たちの知る「カルト・フィットネス」業界の全盛時代が幕を開けた。二〇〇〇年に登場したのは「バー・メソッド」スタジオで、バレエから着想を得たフィットネスを流行させ、アメリカに定着させていった。そして同じ年に「クロスフィット」も設立され、バレエ練習用の手すり《バー》を好む人たちとはまったく別のタイプの愛好者が集ったが、その「ボックス」〔クロスフィット・プログラムを行なうジム〕は同じようにブティック風で、ジムとは異なる雰囲気を漂わせるものだった（クロスフィットは二〇二〇年はじめに最盛期を迎えて、一万を超えるボックスを展開し、四〇億ドルの年商を誇った。だがその後、創業者のグレッグ・グラスマンが人種差別的な発言をしたために[5]、クロスフィットに加盟していた多くのボックスが脱退する事態になっており、これについてはあとで説明する）。二〇〇一年には「ピュア・バー」ブティックスタジオが登場し、北アメリカのスタジオの数が五〇〇を超えるまでに規模を拡大していった。さらに次の年に「コアパワー・ヨガ」が産声を上げると、スタジオの数は二〇〇を超えた。ナイトクラブのような照明と大音量の音楽、元気いっぱいのインストラクターが特徴のバイクフィットネス「ソウルサイクル」が姿を見せたのは、二〇〇六年のことだ。その数か月後にはロサンゼルスのフィットネス・インストラクター、トレイシー・アンダーソンが、女優グウィネス・パルトロウを指導して産後の体重増加を解消させたのをきっかけに、ハリウッドのセレブたちが専属のパーソナル・トレーナーを抱えるブームが起きた。

それから一五年あまりのあいだにブティック・フィットネス・スタジオはますます数を増やし、分離独立も繰り返されて、アメリカ社会に定着した。国際ヘルス・ラケット・スポーツクラブ協会によれば、アメリカの健康・フィットネス産業の規模は二〇一八年の時点で三二〇億ドルにのぼっていた。(6) その後まもなくワークアウト・クラスは多様化し、どんな興味をもつ人にも対応できるようになった。興味の対象がサイクリング、サーキットトレーニング、ランニング、ヨガ、ダンス、ポールダンス、ボクシング、柔術、地面に設置された機械仕掛けのサーフボード上でのピラティス、* あるいはほかのどんなものであっても、それを行なっている熱心なフィットネス・コミュニティが見つかる。ソウルサイクル、クロスフィット、無数のバー・スタジオ、ピラティス、ヨガ・スタジ

＊これは、ロサンゼルスの「サンドボックス・フィットネス」というスタジオで実際に行なわれているワークアウトだ。砂を敷きつめた部屋にサーフボードが並んでおり、ボードの下にはバランスボールが置かれている。会員は天井からつるされたレジスタンスバンドを頼りにそのサーフボードに乗って、ほとんど不可能と思われるような強力なエクササイズをする。この一風変わった、拷問とも思える運動のことを私に教えてくれたのは、二〇一七年に雑誌記事の取材でインタビューした、ファッションモデルのようなアクション映画スターだった。彼女は「筋肉モリモリになるわよ」と、目を見開いて勢い込んで話した。「私は毎朝やっているのよ。あなたもやってみなくちゃいけないわ」

オに加え、バリーズ・ブートキャンプ（高負荷インターバルトレーニング、略してＨＩＩＴを、おしゃれにアレンジしたもの）、オレンジセオリー（バリーズ・ブートキャンプに似ているが、もっと競争心をあおるもの）、ノベンバープロジェクト（朝の六時に屋外で行なわれる無料のブートキャンプ・トレーニング）、タリン・トゥーミーのザ・クラス（ブートキャンプとヨガを合わせたようなもので……叫び声を伴う）、モデルフィット（モデルなら誰でもやっている）、プレートフィット（モデルフィットに似ているが、振動する大きな器具の上で行なう）、インテンサティ（すでに紹介ずみ）、ライズネーション（階段をのぼるソウルサイクル）、ＬＩＴメソッド（ローイング版のソウルサイクル）、ＬＥＫＦＩＴ（トランポリン版のソウルサイクル）、ペロトン（Ｚｏｏｍを介したオンラインのソウルサイクルのようなもの）、まだまだ、挙げればきりがない。

過去のＹＭＣＡやジャザサイズのクラスとは異なり、これらの親密な雰囲気のスタジオは自らを聖なる空間——あるいはムーブメント——と位置づけ、強いイデオロギーに基づいた、非常に個人的な経験を提供した。参加者は、心に響く格言を飾りつけた神聖なホールで、スクワットを完璧にこなして安静時心拍数を減らすだけでなく、個人的なメンターを見つけ、親友に出会い、元カレをきっぱり忘れ、昇給を求める勇気を手にし、ソウルメイトを発見し、飲酒癖を克服し、化学療法を耐え抜き、自分は並外れてパワフルで必要なものすべてに恵まれているとはっきり自覚することになるだろう。

「ソウルサイクルによれば、参加者は『体を鍛えるためにやってきて、ブレークスルーのためにとどまる』のだそうだ」と、ハーバード大学神学大学院の研究者で『儀式の威力』の著者でもあるカスパー・テアア・クワイルは述べている。「よいワークアウトだが、それははじまりにすぎない」。フィットネスの愛好者はワークアウトのクラスに参加することで、解放感を味わい、自分にとって何が大切かを理解し、日常生活のプレッシャーから逃れる避難所を手に入れる。ソウルサイクルに心酔し、サンフランシスコのカストロ地区にあるスタジオに通っている男性は、「ソウルサイクルは教会よりも安全で力強い場所です」とテアア・クワイルに語り、ソウルサイクルにいると「まるで自分の家にいるようにくつろげます」と述べた。

二〇一〇年代の初頭、スタジオ・フィットネス業界が突如として爆発的に成長したのは偶然ではない。そのころ、伝統的な宗教と医学界に対して大人たちが寄せていた信頼が急激に低下したのだ。「複数慢性疾患リソースセンター」が二〇一八年に実施した世論調査の、それほど衝撃的ではない結果によれば、アメリカのミレニアル世代の八一パーセントがヘルスケア（健康管理）の経験に満足しておらず、その理由として、高額な保険料から人種や性別に関するお馴染みの偏見まで、さまざまなことが挙げられていた。[7] アメリカには公的なフィットネス・プログラムがないことは言うまでもない（たとえば日本には「ラジオ体操」[8]があり、人々は自宅で、あるいは公園に集まって、毎朝無料で自由に参加することができる）。アメリカの若者は、自分の健康は自分で守るしかないと感じているようだ。

若者たちが主流の医療から遠ざかったことに加えて、伝統的な信仰にも幻滅した結果、[9] そこで生じた身体的・精神的な空白を埋めるように、カルト・フィットネスが爆発的に増加した。カスパー・テアア・クワイルは二〇一五年に行なった「人はどのように集まるか」という研究で、ミレニアル世代が新しいコミュニティを見つけて、従来の宗教のコミュニティを超えていく方法を探った。その結果、最も大きな影響力をもって発展している一〇の団体のなかに、複数のワークアウト・スタジオが含まれていることが明らかになった。[10] 少なくとも一定の層の人々にとってはそうなのだろう。というのも、人はフィットネスに熱心に取り組みはじめると、どんどん夢中になっていくからだ。

私は高校生のとき、年間九九ドルを支払ってプラネット・フィットネスのメンバーになっていたが（ただし、ほとんど利用したことはなかった）、その一〇年後のエクササイズの料金は、たった一回のクラスでその半額がかかるまで上昇していた（しかもその料金には、暗黙のうちに買うことが求められるデザイナーもののユニフォーム代は含まれていない――ルルレモンが一〇〇ドル、そしてローズクォーツがセットされたガラス製のウォーターボトルが八〇ドル、これは実際にインターネット販売サイトで私が見つけた商品だ）。ペロトンの自宅用エクササイズバイクは二〇〇〇ドルで、毎月のアプリ利用料も必要になる。アメリカ全体で、ひそかにエリート主義者のフィットネス・ムーブメントが起きていると見て間違いない。まさにそれに当てはまるのが、マリブで暮らし、「グープ」〔グウィネス・パルトロウが手掛けるライフスタイルブランド〕の製品を愛用するというステレオタイプの富裕層だろう。一方、二〇一四年にロサンゼルスのエルモンテの「ズンバ・レディーたち」[11] を取材した記事によると、あらゆる年齢と体型のラテン系女性が、派手な蛍光色のスポーツウェアに身を包み、バンダ〔ラテン音楽〕と『フラッシュダンス』が合体したようなエクササイズクラス（料金は一回四ドル）に集って踊っており、こうした結束の強いコミュニティはまさに女性の聖域だという。だがそれは、「コスモポリタン」誌の見出しを飾るような流行の先端をいくワークアウト・スペースではない。
「カルト・フィットネス」が主なターゲットとしている顧客——都会で暮らし、自由に使える収入のあるミレニアル世代——は偶然にも、伝統的宗教を捨てた層とぴったり一致する。それらの人々にとって、「ウェルネス」を謳うスタートアップとインフルエンサーたちが、精神的指導者とコミュニティのリーダーの役割を果たしはじめた。本質は自分のブランドが何より大切な人物に、そうした信頼を寄せるのは危険でしかないが、ほかに行く場所がないように感じた消費者にとっては、リスクを冒すだけの価値があるように思われたのだろう。

　二〇一〇年代以降のアメリカで急成長した会社は概して、人々が望む製品やサービスを提供するだけでなく、個人的な自己変革や帰属意識、そして人生の大問題に対する答えも提供してくれる会社だった。そうした大問題とは、ますます孤立が深まるこの世界で、私はいったい何者なのか？　周囲の人々とどんなふうにつながればいいのか？　正真正銘の自分を見つけてそのような自分になるための一歩を踏み出すにはどうすればいいのか？　といったものだ。アメリカ文化の数多くの層の人々が、これらの問いに対する答えを求めてワークアウト・スタジオに向かう。「意味を作り出せば、成長産業になれる」と、カスパー・テア・クワイルは言う。フィットネス・ブランドは教会のように、人々に社会的アイデンティティを与え、人生を導く行動規範を定める存在となった。フィットネス「ムーブメント」[12]には、習慣や儀式、社会的期待、さらには出席できなかった場合の成り行きまでもが含まれる。人々は親友や配偶者とスタジオで出会う。真の筋金入りは仕事をやめて、自分がインストラクターになる。熱心なペロトンのユーザーは二〇一九年の「ニューヨーク」誌のインタビューに、次のように答えていた。「自分からライド〔バイクを漕ぐこと〕をしたいなんて思いません。思ったことは一度もないんです。何もかもうまくいっている日は、ライドしなくてすむという恰好の口実になります。でも今は、週に五回か六回はライドしていますよ。励ましてくれるコミュニティができたからなんです。それはバイクを超えた存在ですね[13]」

ワークアウト・スタジオは感情を高め、ある程度は神聖さを感じさせる場所になった。つまり、宗教の意義を疑問視している若者がスマホを置いて、リアルなコミュニティを見つけ、それとつながることができる、ただひとつの現実の場となったのだ。「私たちは暗い時代に生きています[14]」と、サム・リビンスキーは語っている。彼はロサンゼルスにある「エブリボディ」という名の、「誰でも受け入れるラディカルな」ジムのオーナーだ。「私たちは人種ごとに分断され、その暮らしは切り離されています……私たちはテクノジーによって分断されています。体が触れ合ったり、互いにつながったりすることがありません。だから、どんなレベルでもいいので、そうしたつながりを促す空間があれば、人々は喜んでそこに集うのです」

頭の中には「意味づけ」や「実存的孤独」といった問題があり、ソーシャルメディアのフィットネス・インフルエンサー（および彼らが宣伝する「憧れの」体の基準）が次々に登場し、さらにワークアウト・テクノロジーのイノベーション（高性能のアスレチックウェア、フィットネス・トラッカー、ストリーミングクラス）が加わるといった状況では、エクササイズのビジネスに神業のようなブームが巻き起こるのも無理はない。

二〇一〇年代の半ばに、「カルト・ワークアウト」という言葉が私たちの語彙に加わった――それはフィットネス業界の増大した社会的役割をあらわす簡潔な名前だ。カスパー・テア・クワイルによるハーバード大学神学大学院の研究に参加した人たちは、「ソウルサイクルは私にとってカルトのようなものです[15]」と真面目に話し、カルトという語を良い意味で使っていた。どのフィットネス・ブランドも、カルトにたとえられることにどう対応すればよいか、最初はよくわからなかったようだ。二〇一五年に私はソウルサイクルの「ブランド戦略とＰＲ」を担当している上級副社長にインタビューし、カルト・ワークアウトと呼ばれていることについて尋ねた。すると彼女は用心深く、「私たちはその言葉は使いません。私たちは『コミュニティ』と言っています」と話した。自分の雇い主がサイエントロジーの同類とみなされる余地はいっさい残したくないと、彼女が思っているのは明らかだった。

それでも年を追うごとに、フィットネス・スタジオはメンバーの人生において教会のような役割を実際に果たすようになってきた。ソウルサイクルのウェブサイトには、はっきり次のように書かれている。「ソウルサイクルは単なるワークアウトではありません。ソウルサイクルはサンクチュアリです」。人前で泣く、失恋した人たちを褒めたたえる、自らの悪行を告白する、グループが人生をどう変えたかをみんなの前で語る。これらはスタジオの中で日常的に行なわれ、受け入れられている習慣だ。「次の呼吸で悪魔祓いしよう[16]」は、ソウルサイクルのインストラクターがクラスで説く超自然的キャッチフレーズのひとつになっている。

何年か前に、私は前途有望なインドア・ローイング・ブランドであるＬＩＴメソッドの創立者、テイラーとジャスティン・ノリスから話を聞く機会を得た。この元気いっぱいな夫婦は、二〇一四年にウェストハリウッドのスタジオで開所セレモニーのテープを切り、ソウルサイクルのような成功を再現することを目指している（まだ取り組んでいる最中だ）。私が二人に、自分たちのビジネスが「カルト」という言葉と結びつけられることをどう思うかと尋ねると、二人は声を揃えて「大好きです」と答えた。「インスタグラムでは、私たちは稲妻カルトと呼ばれているんですよ。ロゴが稲妻に似ているからです」と、テイラーはテレビ映りのよい笑顔を浮かべて言った。「『カルト』という言葉には悪い意味もあることは知っていますが、私たちはとても前向きにとらえています」

ii

私がワークアウト・カルトを調べはじめたとき、システム1の直感を呼び起こしたのは、そこで積極的に使われている宗教儀式めいた言葉だった。チャント、金切り声、そして怪しげな仲間言葉、士気を高めるモノローグなどだ。カルトはポルノのようなものだ。聞けばすぐにわかる。ソウルサイクルが会員を鼓舞するときに用いる芝居がかった格言（「あなたはこの山を登れる！　あなたはボス！」「体を変える、心を変える、自分の人生を変える！」）は、自己啓発の大言壮語のように聞こえて、インチキくさい感じがした。タリン・トゥーミーが創設した「ザ・クラス」では、まるで映画『ミッドサマー』の一場面のように、参加者がバーピーやパイクプッシュアップといったトレーニングをしながら思いきり大声で叫ぶよう指導されることが知られ、一方のインストラクターはささやくような声でニューエイジ風の激励の言葉をかける。「自分が感じていることに気づいて」「淀《よど》んだ空気を吐き出して、新しい火をつけるのよ」。インテンサティでは、熱っぽく韻を踏んだアファメーションの言葉を超自然的なヨガの言葉と組み合わせており、まるでオカルト信仰者が呪文を唱えているかのようだ。

「不信の停止」が苦手で、すぐにうんざりしてしまう人々（たとえば、わがモンテル一家の面々）

は、熱狂的なチャントや励ましの言葉を聞くと、過激主義の宗教やねずみ講を思い浮かべてしまう。無関係な人は、友人や家族がそうした行動に加わると知っただけで落ち着かない気持ちになる。

おしなべて、「カルト・ワークアウト語」は儀式で使われるような高尚なものになる傾向をもつ。そのほうがビジネスのためになるからだ。含みのあるマントラとモノローグは並外れた感動的な体験をもたらすように作られているので、それを聞いた参加者は、また戻ってきてその言葉を広めずにはいられなくなる。言うまでもなく、エクササイズ・ブランドはリピート客を生み出すために仲間からのプレッシャーをフルに活用する。グループでの計量や、フィットネス・トラッカーの利用などだ。私の両親がアップルウォッチを買ったときには、夏のあいだじゅう毎日、真剣になって歩数を競い合っていた。だが研究によれば、競争だけでは人々を熱中させ続けるのに不十分らしい。数字のみに動かされてエクササイズをする人たちは、一二か月以内にやめてしまう傾向がある。そこに、帰属意識、自尊心、エンパワーメントという要素が加わってはじめて、会員資格を毎年更新する気になる。言葉が接着剤の役割を果たすことによって、コミュニティとやる気がくっついた「病みつき」の状態が生まれるわけだ。

このことを念頭に置きながらも、あまり大げさに受け止めすぎないことが大切だ。また全体的に見れば、ワークアウトで使われる怪しげなマントラは、マーシャル・アップルホワイトやリッチ・デヴォスのようなリーダーたちが唱えていたような、現実を歪めて人を欺く教義とはまったく違う。私が出会ったほとんどの「カルト・フィットネス」のレトリックは、悪意ある動機をカムフラージュするものではなかった。また重要な点として、ワークアウトとメンバーのそれ以外の生活とのあいだには境界線があり、両者を区別する傾向が見られた。全般的に見て、「儀式の時間」のルールに従うものだ。「カルト・ワークアウト」のクラスが終われば、そこから退出して、また元の自分の言葉で話すことができる。ほとんどの参加者がそうするのは、自分自身が状況をよくわきまえた上で、「カルト・フィットネス」の言葉と関わっているからだ。アムウェイやヘヴンズ・ゲートの場合とは異なり、参加者の大半はワークアウト中、自分が空想の世界にいることを知っている――自分は実際に「起業家」でもなければ「宇宙船に乗って」いるわけでもない（「チャンピオン」でもないし「戦士」でもない）とわかっている。インストラクターが、古代の僧、やる気を引き出す演説家、オリンピックのコーチ、軍隊、あるいは何か別の寄せ集めの言葉を使っているとしても、それはすべて幻想を生み出す手段だ。エクササイズの最中に聞いた言葉と抑揚によって、超越的な心境になるとしても、それはクラスに参加しているあいだだけのことだ。度が過ぎると感じれば、参加者はいつでも自由に、人生を台無しにするような代償を払うこともなく抜け出すことができる。再び性倒錯趣味のメタファーを使うなら、フィットネス・スタジオには参加者たちの同意がある。少なくとも、同意することになっている。

　けれども、これまで見てきたように、魅力的なリーダーが作り出した「意味」に対して金銭を請求する場合には、うまくいかないかもしれない。カルト・フィットネスの言葉がひどく現実離れしたものに感じられるのには理由がある。そうした言葉が、フィットネスのクラスは参加者の健康だけでなく、人生全体のために不可欠だと感じさせようとするものだからだ。参加者はそこで刺激的な経験をすればするほど、インストラクターとの心理的な結びつきを感じ、このフィットネス・クラスやグルは、自分が幸福になるための究極の答えを握っているかのように思えてしまう。言葉の効果によって、フィットネスのインストラクター、セレブリティ、セラピスト、スピリチュアルリーダー、セックスシンボル、友人を区別していた境界線が曖昧になると、言葉が「儀式の時間」に干渉しはじめる。その状態になったとき、インストラクターが及ぼす力は「会員を搾取する領域」へと踏み込むのだ。そしてもちろん、「あのね、うちのブランドは影響力をもちすぎそうだから、チャントを唱えてそうならないようにしよう」などと考えるフィットネス企業は存在しない。結局のところ、フィットネス企業は「カルト信者」を積極的に手に入れようとしているし、そうした信者を得ることが肝心なのだ。どのブランドも、それを達成するための鍵は言葉であることを知っている――そしてそれを隠してはいない。

ソウルサイクルのスタジオの壁には、まるで独自の「十戒」のように数々のマントラが掲げられ、個々の会員を「私たち」にまとめあげようとしている。高さ六〇センチほどのところには、「私たちはインスパイアすることを目指す」という文字が躍っている。「私たちは意志を吸い込み、期待を吐き出す……リズムは想像以上に強く私たちを後押しする。私たちは自分の強さにいつも驚かされる。私たちのバイクに熱中し、心を奪われ、異常なほど好きになる」。客観的に見ると、参加者はただ心地よい香りが漂う大きな部屋の中で、大音響に包まれ、固定された自転車を漕いでいるだけなのだが、自分を取り囲む物語（実際には壁に書かれた言葉）によって、自分ではもっていることに気づかなかった力がうまく引き出され、同じように「熱中し、心を奪われ」ているほかの人たちといっしょにトレーニングしているうちに、自分は何かもっと大きいものの一部のように感じられてくる。そこに気分を高めるエンドルフィンの洪水が加われば、不思議な高揚感に包まれて、自分が伝道者となって友人や同僚のすべてに広めたいと思うようになる。

「私は教育も受けたし、懐疑的な人間だけれど、あなたはちゃんとした人間だって言ってもらえて涙が出ても誰にも見られない暗い部屋で、四五分間ずっと、すべてから解放されていられるのは、ものすごく気分がいいのよ」と、大学時代の友人チャニはソウルサイクルにはまっていることの言い訳のように話した。チャニは自分を「信心深い」とは思っていない。実際、質問したときの私のほのめかしを一蹴して、次のように説明してくれた。「ソウルサイクルは、成功を目指すしっかりした冷静な女性でいなければならない、という自分から抜け出せる場所なの。何をすればいいかを指示してくれるカルトっぽい女性の言葉に、ただ身を任せていればいいんだから。胎内回帰みたいなものね。『自分はちっぽけで怯えている赤ちゃんだ』って感じて、そこから出てくると、『ええ、私は一二〇ドルのルルレモンを買ったのよ、ふざけるんじゃないわ』ってなるわけ」

公平に見て、性的倒錯が人から理解されないのと同じように、うなり声を上げたりチャントを繰り返したりする行為は部外者には異様に見えるかもしれない。そう見える理由は、会員にそうした行為が実に心地よく感じられる理由と同じだ。つまり、脆くて得体の知れない、それでいて心地よく感じる体験に浸るために、落ち着いた人間としてのガードを緩めて、その場に身を委ねてしまうからなのだ。当然ながら、ただそれを眺めているだけの人には、そうした状況は実に奇妙に見えるだろう（「ソウルサイクルでは『かっこいい』人なんて誰もいないわ」と、チャニは笑った）。そしてうまくいかない可能性があるにしても、「カルト・フィットネス」の言葉は信じられないほどの癒やしの力をもつことができる。

フィットネス業界の言葉を、男性社会で自分の身体を毛嫌いするのに使われる言葉から、女神のようなパワーをもつ言葉へと切り替えること――パトリシア・モレノがインテンサティを設立した理由は、そもそもそれだった。一九九〇年代後半のグループ・フィットネス・クラスではおもに、食べものを摂るという罪を犯して増えた体重を減らすこと、そしてお腹と太ももの贅肉を削って「ビキニボディ」という標準的な体型になることに関するレトリックばかりが使われていたのだ。モレノは自分自身が摂食障害とダイエット薬の乱用に長いあいだ苦しんだことから、この悪しき物語をどうしても変えたいと考えた。そこで、自分の運動に関する専門知識を前向きなアファメーションと組み合わせ、生徒たちが「肉体的に元気なだけでなく、精神的にも元気に」なれるようにしようと決めた。

モレノは六〇のワークアウトの動作《ムーブ》に、隠喩的な名前をつけて新しい用語を作り出し、たとえば「パンチ」「スクワット」「ランジ」の代わりに「ストロング」「グラティチュード」「コミットメント」と呼ぶようにした。そして月ごとにクラスのテーマを選ぶと、それを反映するインカンテーション〔アファメーションと動作の組み合わせ〕を考え出した。また、ヨガの法話から発想を得て、各クラスのはじめに自らの人生で困難にぶつかったときの話をするようになった。「だから、もしその月のテーマが『強さ』なら、私は自分が強くなくてはならなかったときの話をする。たとえば、流産したときのこととか」と、彼女は私のインタビューで説明してくれた。「それから、こんなアファメーションを言うのよ。『私は大変なことをやり遂げられる。私は前よりよくできる。私は努力するよう生まれついた。私は生きているのがうれしい！』」。彼女はまるで詩を読み上げるように、韻を踏んだマントラをすらすらと口にした。

モレノの教え子たちは、はじめは「インカンテーション」という考えにあきれたような目を向けていた。何があってもビクともしないマンハッタンの住人は、トークセラピーのセッションには興味を示さず、とにかく思いっきり体を動かしてかっこいい体になりたかっただけなのだ。その求めに応じるには、参加者のお腹まわりの贅肉のことを厳しく叱り飛ばすのが唯一の方法ではないのか？　ナタリアも、ニューヨークで暮らして人生に疲れた生徒のひとりだった——だが数週間もすると、彼女はなんとか時間を作って参加したどのインテンサティのクラスでも、「私の体は私の神殿。私は私の健康の番人。私は動く愛。すべてが順調」と、真剣に叫ぶようになった。それまでのあいだに、すっかり回心していたのだ。

ソウルサイクルも、動きと言葉を独自に組み合わせ、イメージを駆使してライダーたちを夢の世界へと送り込む。ソウルサイクルの「旅」はどれも似たようなコースをたどり、クライマックスは骨の折れる「丘」に登る冒険になっていて、ゾクゾクするような教訓のナレーションが入る。ライダーたちはバイクの負荷を大きい段階に切り替えて、力のかぎり登っていき、インストラクターが絶えず激励の言葉を浴びせて鼓舞するなか、想像上のゴールラインを目指す。ソウルサイクルのインストラクターたちはここぞという瞬間が来るまで待つよう訓練されており、生徒が身体的に疲れ果てて精神的な話を受け入れやすくなったときに、最高の言葉を口にする。

ソウルサイクルのスターのひとりで、「丘」の場面のナレーションで広く知られたのは、ロサンゼルスを本拠地とするアンジェラ・マニュエル＝デイヴィスだ。(1) ビヨンセとオプラご指名の「スピン」〔サイクリングマシンを使うトレーニング〕のインストラクターでもある。マニュエル＝デイヴィスは誇り高い福音派のキリスト教徒で、バイクのトレーニングで明らかに宗教的な言葉――創世記や天使、奇跡の話――を口にする。「『熱中（enthusiasm）』という言葉の語源はギリシャ語の『enthous』で、神を心に宿すことを意味しているの」(2) と、彼女は両手を天に向けて突き上げながら説く。「神聖なひらめき。神聖なひらめき。みんなには熱中して、ワクワクしてほしい……あなたが今、生きている場と、みんながこの世に呼ばれ、創られ、意図された場所との隔たりを縮められるこの機会を……。みんなの一人ひとりが、それぞれに意図をもって、目的をもって、目的を達成するために、創られたんだから」(3)。宗教的な語りには行為遂行的な力、つまり語ったことを実際に生じさせる威力があることをよく理解しているマニュエル＝デイヴィスは、聴衆に対して次のように話す。「言葉には生と死を決める力がある。みんなは自分の言葉によって、誰かのすばらしさを引き出す力をもっている……みんなの人生で関わる人たちだけじゃなくて、自分自身のすばらしさもよ。みんなは、言葉に出して自分はこういう人間だと言ったとおりの人間になれるの」

これらは熱烈な福音主義のキャッチフレーズだが、マニュエル＝デイヴィスはこうした言葉を、内部の人間と外部の人間を分断させるために使うのでも、ほかの人々を自分のイデオロギーに従わせるために使うのでもないと断言した。そしてハーバード大学神学大学院の研究者に次のように語っている。「私はみんなに、自分自身が必要としていることを、うまくやり遂げる機会を与えたいんです。個人の信仰と精神性をよりよくするチャンスを」。心を動かされなかった人たちは、スタジオを一歩出たらマニュエル＝デイヴィスの信条をすっかり忘れてしまってかまわなかったし、二度とスタジオに戻ってこなくてもよかったわけだが、ほとんどの人たちが戻った。マニュエル＝デイヴィスのクラスは、予約開始から数分でいっぱいになることで有名だった。*「私はワークアウトをするためにアンジェラのクラスに通っているわけではありません。メッセージを聞くために行っているのです」(4)と、ある参加者は断言している。「アンジェラは相手を見て……相手の魂に話しかけます」

もっと不可知論的で宗教的でないインストラクターでさえ、ブティック・フィットネスのクラスで「言葉の儀式」を行なうときには、宗教の礼拝の儀式を真似ている。神を囲むものでも、目標を達成するためのものでも、儀式は自分が何かもっと大きいものの一部なのだと感じさせる。カスパー・テア・クワイルが言うように、それは「個々を結びつける結合組織のようなツール」なのだ。儀式はまた、人を自分だけの小さな世界（自分だけの不安や、日常生活の優先順位）の中心から、一時的に移動させてもくれる。そして信奉者を心の中で、世俗的な自己中心的人間から神聖な集団の一員へと変えてくれもする。そしてその後、決まりの上では、参加者を日常生活へと戻す必要が

＊その後、二〇一六年に参加者のひとりがマニュエル＝デイヴィスのクラスで怪我をしたとして、訴訟を起こしている。二〇一九年にマニュエル＝デイヴィスはソウルサイクルを辞め(5)——彼女の数多くの信奉者にとっては大打撃だった——独自にAARMYというブティック・フィットネス・カルトを立ち上げた。このとき手を組んだのが、同じくソウルサイクルで崇拝されていたインストラクターのアキン・アクマンだ。アクマンに心酔していた忠実なライダーたちは「アキンズ・アーミー」と呼ばれていた。

ある。

礼拝のために教会に集まったキリスト教徒が、毎週同じ時点で主の祈りを口にするように、インテンサティのインストラクターと参加者は各クラスのはじめに、モレノが「戦士の宣言」と呼ぶ文章を全員で読み上げる。「私は毎日、誠心誠意、現実をともに創り上げる。これまでも、これからも、私が知るのはこれだけだ」。まるで牧師が礼拝の前に教区民同士で親しく話すのを促すかのように、ソウルサイクルのインストラクターは参加者たちが隣にいるライダーと打ち解けて話すように促す。「クラスのはじめには、全員が相手に顔を向けて挨拶をし、名前を伝え合い、おしゃべりしなければいけない」。そう説明するのは二〇一二年からロサンゼルスでソウルサイクルに所属している「マスター・インストラクター」のスパーキーだ。「『みんな、これから隣の人の近くで汗をかくのだから、隣の人たちと知り合いになろうねー』。この言葉によって参加者同士がつながる機会が生まれるのよ。つながりが重要だからね」

ノベンバープロジェクトのブートキャンプ・スタイルのワークアウトは、すべて同じやり方で始まる。バルティモアにいても、アムステルダムにいても、香港にいても同じだ。午前六時半、参加者たちは「ザ・バウンス」と呼ばれる集会の儀式に加わる。隣の人と体を寄せ合って輪を作り、全員が同じ言葉を唱和する。声は次第に大きくなって、最後はスパルタ式の怒鳴り声だ。

「おはよう!」

「おはよう!!!」

「みんな元気?」

「最高！」

「みんな元気?!」

「最高！！！」

それから全員で声を揃えて、「レッツゴー！！！！！」と叫ぶ。そしてセッションの終わりには、参加者全員で必ず集合写真を撮り、まだ知らない人のほうを向いて自己紹介をし、最後はみんな同じ言葉で締めくくる。「よい一日を！」

理想を言うなら、両親と私はインテンサティのクラスに実際に参加できればよかったのだが、二〇二〇年の四月には不可能だった。カリフォルニア州でCOVID-19の隔離政策が始まって二週間が過ぎた時期で、私たちは自宅でエクササイズすることを余儀なくされた。それでも、言語と力について書いた私の論文が正しければ、パトリシアのインカンテーションは画面を通しても私の心を動かすはずだ。もちろん、私自身としては、ほんとうに効果があると思ってはいなかった。話に聞くかぎりでは、ワークアウトは私がひどく嫌っている二つのものを融合させている。有酸素運動（退屈！）と、不自然に大声で叫ぶことを強いられるグループ活動だ。私が暮らすロサンゼルスにはカルト・ワークアウトの新ブランドが毎日のように出現し、私はそのたびにあきれてしまう。

でもあのとき私はインテンサティのクラスに加わって四つのインカンテーションを行ない、それまでいつも嘲笑していた人たちと同じように飛び跳ね、泣き笑いをした。私たちの短いワークアウトが終わると、母親はひとりで太陽礼拝のポーズをとるために部屋を出ていったけれど、私はすぐパトリシア・モレノのバーチャルクラスの予定表を調べながら、まっ、たく、もう、回心するって、こんな感じなのかな？　と思っていた。

フィットネスはもしかしたら新しい宗教なのかもしれない。だが、インストラクターは間違いなく新しい聖職者だ。「カルト・ワークアウト」帝国は、パトリシア・モレノやアンジェラ・マニュエル＝デイヴィスがいなければ存在しえず、彼女たちはクラスを指導する以上のことをしている。インストラクターはメンバーの氏名だけでなく、インスタグラムのハンドルネーム、私生活の詳細も把握する。自分の携帯電話番号をメンバーに教え、離婚すべきか、仕事をやめるべきかといった深刻な相談にも乗る。自分の私生活にまつわる親密な話やつらい出来事も包み隠さず伝え、メンバーにも同じように打ち明けられる雰囲気を作る。メンバーのほうは好きな先生に対して深い忠誠心を抱き、クラスをブランド名ではなくインストラクター名で呼ぶようになる。「今日は午後四時、明日は午後六時に、ソウルサイクルに参加する予定」と言うのではなく、「今日はアンジェラのクラス、明日はスパーキーのクラスに参加する予定」と言いはじめるのだ。

ワークアウト・ブランドは『カルト』と言うよりも、むしろ『カルトの集合』ね」と、昼はプロジェクトマネージャーの仕事をしながら夜はペロトンの伝道師になるクリスタル・オキーフは言う。クリスタルはペロトンをテーマにした「ザ・クリップアウト」というポッドキャストとブログを公開し、数千人のフォロワーからは「クリップアウト・クリスタル」と呼ばれている。「二〇一六年七月十五日は、私のペロトンが届いた日。今でもよく覚えている」と、彼女はまるでその日から自叙伝が始まるような、感傷的なメールをくれた。「今ではもうほぼ七〇〇〇回のライドを終えたの」

二〇一三年に「キックスターター」でのクラウドファンディングから誕生したペロトンは、多様なオンライン・ワークアウト・クラス（ペロトンでは「ショー」と呼んでいる）を提供するサブスクリプション・ベースのオンライン・フィットネス・サービスだ。ダンス・エアロビクス、ヨガ、ピラティスのコースがあるほか、「スピン」のコースが群を抜いて人気を博している。何千人もの参加者が自宅のガレージや地下室からログオンし、二〇〇〇ドルを払って購入した自分のペロトン・ブランドのエアロバイクに乗ると、前方に取り付けられているタッチスクリーンのモニターで「ショー」の動画を見ながら漕ぐ。ペロトンのクラスは、限られたスタジオの空間ではなくオンラインで行なわれるため、数千人の会員が同じクラスを同時に受講することができる。二〇一八年の感謝祭に行なわれた「ターキー・バーン」クラスのストリーミングでは、一万九七〇〇人のユーザーが同時に参加した。

最初のクラウドファンディング・キャンペーンから五年後に、ペロトンはほぼ一〇億ドルの資金を調達し、史上初の「フィットネスのユニコーン企業」〔設立一〇年以内で評価額が一〇億ドルを超える未上場のベンチャー企業〕となった。かつて私といっしょに仕事をしていたウェルネス専門の編集者は、オンラインを利用するペロトンのビジネスモデルはシンプルな上に、独占的なものではないから、これこそがブティック・フィットネスの将来像だと請け合った（その予想は、ワークアウト・スタジオが一夜にしてデジタル化しなければ生き残れなかったCOVID－19のあとでは、なおさら的中しそうだ）。

ペロトンのアプリでは、会員一人ひとりが自分でユーザー名を決めて（その名前はあつかましいものほど好まれ、レディット〔掲示板型コミュニティサイト〕には、気の利いたペロトンのハンドルネームのアイデアを専門にしたサブレディットまである――たとえば、@ridesforchocolate、@will_spin_for_zin、@clever_usernameなど）、全メンバーのスピード、負荷レベル、ランクにアクセスできる。これらの統計値は画面の片側のリーダーボードに表示され、トレーニング体験にゲーム感覚が加わって強化される。クラスが終わると、会員たちはデジタルでシャウトアウト〔感謝の言葉〕を交換し、大好きなインストラクターといっしょのバーチャル・セルフィーを撮って、自分の数値をソーシャルメディアに投稿する――大量のハッシュタグをつけることを忘れずに。そうすればインターネット友達が「いいね！」をつけ、「シェア」し、コメントをくれる。「エネルギーを維持して！」「どのインストラクターがお気に入りなの?!」

クリップアウト・クリスタルには何人かのお気に入りがいて、五、六人のペロトン・インストラクターを順番に選んで、敬愛を込めて特別な能力を説明してきた。「気骨があって生真面目な」ロビンは、「やる気を一ドルショップで買うことはできない」「私は王のごとき尊厳をもってライドし、その冠を正していく」などと語る人物だ。もっとのんびりした言葉遣いの物柔らかなインストラクターもいて、たとえば、「そんなに深刻なことじゃないから」「ただベストを尽くせばいい」「笑顔になれないなら、がんばりすぎている証拠」といった言葉を語る。彼女はまたペロトンのとっておきのインストラクター、ジェン・シャーマンについても教えてくれた。ジェン・シャーマンは数千人にのぼる熱狂的なファンからJSSと呼ばれ、フェイスブックの熱心なファンページ「JSSトライブ」には、どこまでも彼女についていく熱狂的なファン――「カルト」の中の「カルト」の中の「カルト」――が集う。

陽気なBFF（永遠の大親友）のカリスマを自負するシャーマンは、バイクを漕ぎながら自分で選んだベストヒットの曲に合わせて歌い（いつもかわいらしく少しだけ音程が狂う）、上り坂で苦しいときには悪態をつく。「Fで始まる悪態を聞くたびに、私は元気をもらえるの」と熱く語るクリップアウト・クリスタルは、印象的な名文句を繰り出すことができなければ、ペロトンのインストラクターにカルトと呼べるファンはつかないだろうと認めている。画面の中の小さい世界を作り上げているのはインストラクターの発する言葉で、その言葉によってグルと信奉者の親密度が高まる。映画『her 世界でひとつの彼女』のホアキン・フェニックスとスカーレット・ヨハンソンの声のような関係だ。

ペロトンやソウルサイクルなどの企業は、JSSのような人気者のもつカルト的な魅力がすべてであることを知っている。そこで幹部は大変な労力をつぎ込んで魅力的なインストラクターを採用し、独自の雰囲気や言葉遣いを身につけるようトレーニングする――自前のミニカルトを生み出すためだ。当然ながら、ロサンゼルスのフィットネス界にいるセクシーな人物なら誰でもスピンのインストラクターになれるわけではない。スター性――妖しい魅力が必要だ。そこでブランド各社は、そのような人物を見つけるために実に強力な採用戦略を生み出している。ソウルサイクルではフィットネスのトレーナーをスカウトするのではなく、ダンサー、俳優、インフルエンサーといったパフォーマーを探す。お目当ては、どうすればファンを獲得できるかを知っている機転の利く社交家タイプ、その世界の力学の中で成功できる人物だ。インストラクターはソーシャルメディアで自分のキャラクターを作り上げ、勤務時間外でもブランドに「力を注いで」いなければならない。電話の向こうにいる見知らぬ人と話すときも同じだ。私がソウルサイクル歴の長いスパーキーとはじめて電話で話をしたとき、私はいつもの習慣で、「こんにちは、お元気ですか？」という挨拶から始め、「はい、おかげさまで」といった無難な返事を期待した。バカだった。スパーキーは、途切れることなく話し続ける。「とーっても元気よ、ベイビー！」と、彼女が陽気に早口で話しはじめると、私は息切れしたように、ただ聞くばかりになった。「これまでになく元気、これまでになく忙しいの。あんまり忙しいものだから、このインタビューが何だったか、覚えていることもできなくなっちゃって！　お話しできてうれしいわ!!　あなた、どなたでしたっけ？」

ソウルサイクルのタレント発掘チームは、ブロードウェイの舞台並みの厳しいオーディション(1)を実施しており、志願者を選考する一次審査では、三〇秒のあいだにバイクを漕ぎ、歌を歌い、自らの素質をしっかり見せなければならない。最終審査まで勝ち残った人は、一〇週間にわたる厳しいインストラクター・トレーニング・プログラムに参加し、そこで必要な話し方を学ぶ。そして独自の用語をすべて身につける――「パーティー・ヒルズ」（ウォーミングアップの運動）、「タップバックス」（バイクを漕ぐときに背筋を伸ばしてお尻を後方に突き出す特徴的な動作）、「ルースターズ」（朝五時のクラスと、それを受講する「タイプA」のライダー）、「月曜正午」（毎週、クラスの予約が始まる時刻を示す標語）、そしてすべてが「ソウルフル」に聞こえるような話し方。

ペロトン独自の採用過程は、まず間違いなく、それよりさらに厳しい。というのも、ペロトンはオンラインでトレーニングを行なうため、タイトなスケジュールを組む場合でも、一級のインストラクターが二〇人ほどいれば十分だからだ。エリート揃いのペロトン・ファミリーに加わろうという大望を抱いた志望者は、何時間にもわたる面接を受け、二次面接ではマーケティングの専門家からプロデューサーまで、あらゆる人の質問に答え、さらに何か月もの研修を経て、どのショーでも確実に数千人の人たちを惹きつけられる魅力を身につけなければならない。

スパーキーは生まれも育ちもロサンゼルスの完全菜食主義者で、髪は薄紫色、腕には虹のタトゥーがある。自分の祖母にヒントを得た、昔ながらのキッチュなモットーをいくつも繰り出し、ソウルサイクルで情熱的なファンを獲得している（「やる価値のあることは何でも、しっかりやる価値があるの！」「始め方はどうでもいい、ものすごく大事なのは終わり方よ！」）。スパーキーは数年にわたってソウルサイクルのトレーニング・プログラムを率い、新人がインストラクターとして「自分の声を見つける」手助けをしてきた。「ファンを獲得する鍵は、本物だと思われることね。軽いだけの人って思われたら、そんなふうにしか見てもらえなくなる」と、スパーキーは私に言った。そして十九歳の研修生のことを思い出して話してくれた。その若者は、ライダーたちにどんな名言を伝えればいいかと思い悩んでいた。「だから私は、あなたはがんを克服しようとしている女性や、一家を支えている父親の前で、生きる知恵を授けようとしているわけじゃないのよ、って言ったの。もし、『今がつらいのはわかる！　でも必ずここを切り抜けられるから！』なんて言えば、みんなはこっちをジーッと見て、『何がわかるっていうの、お子ちゃまに？』ってなっちゃうでしょ。だからそうじゃなくて、楽しそうで、若々しくて、陽気な人でいなさいと。『さあ、みんな、パーティーを開いて楽しみたいと思わない？』って言えば、みんなは、『もちろん！　今のところ、私の人生は最悪だから、パーティーで盛り上がりたーい！』ってなるのよ」

このようなやり方は――どこか芝居がかったメッセージ（「ウエイトリフティングは私の宗教」「大事なものはペロトンだけ、そして二人の人が好き」）が書かれたファンのTシャツから、礼拝の儀式やインストラクターと生徒との親密すぎるほどの関係まで――やりすぎのようにも思える。私が話をしたフィットネスマニアの大半は、それを認めた。それでも彼らは、欠点より恩恵のほうがはるかに大きいとも言った。ワークアウトのコミュニティにいったん夢中になると、ただ続けようとするだけでなく、友達全員にその福音を説き、こう証明せずにはいられなくなる。これは信じられないほどすばらしいもので、自分はほんとうに「カルト」にはまっているわけではないと。あるいは、少なくとも、自分たちを生み出した現代の文化よりも悪いカルトなどではないと……。

iv

アメリカでは、自己鍛錬を盲目的に崇拝するよう教え込まれる。そしてさまざまなタイプの自己鍛錬のなかでも、とりわけフィットネスが多くの人を惹きつけるのは、生産性、個人主義、規範的な「美の基準」を満たすために努力するといったアメリカの古典的な価値観を、身をもって示すことができるからだ。「最高の自分になろう」「体を変え、心を変え、人生を変えよう」といったカルト・フィットネスが用いる言葉は、宗教的な要素（献身、従順、変容）と世俗的な理想（不屈の努力、身体的な魅力）とを結びつけてくれる。現代の都市で暮らす多くの人にとって、周縁宗教のコミュニティを必死に探すのは至難の業だが、資本主義的な野心をもちながら怪しげな呪文を唱える集団を追いかけるなら、もっと簡単だ。インテンサティからクロスフィットにいたるまで、私たちは自分にふさわしい世俗的な「カルト」集団を生み出してきたのだ。

歴史を振り返ると、エクササイズとアメリカのプロテスタンティズムが、もっとはっきり重なり合っていた時期がある。[1] それは十九世紀、一般の人々にトレーニングをする習慣が生まれるずっと前のことだ。そのころ、熱心にエクササイズに励んでいた数少ないグループのひとつがプロテスタントのペンテコステ派で、フィットネスは明らかに宗教的な浄化をもたらす活動だとして奨励していた。その信者にとって、怠惰と暴飲暴食は神に罰せられるべき罪であり、過酷な筋力トレーニングと断食によって肉体を鍛えることは美徳の証だった。彼らにとって、家でジャンクフードを食べながらダラダラ過ごすことは、比喩としての罪ではなく、文字どおりの罪だった。それに対して最近では一部の教会が、現代のジム文化は神ではなく自分自身を称賛しすぎているとして、さかんに非難している。二〇一八年に、「クロスフィットは教会とは違う。むしろ病院に似ている。あるいは死体安置所に似ているとさえ言える」[2]とブログに書いたのは、バージニア州にある米国聖公会の主教だ。「それは、悪しき人々が善き人々になるために行くような場所でなく、悪しき人々が悪しきことで愛される場所だ。神の恩寵こそが、燃え尽き《バーンアウト》を引き起こすことのない、唯一の救済の道である」。

精神性に関する自分たちの理解が「唯一の」正当なものだと主張する人と、実りある会話をするのは難しい。また、アメリカのワークアウト文化が、プロテスタンティズム独特の強い影響を帯びていることも否定できない。

フィットネスについて話すときに用いる、ごく一般的な語彙を見てみよう。清め、デトックス、浄化、忠実、鍛錬、完全さといった用語には、明らかに聖書的な要素が潜んでいる。それを来る日も来る日も繰り返していれば、清めと浄化の言葉がそれを聞く者の心を動かし、こう信じ込ませる――懸命に励めば「完全な健康状態《フィットネス》」を達成することができ、そうすると人生すべてが「完全」なものになる、と。多くの人が生きる上でよるべなさを感じている社会では、そうした精神状態になると、まるでエプソムソルトを溶かした風呂に浸かったときのように癒やされるのだ。だが同時に、そのような精神状態になると、参加者は権力を乱用するかもしれないグルに引き込まれやすくなってしまう（さらに、引き込まれたままにもなりやすい）。

体を鍛える運動と人間としての価値を融合させる様子は、不気味にもアムウェイ信奉者を思い起こさせる。それに気づいたのは、私がはじめてではない。[3] たとえば、「一時間で精神的な安らぎと引き締まった腹筋の両方が手に入る」[4] という表現はどうだろう。これはコアパワー・ヨガの元CMOテス・ローリングが、二〇一六年に自社のヨガプログラムについて約束した言葉だ。全身全霊を賭けてプログラムに打ち込めば――もっとハードに、もっと速く鍛錬し、絶対に途中でやめず、自分自身を熱く信じれば――引き締まった腹筋と精神的な安らぎを得られるというフィットネス業界の過激主義者の気風は、不気味なほど「繁栄の福音」に似ている。このアムウェイを思わせる雰囲気は、スタジオによって強かったり弱かったりするだろうが、業界全体を通して、次のようなひとつの約束が響きわたっている。「あなたの体脂肪率は下がり、臀筋は上がり、それとともにあなたの人生の価値も上がるだろう。だがそのためには、高い料金を払い、汗にまみれて運動しなければならない」

クロスフィットの、「やればやるほど効果がある」という確固たるレトリックからは、「ニューソート」の響きが聞こえてくる。鬼軍曹のような軍隊式の発声で、運動競技の専門用語を駆使するクロスフィットのトレーナー（内輪では「コーチ」と呼ばれている）が、大声でスローガンを並べたてる。「ビーストモード」「ガッツなければ栄光なし」「汗をかいているのか、それとも泣いているのか」「失敗の重荷は、あのバーベルよりずっと重い」「吐いたっていい……血を流してもいい、でもやめてはだめだ」。そして「今日のヒーロー・ワークアウト」（戦死した兵士や殉職した警察官の名前が冠されたワークアウトのセットメニュー(5)）を行なうといった儀式を用いることで、トレーニングに兵士のような雰囲気を作り出す。

クロスフィットには、きわめて自由至上主義的《リバタリアン》な雰囲気があり、それは創業者グレッグ・グラスマン個人の政治的信条によるものだった。グラスマンは、「型にはまったやり方は敵だ」「何をすべきか指示されても気にはしない。ただやらないだけだ」といった発言で広く知られている(6)。そのため、クロスフィットに無法地帯のような雰囲気があるのはけっして偶然の一致ではなく、ボックスの無政府主義的な世界で、会員たちは激しく運動するあまり吐いたり、失禁したり、病院にかつぎこまれたりすることが許されるばかりか、むしろ奨励されている。

以前クロスフィットの会員だったジェイソンはがんのサバイバーで、化学療法を終えたあとに体力をつけたいと考えて地元のボックスに通いはじめた(7)。だが慢性的な肩の痛みが生じたうえ、膝をひどく負傷して手術が必要になったために、退会を余儀なくされた。二〇一三年に彼がミディアム〔ブログ型の文章投稿サイト〕に投稿した体験談には、次のように書かれている。「一年目は実に楽しかった……ウエイトリフティングの重さを自慢するようになると、まもなく通う日数が週三日から週四日に、やがて五日へと増えていった。そして自分でも気づかないうちに、バカみたいにここのすばらしさを周囲に説いてまわるようになっていた」。だがいずれは、クロスフィットのとどまるところを知らないレトリックによって、会員は「自分の体を傷つけるほど追い込まなければならない、それは称賛に値することだ」と信じ込まされてしまう。ジェイソンもその例外ではなかった。

そして「めちゃくちゃな話なんだが、クロスフィットでは負傷は名誉の印で、完璧に筋骨隆々になる代償だと思われているんだね」と暴露した。* そのため、コーチに肩と膝が痛いと訴えると、コーチはガスライティングによって、すべて自分が悪いのだと思い込ませたという。「みんな、限界まで自分を追い込まなければならないが、限界にぶち当たって代償を払うことになった者は、やりすぎたバカ扱いされるんだ」と、ジェイソンは書いている。「ガッツなければ栄光なし」はスローガンかもしれないが、それはクロスフィットが会員の苦情を封じるために用いる「思考を停止させる決まり文句」でもあるのだ。

フィットネスにはまった人たちの多くは、私が話を聞くと、自分たちのグループは「誰でも歓迎する」からほんとうのカルトであるはずがないと言った。ソウルサイクルとクロスフィットがヘヴンズ・ゲートとサイエントロジーと同等とはみなせないことには私も同意するが、その理由は「誰でも参加できること」ではない。もしそうならば、彼らはなぜ、仲間内だけでしか通じない排他的な用語を生み出すことにそれほど大きなエネルギーを注いできたのだろうか。言うまでもなく、ほとんどのアメリカ人にはエクササイズのために年に(何万ドルとは言わず)何千ドルも費やす余裕はない。しかも、数百万ものBIPOC〔黒人、先住民、有色人種を示す略語〕、障碍者、Lサイズ以上の人々は、こうしたスタジオの情報発信の対象から、ときにはあからさまに、ときにはひっそりと除外されている。最高級のワークアウト・スタジオの多くはどこも似たような、MLMでよく見かける白人フェミニストの「#ガールボス」と似たような情報発信を採用している(ソウルサイクルのインストラクター、スパーキーは、私がインタビューしてから数か月後に「毒性のない」スキンケア製品を扱うアーボンというMLMのディストリビューターになり、#ボスベイブのインスタグラム投稿を始めたが、特に驚くようなことではなかったのだろう）。

「繁栄の福音」は、もし絵に描いたような、非の打ちどころのない健康状態《フィットネス》を達成できなければ——もしシックスパックと精神的な安らぎを手にすることができないなら（同様に、貧しくて、社会から取り残され、そうした状態を強いている社会構造の障害を乗り越えることができないなら）——不幸になって早死にしても仕方がないと言っていることになる。それはかつてリッチ・デヴォスが発したものと同じメッセージだ。ただ、使われている言葉遣いがほんの少し違うにすぎない。

力いっぱいパンチを空中に繰り出しながら、「私はとってもパワフル！」と思い切り叫ぶのは、心がこもりすぎて薄気味悪いと思われるかもしれない。だが、薄気味悪さという点ではヨガ・スタジオのほうにがぜん軍配が上がる。驚くほど高価な揃いのアスレジャー〔スポーツウェアと街着を組み

*場合によっては、「筋骨隆々」になった見返りに重要な臓器を悪くしてしまうことがある。専門家は、クロスフィットと横紋筋融解症《ラブドマイアラシス》には強い関係性があると指摘している。[8] 横紋筋融解症はめったに見られない症状で、酷使されすぎた筋肉が崩壊することによって、有毒たんぱく質が血流に混じり、腎臓が損傷したり機能を停止したりする。クロスフィットのコーチたちはこの症状をあまりにも見慣れているために、アンクル・ラブドというあだ名までつけてしまった。[9] ボックスによっては、アンクル・ラブドのイラスト——透析装置につながれた体調の悪そうなピエロで、腎臓が床にあふれ出している——が描かれていることもある（それとは別の「ピューキー」[10]〔嘔吐《ピューク》からイメージされた名前〕という食屍鬼《グール》のようなピエロのほうが、もっと有名なマスコットだ）。インターネットでは、「ラブドになるまで行け」というスローガンを胸に掲げたTシャツが売られているのを見つけた。

合わせたファッション」に身を包んだ裕福な白人女性たちが大挙して集まるヨガ・スタジオには、サンスクリット語を使ったいい加減な語呂合わせの標語――「心の居場所がオームなり」「ナマスレー」〔ナマステ＋かっこいい女性〕、「私のチャクラはメッチャ整列」――で飾り立てられ、参加者は互いに「トライブ（仲間）」と呼び合う。東洋やアメリカ先住民の精神修養に用いられていた言葉を、エリート主義的な白人のために商品化する[11]一方で、その言葉を生み出した人々を締め出して消し去ってしまうという行為は、「カルトっぽく」見えず、よくあることだと思われるかもしれない。だが、そのことがまさに問題なのだ。

長年にわたり、クロスフィットが黒人の会員を歓迎していないという指摘を本部は否定してきた。[12]だが二〇二〇年六月、「ブラック・ライブズ・マター」運動が広がるなかで、グレッグ・グラスマンが人種差別的なEメールとツイートを次々に繰り出した（そのひとつに、「人種差別は深刻な公衆衛生上の問題だ」とする投稿に対し、「それはFLOYD‐19だな」と返信したものがある〔白人警官の暴行によって命を奪われた黒人男性ジョージ・フロイド氏の名前と新型コロナウイルス感染症COVID‐19とをつなぎ合わせて作った造語〕。それによって、ずっと前から多くの黒人には知られてきたことに、白人のクロスフィッターもようやく同意しはじめた。クロスフィットは、実際には「すべての人のため」の場所ではないのだと。とはいえ、クロスフィットにはずっと以前から、言語の上で危険信号が点灯していた。クロスフィットははじめから「ヒーロー・ワークアウト」に警察官の名前を冠して賛美することによって、そうした姿勢を示していたのだ。やがてクロスフィットと提携していた数百のジムが脱退し、大手スポーツウェア企業がスポンサー契約を終了するにいたって、グラスマンはCEOを辞任した。

グラスマンが失脚した数か月後、今度はソウルサイクルがスキャンダルに巻き込まれた。二〇二〇年後半、COVID-19のロックダウンによってすでにあちこちのジムが閉鎖を強いられて経営が悪化しているなか、インターネットに次々と暴露記事があらわれたのだ。ニュースサイトVoxの記事によれば、全国のいくつものスタジオが、「ソウルスピーク」でやる気をかきたてる裏で数々の悪事を隠していたという[13]。個人崇拝されるようになった一部の「マスター」インストラクターが立場を利用して、自分の好みでクライアントを序列化したり、プライベートで「勤務時間外」にレッスンをしたり、さらには一部の会員とベッドをともにしているという噂まであった[14]（噂によると、インストラクターは「あなたの弟子のライダーたちは、あなたになりたいか、あなたとセックスしたいはず」というマントラを学んで、しっかり身につけるらしい）。あるオールスター・インストラクターは、彼女が担当する会員を公然と「ふしだらなオトコたち」と呼んでいたらしい）。また、トップインストラクターのなかには、ライダーや「下位」の従業員を言葉でいじめたり、スタジオで繰り広げられる人間関係のゴタゴタをあおったり、高校のスクールカーストの頂点に君臨する「クイーンビー」のごとく自分が神格化されるのを楽しむ者もいたとされる[15]。

また、ソウルサイクルの本部はこうした悪い行状を知りながら見逃し、本部が最も重視するインストラクターが会員やスタッフについて偏見に固まったコメントをしても、それに対する苦情を隠蔽していた[16]（たとえば、「ジェミマおばさん」〔有名なホットケーキミックスのキャラクターの太った黒人女性〕や「トィンク」〔若くてスリムなゲイ男性を指すスラング〕という呼び名を使ったり、ぽっちゃり型のスタッフを「ブランドイメージに合っていない」と言ったりしたという)。セクハラの報告もずっと無視されてきたそうだ。ある見出しには、インストラクターを「ハリウッドスターのように扱っていた」と書かれている(この記事が公開されるとすぐに、ナタリア・ペトルジェラがメールで知らせてくれた)。内部関係者の通報によれば、会社の上層部はこうした苦情を握りつぶし、その一方で何ごともなかったかのように、苦情が出ていたインストラクターのためにソーホーハウス〔メディアやアート関係者だけが参加できる会員制クラブ〕の会費二四〇〇ドルとベンツのレンタル代を支払っていたという。ただしこのニュースが広まっても、たいした衝撃を与えることはなかった。「インストラクターを神のように持ち上げれば、権力の乱用は必ずついてくる」と、ナタリアはツイートしている。「このような事態がはじめて発覚したのがヨガサークルだったのは当然とも言える。リーダーはずっと前から『グル』として崇められてきたのだから。『カルト的な人気』のあるインストラクターがこうした事態に陥るのは、時間の問題だった」

「ヨーロピアン・ジャーナル・オブ・ソーシャルサイコロジー」誌に掲載された二〇二〇年の研究によれば、エネルギーヒーリングやライトワークのような超自然的な技能を授けるという「スピリチュアルトレーニング」を受けた人は、自己陶酔に陥りやすい(自分の能力に対して過剰な自信をもち、成功と社会的承認を貪欲に求め、スーパーパワーがないと判断した人を侮辱するなどの傾向がある)。この研究ではそうした人を、スピリチュアルなトレーニングをまったく受けていない人、また瞑想やマインドフルネスといったそれほど行為遂行的ではない精神修養の訓練を受けている人と比較している。すると、スピリチュアルなトレーニングを受けたグルは、他者には思いやりと自己受容を奨励しながら、自分自身のエゴを大きくふくらませていることがわかった。ソウルサイクルの「マスター」インストラクターたちも、同じ反応を見せているように思われる。自然に備わっていたカリスマ性に対するプライドに、会社による極端なトレーニングが加わることで、自分はエアロバイクの漕ぎ方を教えるために雇われただけのごく普通の人間ではなく、３ＨＯのスワミのように神に近い万能の力があると信じ込むようになるわけだ。

この本を書いている時点で、ソウルサイクルは具体的な告発について何のコメントも出していないし、職権を乱用したとされる人たちを解雇してもいない。そしてクロスフィットの信奉者たちは自分の愛する文化――ヒーロー・ワークアウト、ビーストモード、その他すべて――を、ブランド名とは関係なく確実に存続させてきた。真に「成功するカルト」であることを示す証は、創始者が死んでも追放されても団体が存続するパワーなのだと言う人もいる。もしそうならば、クロスフィットとソウルサイクル、そしてサイエントロジーとアムウェイは勝ち組だ――少なくともこれまでのところは。

たしかに、「ナマスレー」「デトックス」「もっとハードに、もっと速く、もっと多く」などの、ホワイトウォッシュされてプロテスタント資本主義から勢いを得た言葉は、フィットネス界にとどまらない抑圧的な基準を反映している（そして永続させている）。ウォールストリートからハリウッド、シリコンバレーまでのアメリカの多くの産業で、仲間内だけで通じる用語や「力のかぎりがんばる」といった言い回しが使われている。このような言語はアメリカじゅうに蔓延し、煩《わずら》わしいものであることには間違いないが、その真意とそれがもたらす影響は、ジム・ジョーンズ、Ｌ・

ロン・ハバード、リッチ・デヴォスなどの人物の言語とは大きく異なっている。これらリーダーが目指していたのは、より広範囲な社会に存在する問題のある権力構造を強化することではなく、そのグルだけが直接的に利益を得られるよう信奉者を搾取することだった。言葉を（おそらく無意識のうちに）使って、既存の体制を維持しようとするリーダーもいれば、言葉をつねに意図的に使って、現在の秩序を保つのではなく、その中にうまく潜り込んで専制的な新体制を作り出そうとするリーダーもいる。だが結局のところ、問題のある一部のリーダーは、実際にはより大きな既存の体制の追随者にすぎない。ほんとうの意味で破壊的なカ､ル､ト､的リーダーとは、現行の体制を転覆させ、自分が最高権力を得られる体制に置き換えようとする者のことだ。

V

あるフィットネスのブランドやリーダーが、幅広いカルト的な集団のなかでサイエントロジーに近い側にあるかどうかは、言葉を聞けばわかる。「含みのある言葉」、自分たちとそれ以外の人を区別する言い回し、「思考を停止させる決まり文句」、言葉による暴力など、カルト的な影響力をもつ言葉の構成要素に耳を傾ければ、リーダーの真意がはっきり聞こえてくるだろう。たとえば、悪評の高いホットヨガのグル、ビクラム・チョードリーの発言を聞いてみるといいだろう……。

自身の名を冠したビクラム・ヨガの創始者であるチョードリーは、性的暴力で訴えられて米国を逃げ出すずっと前から、自己中心的でいじめを繰り返すことが広く知られていた。一九七〇年代初頭にカルカッタからロサンゼルスに移り住むと、そこでホットヨガ帝国を築き、ピーク時の二〇〇六年には世界中で一六五〇のスタジオをもつまでになった。絶頂期にはその性格を崇拝する好戦的なファンから、アンチヨギ、ヨガのウォルター・ホワイト、マックヨガの国王と、数多くのニックネームをつけられている。[1] そしてヨガクラスで叫ぶ、罵る、中傷するといった行為をして、ヨガマスターは穏やかで瞑想的だという固定観念を破ってみせた。彼がわめき立てる口汚い罵倒は、ペロトンの心に響く呼びかけとは正反対で、恥知らずの女性蔑視、人種差別、肥満を辱める言葉の連続だった。

「そんなに太った腹は最低だ。贅肉が揺れるところなんか見たくもない」

「ブラックビッチ」

「チキンシット」

これらはチョードリーが人前で声高に叫んだ言葉を、そのまま引用したものだ。

よく知られた教師トレーニングでは、うだるような暑さのホールに五〇〇人を超えるビクラム・ヨガのインストラクター志願者が詰めかけ、チョードリーの説教に耳を傾けた。参加者は彼の教えを受けるために、ひとり一万ドルから一万五〇〇〇ドルもの費用を支払っているのだ。チョードリーは見上げるほど高い「玉座」の上に陣取り（そこにはいつも個人用のエアコンが装備されていた）、権力欲を隠そうともせずに大声でコールアンドレスポンスを繰り返した。チョードリーが「それがマイウェイ、つまり……」と叫べば、参加者全員が声を揃えて「ハイウェイ！」と叫ぶ。

「最高の食べものは……？」

「食べないこと！」

もちろん、もしチョードリーが人々を侮辱することしか言わなければ、誰もついていかない。だが、害を及ぼすほとんどの人物と同様、中傷と絶叫に続いて、必ず愛情攻勢の魅力的な言葉が並ぶ。彼は一分のあいだに、すばらしい教師になれる潜在力があると宣言したと思ったら、ビッチと叫び、またすぐ甘く歌うような声で褒めたたえる。そして参加者はその間ずっと、猛烈な暑さのなか、体をねじ曲げて極限に近いポーズをとり続ける。

それでもチョードリーに心酔する人たちは、彼が「大きい子ども」なのだと断言した。彼が歌う子守唄、気まぐれなところ、ときどき起こす癇癪さえ、彼の「罪のない魅力」の要因なのだと言う。ファンは確証バイアスによって、チョードリーの見え透いた嘘（一度も参加したことのないヨガの競技会で勝ったという自慢）を聞いても、大言壮語（「私は一か月に三〇時間も眠らない」「私はあなたがこれまで出会ったなかで世界一賢い男だ」「私はあなたの人生で唯一の友だ」）を耳にしても、困惑するのではなく「子どものように純真だ」ととらえる。「サンクコストの誤り」のせいで、もう一度だけトレーニングに参加すれば自分のキャリアが確立されると考える。

チョードリーのホットヨガのワークショップでは、参加者が気を失ったり、脱水症状になったり、上気道感染症にかかったりすることが知られていた。けれども参加者たちは、愛するグルは全知の存在だと信用するよう条件づけられ、自分の苦痛と本能的直感を無視することを学んでいた。

チョードリーはさらに、少なくとも六人の女性練習生に対するグルーミングと性的暴行の容疑で訴訟を起こされている。二〇一六年にはレイプ疑惑(2)に対し、「私たちと他の人たち」を区別する言い回しを用いた誹謗《ひぼう》中傷、誇張表現、ガスライティングで応じた。チョードリーは自分自身のパロディーのごとく、告発者を「サイコパス」と「クズ」だと非難したうえ、こう付け加えた。「どうして私が女性にハラスメントなんかしなくちゃならない？　私の精液一滴には一〇〇万ドルで買い手がつくんだぞ」。そして二〇一六年のうちに、アメリカ国外に逃亡した。告発者への支払いを命じられた懲罰的損害賠償金の約七〇〇万ドルを支払わずに逃げたため、その一年後にはロサンゼルスの裁判官から逮捕状が出されている（この本を書いている時点で、チョードリーはまだ処罰されておらず、アメリカ国外で教師のトレーニングを指導している)。

チョードリーのアメリカ国内の帝国が崩壊するとすぐ、また別の論争の的になるヨガ「カルト」が姿をあらわした。それが「コアパワー・ヨガ(CorePower Yoga)」だ。ビクラム・ヨガの衰退後、デンバーを本拠地とするコアパワー・ヨガが登場し、またたくまにアメリカ最大のヨガチェーンの座についている。ビクラムは誇らしげに「ヨガのマクドナルド」と主張していたのに対し、コアパワーの創設者で過去にテクノロジー分野でも実績のあった故トレヴァー・タイスは、「ヨガのスターバックス」とセルフブランディングした。

その後の一〇年間に、コアパワーはインストラクターとクライアントに対する経済的搾取の容疑で連邦裁判所に五回も告訴され、三〇〇〇万ドルを超える和解金を支払わなければならなかった。コアパワーは、ねずみ講と似ていなくもないやり口を使っていた。インストラクターに不当に安い時給しか支払わず、一五〇〇ドルかかる教師トレーニング・プログラムに生徒を勧誘できたときだけ昇給と昇格をしてやると約束していたのだ。コアパワーのインストラクターはクラスを締めくくる休息のポーズ、シャバーサナを終えたあと、教師トレーニングの売り込みをしなければならない。生徒たちがリラックスしてゆったりした気分で横になっているあいだに、インストラクターはコアパワーが「パーソナルシェア」と呼ぶもの(自分の人生の、ごく個人的な打ち明け話をすること)を行ない、「ソウルロッキング」するようにと指示される。

ソウルロッキングは、コアパワー・ヨガの「含みのある言葉」の基準となる用語だ。インストラクターのパフォーマンスに対する評価は、実のところ、彼らが「ロック」できた「ソウル」の数

（つまり、教師トレーニングへの参加を申し込んだ生徒の数）で決まる。パーソナルシェアのあと、インストラクターは特定の生徒をターゲットに定めると、そのスキルと熱心さを褒めたたえて愛情攻勢をかけ、スターバックスでコーヒーを飲みながら教師になる方法を教えてあげるともちかけるのだ。

「私の中に何か特別なものを見つけたみたいだった」と、ミネソタ州のコアパワーの生徒だったカリは、二〇一九年に「ニューヨーク・タイムズ」紙のインタビューに答えている。ある日クラスを終えたばかりのカリのところへ、大好きなインストラクターが満面の笑みを浮かべながら近づいてきて、あなたには仕事をするだけの才能があると言ったので有頂天になったという。教師トレーニングの費用については何も言われなかったそうだ（その部分については「はっきりさせない」ままにするよう本部から指示されている）。インストラクターはただカリを褒めたたえ、スタジオの中でもスタジオの外でも、繰り返し声をかけ続けた。「私たちには友情のようなものが芽生えたように感じて、ほんとうに現実とは思えなかった」と、カリは回想している。

ようやく一五〇〇ドルの費用がかかると知らされたのは数週間後のことで、カリはそれまでのあいだにもう、ヨガで仕事をする夢のような未来を思い描くようになっていた。今さら断ることなどできなかった。だから小切手を書き、八週間のプログラムに参加した。そしてプログラムが終了したときにはじめて、教師トレーニングに参加しても実際に教師の資格をもらえるわけではないと知った。サイエントロジーの「レベル」と同じように、コアパワーは彼女がもうあとには引けないところまで進んだとわかってから、さらに五〇〇ドル支払えば「延長」コースを受けることができると伝えたのだった。カリはもう一度、支払う決心をした。だが、そのコースを受けたあとでも、コアパワーが彼女に仕事を提供することはなかった。トレーニング・プログラムで認定された教師の数が増えすぎて、もう市場が飽和状態になっていたからだ――マルチ商法と変わらない。二〇一六年に実施された調査によれば、何らかの教師トレーニング・プログラムを受講している志望者の数は、実際に職についているインストラクターの二倍にのぼるという。「私たちは心を落ち着けて呼吸する方法を教わりながら、同時に利用されてもいる」と、カリはインタビューで語った。

コアパワー・ヨガが利用して最も重宝した表現のなかに「カルマの解消」というものがある。これは感情のこもった婉曲表現と「思考を停止させる決まり文句」を、ひとつにまとめた用語だ。ヒンドゥー教におけるカルマ・ヨガは、精神的な開放を達成するための三つの道のうちのひとつで、見返りを求めずに無私の奉仕を貫いて生きることを学ぶ。ところがコアパワーの「カルマの解消」という表現は、教師たちが互いに代理でクラスを受け持つこと、そしてスタジオ外で義務づけられた仕事（クラスの準備、カスタマーサービスのメール送信、ブランドのマーケティング）をすべて無償で行なうことを強制するために使われている。そのような不朽の意味をもつ深遠でスピリチュアルなフレーズを持ち出すことで、この会社は簡単に、社員の罪悪感と忠誠心を引き出すことができたのだった。不当な経営方針に疑問を感じる者がいても、コアパワーはただ「カルマ」だと指摘するだけで、その主張を抑え込むことができた。

裁判所の資料で明らかになったところによれば、コアパワーお抱えの弁護士たちが、「カルマ」は実体のない「形而上学的教え」なので信用に値せず、「ソウルロッキング」と同じく無意味な言葉だとみなしている。だがそうした言葉には含みが多くあるため、信奉者たちは会社が自分たちをうまく利用していたとわかったあとでさえ、忠誠心を持ち続けてしまう。カリはコアパワーで仕事をする夢をあきらめて看護師になったが、近くのコアパワー・スタジオでヨガのクラスに参加し続けている。毎月一二〇ドルの会費を支払うために（教師トレーニングを受けた経験があっても、会費の値引きはない）、週に一回、別のコアパワー・スタジオで清掃の仕事をする。それとは別に、ミネアポリス郊外の小さい牧場でヤギと触れ合いながら行なう「ゴートヨガ」（ヤギは実際にすべての長所を備えている）を教えている。そしてカリの履歴書には、「コアパワーでトレーニングを受けたインストラクター」という誇らしげな一行が見える。

vi

もし自分がカルト的なフィットネス・コミュニティに加わっているなら、それが一〇〇パーセント健全なコミュニティかそうでないかは別にして、いくつかの質問に答えてみるだけの価値はある。そのグループは、さまざまに異なるすべての人々を心から歓迎しているか？ あるいは、ほかのメンバー全員と（スタジオの外でさえ）同じ服装をして同じように話さなければならないことに、自分は過度のプレッシャーを感じているか？ 気軽に参加して、その活動を少しだけ試してみることができるのか？ あるいは、このグループだけに時間と信頼のすべてをつぎ込んで、自分の決定はすべてそのグループの決定に沿ったものになっているのか？ 身体の状態に応じて、インストラクターはトレーニングのペースを落としてくれたり、場合によっては数週間休んだり、まったく別のエクササイズを試してみてはどうかと申し出てくれるか？ あるいは、ただもっとハードに、もっと速く、もっと多くトレーニングしろと言うだろうか？ クラスを欠席するかやめるかしたら、そのときに支払う代償は？ プライド？ 金銭？ 人間関係？ 自分のもつ全世界？ それは自分が進んで払いたいと思う代償なのか？

私の場合、五〇〇人のヨガ・インストラクター志願者がぎっしり詰めかけて、それがリーダーのやり方だ、ハイウェイだと鬨《とき》の声を上げている大規模な倉庫（さもなければ会員を「ふしだらなオトコたち」と呼んで卑しめるスピンのインストラクター）と、思い思いの服装をした一六人の女性が集い、恥ずかしさに脅えたり嫌な思いをしたりせずにいつでも自由に会員をやめられる状態で「私は自分で思っているより強い」というマントラを唱えられるスタジオの違いを、簡単に見分けられるようになった。どちらのビジネスも言葉から利益を得て、またどちらも力を授けたい対象をはっきり示している――一方はグルで、もう一方は集まった人たちだ。

「人々が何かにとても感動し、それがその人の成長と変化を助ける。『カルト・フィットネス』のほんとうの意味はそこにあると思う」と、インテンサティのパトリシア・モレノは結論づけた。モレノの目的は、自分の生徒たちが自ら個人の力を取り戻せるよう指導することで、自分の力を生徒に振りかざすことではない。それがはっきりしているから、彼女はインテンサティが「ほんとうのカルト」ではないと主張する必要を感じていなかった。私には、そのように保身の姿勢がないことこそが、多くを語っているように思われた。

新宗教の専門家も全般的に、カルト・フィットネスに見られる欠点がサイエントロジーの域に達することはないだろうとみなして、それほど心配していない。「こうしたワークアウト・グループの一部はたしかに『カルトっぽい』と思うが、そう呼べるかどうかは疑問だ」と、スタンフォード大学の人類学者タニヤ・ラーマンは述べている。ラーマンがフィットネスのマニアに見出している「カルト」のおもな症状は、もし定期的にクラスに出席すれば、自分の人生全体が劇的に好転すると信じていることだという。一週間に五回クラスに出席して、マントラを口にしていれば、目の前に開ける世界が変わっていくにちがいない、と彼らは考える。ここでも登場するのは、また、あの過剰なほどの理想主義の感覚だ。このグループ、このインストラクター、これらの儀式には、自分たちにできるかもしれない以上のことを成し遂げるパワーがあると確信しているのだ。

このような信念はつけこまれやすい。ただし、私がカルト・フィットネスという業界をあまり厳しく批判していないのは、結局のところ、参加者本人が自分の経験を管理しているからだ。スピンクラスでは、バイクの負荷のレベルを自分でコントロールできる。もし、部屋の前方（または画面の中）にいる「カルト・レディー」を無視してペースを落としたいなら、そうしてもかまわない。もし、より高みにある力に祈りを捧げたいなら、神聖なインスピレーションについてチャントしながら、そうすることもできる。跳びはねて騒ぎたいだけだとしても、別にかまわない。そして六か月後に、面倒なことが起きはじめたり、何か別のことを試したくなったりしたら、自分の好きにすることができる。リーダーボード上で築いた絆がとても強ければ、たとえサーフボードに乗ってピラティスをするエクササイズに切り替えたあとにも、その絆はずっと続くだろう。

結局のところ、スタジオはただそれだけで人生に意味を与えられるわけではない。それは確実に、一回につき四五分の達成感とつながりをもたらすかもしれないが、スタジオがなくてもまだ自分は自分だ。みんなすでに、必要なものすべてに恵まれている。

第6部　フォローのためのフォロー

i

二〇二〇年六月、現代アメリカ史上でも最大級の議論が巻き起こっているさなか、私のインスタグラムのアルゴリズムはめちゃくちゃになっている。私は世界的なCOVID-19のパンデミックとブラック・ライブズ・マター運動について投稿しつつ、ここ一年にわたってニューエイジのスワミやMLMの勧誘者、陰謀論者をフォローし、投稿をすべてチェックしていた。そのせいでインスタグラムの「発見」タブが混乱してしまい、私が社会的正義のために闘う戦士なのか、「プランデミック」〔パンデミックはあらかじめ計画されたものだという説〕を信じている陰謀論者なのか、ワクチン反対派なのか、魔女なのか、アムウェイのディストリビューターなのか、ただエッセンシャルオイルに夢中になっているだけの愛好家なのか、判別がつかなくなっているらしい。少しの間だけでもインスタグラムの「目」を混乱させることができたと思うと、独りよがりの満足感がこみ上げる。実際、この「目」はあまりにも全知で神秘的なので（そして私にとってはなくてはならないものなので）、ときには私がこれまでに知った唯一の神ではないかと感じることがある。

もう十分な情報を得られたと思ってから、なお二時間にわたってソーシャルメディアを読みあさっているうちに、ベンチーニョ・マッサーロという名前のスピリチュアル・グルのプロフィールに出くわした。インスタグラムのプロフィールによると「道筋を統合する者」「真の科学者」「哲学者」「鏡」であるマッサーロは、三十代の白人男性で、ほかの人たちより波動《バイブレーション》が高く、その振動数はイエス・キリストよりも高いと主張している。四万人のインスタ・フォロワーを誇り、氷のような青い目、タイトな黒いTシャツという堅実な服装、どこかヨーロッパ風の訛りが混じる自信に満ちた声で、ティール・スワンとトニー・ロビンズを足して二で割ったような話し方をする。映画で彼の役を演じるのは間違いなくヘムズワース兄弟の誰かだ。私の前頭葉が何かを感じて警戒信号を出したので、「フォローする」をクリックした。

詳しく調べていくと、ベンチーニョ・マッサーロはアムステルダムで生まれ、コロラド州ボルダーに引っ越したことがわかった。その後、オカルトのメッカであるアリゾナ州セドナに移り住んで、高額な費用のかかる「スピリチュアル・リトリート」〔日常生活から離れて精神修養をするプログラム〕を開催するようになる。そのあいだずっと、ウェブ上での存在感を高めるためのすさまじい努力を続けており、シリコンバレーの知識を駆使したソーシャルメディア戦略としゃれたウェブサイトのポートフォリオを用いて、彼は人々に……そう、どんなことでもするように仕向けている。

費用をかけたくないならインスタグラムをフォローするだけで、また余裕があるなら最大で一時間あたり六〇〇ドルを支払ってスカイプで、マッサーロの聖なる科学の一端に触れることができるだろう――深い人間関係を築き上げる方法から、「人間の神」になる方法まで、あらゆることの答えを教えてもらえるのだ。ユーチューブの動画では、マッサーロはカメラのすぐ近くに座り、家族の集まりや一対一の会話のようなくつろいだ雰囲気をかもしだしながら、「内なるブラックホール」

「存在エネルギーのバイブレーション」「心の錯覚を切り開く」といったテーマを詳しく解説していく。また、彼のインスタグラムをたどっていくと一分間のビデオクリップが見つかる。マッサーロがただじっとレンズを見つめ、笑顔のまま、ほとんど瞬きもしないで、とぎれとぎれに「愛してる」とささやくものだ。彼はこうした一方的な凝視を、「ひとつになる――あなたと私のあいだに隔《へだ》てがなくなる」瞬間と呼んでいる。そして彼のコメント欄には何百人もの支持者が押し寄せて、称賛を浴びせる。「あなたは無限の知性、愛、光」「ベン、この意識の波をありがとう」「わが師、先生……あなたはすばらしい力をもっている……私たちを導いてください」

マッサーロの思想は、言うなれば、折衷《せっちゅう》主義だ。古代のエイリアンを信じ、自分の心で天気を変えられると断言し、子どもは欲しくない、なぜならもうすでに七〇億人の子どもがいるからだと宣言する。人類を「絶対的な真実」へと導くために必要な「神の目」をもっているのは自分だけだと主張しているが、これは今ではすっかりお馴染みの言説だろう。そして、自分の教えは「人々の苦痛を終わらせ、終わりのない喜び」へと導くと宣言する。また、普通の人は一生かかっても、一日に「[自分の]意識に起こることの一〇パーセント」にすらアクセスできないと明言する。彼の究極のビジョンとは？　インターネット上の仲間とオフラインで交流し、セドナで広大な土地を買い、悟りに満ちた新しい都市を築くことらしい。

生きる道、バイブレーション、振動数を上げることについてレクチャーするなかで、マッサーロのレトリックは気味の悪いものになっていく。彼の語る神秘主義的な言葉は「思考を停止させる決まり文句」だらけで、ガスライティングの手法を用いて信奉者を誘導し、科学に対して、さらには彼ら自身の考えと感情に対して、不信感を抱かせようとする。あるレッスンで、彼は次のように命じている。「何かについて考えると、確実に、そこに存在する美を見逃すことになる。……自分が論理、理屈、単純な説明に従っていることを理解し、まずそれを破壊してみなさい」(1)。別の動画では、マッサーロから教えを受けていた女性が、「クソったれ《ファックユー》」と悪態をつかれて見下されたように感じたと言うと、彼はその女性に大声を上げ、「もしきみがこの尊敬ってものについて上から目線で語るクソ野郎でなければ、私が口にした言葉の背後に、どれほどの愛が隠されているかがわかるはずだ」と応じている。

マッサーロはいつも話をねじ曲げて、自分が言葉で攻撃することを正当化する。かつてフェイスブックに、次のように投稿していた。「『目覚めた』人と友達になるのは、ほとんど不可能に近い。なぜなら、（A）その人の最優先事項は、あなたを浄化して真実の高みに昇らせることであり、親切にすることではないからだ。……そして（B）その人は常人と同じではないから、通常の基準にはうまく当てはまらないし、ただの凡人として他者と関わりあっていくこともできない（限りある知性の持ち主には、そんなことは好かれない）」。マッサーロが叫び、悪態をつくのは、本人の弁によれば聖なる親切心のあらわれなのだという。「私はまったく遠慮なく、あなたを怒鳴りつけることができる」と彼は熱弁をふるい、次のように付け加える。「言葉による虐待は精神修養にとって必要不可欠な要素であり、それを疑問に思うのは、ただ卑しい人間の『意固地で限りある精神』のあらわれにすぎない」

ティール・スワンの場合と同様、マッサーロの動画も自殺に関する危険なメッセージを送り出している。「死を恐れるな。ワクワクして待て」と、彼はあるビデオクリップで発言した。「死を楽しみに待ち望めば、きみは真によみがえる……目覚めて大切なことを悟るのだ。さもなければ、自ら死を選べ」

こうした趣旨の言葉が明るみに出ることはほとんどなかったが、二〇一七年十二月にマッサーロがセドナで開催したスピリチュアル・リトリートでとんでもない事態が生じたことで、状況は一変する。その一二日間にわたるニューエイジ版ブートキャンプは、マッサーロが一〇〇人のゲストだけに自分の深遠な教えを授けると約束していたものだ。ただ、そのころまでにはインターネット上で、彼は「カルトリーダー」だと非難するコメントを少しずつ見かけるようになっていた。またリトリート開催の前日に、セドナ在住の記者ビー・スコフィールドがマッサーロを告発する記事を発表し、彼は「テックブロ〔IT系男子〕グル」[2]で、グロースハック・マーケティングの手法を駆使していかさまのスピリチュアル共同体[3]を作り上げていると暴露している。記事には、このグルがばかげた健康上のアドバイスをして信奉者の身体を危険にさらし（何週間もグレープフルーツジュースだけを飲んで過ごす方法を「ドライな断食」と名づけていた）、友人や家族と切り離すよう巧みに操作し（「人との関わりなんてクソみたいだ。まったく意味がない」と言っていた）、自分を全知の神として信頼させていると書かれていた。

そして、セドナで開催されたリトリートの六日目に、参加者のブレント・ウィルキンスがグループから抜け出す事態が起きる。長年にわたってマッサーロに心酔してきた彼は、自分の車を運転して近くの橋まで行き、飛び降りて自ら命を絶ったのだった。

ウィルキンスの死のニュースがまたたくまに拡散されるとともに、マッサーロをジム・ジョーンズになぞらえる声が急速に高まっていった。インターネットは彼を「インスタグラムのバカ者とカルトリーダーを足して二で割った人物」「スティーブ・ジョブズとジム・ジョーンズを足して二で割った人物」と呼んだ。これに対してマッサーロは数か月のあいだ沈黙を守っていたが、ようやくフェイスブックに返信を投稿すると、参加者の死に触れることも具体的な懸念に対処することもなく、ビー・スコフィールドに「カルト」のラベルを叩き返して反撃した。スコフィールドは「思考を停止させる決まり文句」による反撃のなかで、彼は次のように主張している。それは『平均的アメリカ人カルト』だ。彼らはメディアに思想を吹き込まれ、自分の家庭の外にあるものすべてを怖がり、自分が理解できない者にはすぐに銃を突きつける」。

ウィルキンスの死の翌日、刑事たちがマッサーロの住まいを訪れ、自殺に関する問題発言について問いただした。だが最終的に、彼が起訴されることはなかった。悪質なソーシャルメディアのやりとりが複雑に絡み合って、鬱《うつ》、不安、自殺が引き起こされる文化においては、マッサーロのような悪名高い人物であっても、単独の罪で立件することすら難しかったということだ。(4)

結局、ブレンド・ウィルキンスの悲劇はマッサーロのほとんどの支持者の信念を揺るがすことはなかった（その心に届くことさえなかった）。ただしその大半は、インスタグラムより深入りして、この男を「フォロー」しようとは考えなかった。そしてその後の数か月にわたって信奉者が少しずつ、静かに、彼を離れていった――インスタグラムのサブスクリプションを解約し、彼の言葉遣いを自分の語彙から排除し、一部はフェイスブック上の「ベンチーニョ・マッサーロ・リカバリー・グループ」に加わった。そうした人々は痛ましいことに、それまで信奉していたグルはただ普通の男にすぎなかったと気づくことになる。その男は、自分が作り出したカルトよりも大規模なカルト――ソーシャルメディアで注目されるというカルト(5)――の中毒になっていたのだった。彼らがかつて「スピリチュアル界のロックスター」を崇拝していたのは、彼がインスタグラムとユーチューブを利用して、無限の意識をすべての人の手に届くようにしてくれたからだ。だがマッサーロの行動は、ただ崇拝されたいという自分自身の願望を満たすためのものだったことがはっきりした。その願望は、彼が自分自身のためにインターネット上に作り上げた別世界のおかげで、日を追うごとに際限のないものになっていった。

「でも、これは多くの人たちがインターネット上でやっていることだと思います」と、かつてマッサーロの忠実な支持者で生前のブレント・ウィルキンスと親しかったリン・パリーは、「ガーディアン」紙のインタビューで語っている。「彼らは完璧な人格《ペルソナ》を生み出し……［そうすることで］本人にはそのつもりがなくても、ほかの人たちに自分がいたらない人間だと思わせてしまいます……そしてブレントのような人や、私たちの多くにとってはほんとうに、自分の心で処理しきれなくなってしまうのです」

ii

振り返ってみると、ベンチーニョ・マッサーロのリトリートでとんでもない事態が生じた年の二〇年前、一九九七年に、史上初のソーシャルメディア・サイトが誕生している。その年の三月にはヘヴンズ・ゲートの集団自殺によって国中が大きな恐怖に襲われ、アメリカで暮らすごく普通の人々の誰もが、マーシャル・アップルホワイトのようなUFOに取りつかれて気が狂っているとしか思えない男のいったいどこに、あのような大惨事を引き起こす力があったのかと考えずにはいられなかった。そしてヘヴンズ・ゲートのウェブサイト、それも荒唐無稽な宇宙の話が明るい色の文字でとりとめのなく綴られたその画面が、信者たちを集めてとんでもない行動に走らせる上で大きな役割を果たしたかもしれないと伝えられると、識者たちはみな冷笑した。「ニューヨーク・タイムズ・マガジン」の記者がヘヴンズ・ゲートを「インターネットの弊害を示す実例」[1]と評すると、「タイム」誌のジャーナリストは信じられないといった様子で反論した。「スピリチュアルな捕食者だって？　勘弁してほしい。……人を自殺カルトに引きずり込む力をもったウェブページだって？……もし三九人もの人たちが命を失っていなければ、ただの笑い話だっただろう」[2]

一九九〇年代のごく平均的な発想では、どんなに想像力をたくましくしても、カルトが実際的な影響力をもつには実体のある場所が必要だった。人里離れたコミューンや孤立した屋敷がなければ、どうやって人々を家族や友人から引き離し、個性を押しつぶし、その考えを回心させて、実社会に害を与えようとする破壊的な教義を信じ込ませることができるというのか。

だがヘヴンズ・ゲートの事件が起きて以来、仮想世界と現実世界は融合してしまった。良くも悪くもソーシャルメディアが媒体となって、何百万人もの人々がこれまでになく移ろいやすい社会の中で親密な関係を築き、つながりあうようになった。二〇二〇年のはじめに記者のアラン・シルヴァンが、ソーシャルメディアとポップカルチャーは「現代のキャンプファイヤー」[3]になったと書いている。それは九〇年代の「タイム」誌のジャーナリストには予想できなかった世界だ。そこでは探究者たちが、宗教とは無関係な、ほぼオンラインで実施される儀式の寄せ集めによって、スピリチュアルな願望を満足させる。それは、ビヨンセのファンが集うネット掲示板やペロトンのメンバーが集うフェイスブックのプライベートなグループで親友が見つかる世界であり、人々の道徳規範とアイデンティティが、フォローしているインフルエンサーやクリックしたターゲティング広告、リポストしたミームと強く結びついている世界だ。

ヘヴンズ・ゲートの事件から二〇年あまりが過ぎた今、最も熱狂的な過激派集団でも、実際に現実世界で集会を開くことはめったにない。その代わりに、インターネット上でモラルや文化やコミュニティを構築する――ときにはそれが過激になることもある。そこには遠く離れた地のコミューンも、教会も、「パーティー」も、ジムもない。ただ言葉があるだけだ。人々が集う実際の場所の代わりに、カルト的な仲間内だけの言葉が信奉者の拠りどころとなっている。

私が二〇一二年の夏にはじめてインスタグラムのアプリをダウンロードしたとき、このアプリではアカウントの所有者のことを「友達」や「コネクション」ではなく「信奉者《フォロワー》」と呼ぶことが、とても不思議に思えた。そのとき友人に、「カルトのプラットフォームみたい」と言ったのを覚えている。「みんなが自分自身のちっちゃいカルトを作るようにって、仕向けているわけじゃないのよね？」

当時はまだ「インフルエンサー」(4)という言葉も知らなかったので（グーグルで検索したデータによれば、この語が広く一般に知られるようになったのは二〇一六年ごろからだ）、「スピリチュアル・インフルエンサー」がまもなく宗教指導者の新しいカテゴリーになることなど予想すらできなかった。だがインスタグラムのサービス開始から一〇年も経たないうちに、何千人もの占星術師、自己啓発を語る賢人、ベンチーニョ・マッサーロやティール・スワンをはじめとしたホリスティック・ウェルネスの指導者――インターネットが登場する前には形而上学などに興味を抱くことすらなかった（ましてやそれで収入を得られるなどと思ってもいなかった）人たち――が、アプリとアルゴリズムを利用して福音を説くようになった。こうしたデジタル時代のグルは、現代アメリカで新たに上がったニューエイジ思想を求める声に対し、タロット占いや宇宙に関する新しい話、波動の場や銀河からの視点といった抽象的な話のイメージを使って応えている。そうしたエネルギッシュなコンテンツは、ビューティー・インフルエンサーや「ライフスタイル」・インフルエンサーのコンテンツと同様に目の保養になるだけの代物だが、その前途ははるかに有望だ。インスタグラム上の神秘主義者はビジネスモデルで活動しているのではなく、スピリチュアルな使命をもって活動している。彼らが売っているのは人知を超えた叡智であり、スポンサーつきコンテンツや商品ではない。ダブルクリックして登録するだけで、より高いバイブレーション、別の次元、さらに死を超えた命まで手に入るのだ。

「もしも仏陀やイエスが現代に生きていたとしたら、彼らはフェイスブック・ページを作っていただろうかと考えました[5]」と、ベンチーニョ・マッサーロは二〇一九年のインタビューで語り、インスタグラムは神にうってつけだと付け加えている。「写真にはエネルギーがあります」と記者に話した彼の目は、冷たく輝いていた。

ブレント・ウィルキンスの自死は現実世界で起きる稀な悲劇の例で、オンライン・グルの歪んだ「現実」に深く入り込みすぎた探究者には、こうした悲惨な運命に襲われる可能性がある。ほとんどの人は、数多くのサイトに何気なく目を通していくうちに、マッサーロのような人物のアカウントに偶然出会うかもしれない。七〇年代のカルトとは異なり、今ではカリスマ的な人物の虜になるのに、家から一歩も出る必要がないのだ。現代のカルトに入会するときの妨げとなるものは、「フォロー」をクリックするときの身震いしかない。

スピリチュアルなインフルエンサーのすべてが有害なわけではない。実際、多くは私から見ておおむね「ポジティブな経験」を提供し、たとえスクロールしながら一瞬目に入るだけでも、インスピレーションや受容、癒やしをもたらしている。二〇一八年に、コスモポリタン・ドットコムで拡大していた「インスタグラムの魔女」という現象を調べてみると、ミレニアル世代の女性たちとノンバイナリーの人々が多様に連携して、ネット上で熱心にフォローし合い、植物ベースのチンキ剤のレシピや占星術の洞察に熱中しているのがわかった。こうしたオンライン上の魔女のコミュニティは、多くの保守的な宗教の世界では歓迎されないと感じてきた大勢のＬＧＢＴＱ＋およびＢＩＰＯＣの人々にとっては、天国のようなものに思われた。彼らはいずれにせよ自分がもっている技を磨くことができる。インスタグラムはただプラットフォームを用意し、彼らはそこで技を共有したり、技を使って生計を立てたりできるのだ。私が調べた人はほとんど全員が、何よりも人を手助けできることに純粋にやりがいを感じ、「思考を停止させる決まり文句」、回りくどい婉曲表現など、意図的に人をだまそうとする戦術――私たちはもう、こうしたものから最悪のカルト語ができあがることを知っている――を用いる者は皆無だった。

　それでも必然的に、影響力をもちたい者はいつでもソーシャルメディアにたどりつく――ＳＮＳは、私たちのこの上なく詐欺的で自己陶酔的な傾向をあおりたてる仕組みなのだ。記者のオスカー・シュワルツは「ガーディアン」紙に、アルゴリズムに関しては「真のグルと悪質なグルにほとんど違いはない」と書いた。スピリチュアル・インフルエンサーが神聖化されているのは、ほかのコンテンツのクリエーターが受け入れられているのと同じ理由から、つまり彼らの投稿がトレンドに乗っていて、とても魅力的だからだ。彼らは、インスタで再投稿《リグラム》できるクオートグラム[6]〔インスタグラム用に見た目を意識した美しい字体の短い名言〕を交換し合い、そこには読む人の自尊心を満たす「いいね！」と広告収入を得られるキャッチーで元気な仲間言葉があふれている。そしてインフルエンサーは、現代に生きる不安と退屈を和らげるためにアップルペイで金を支払ってもよいと考える探究者たちから利益を得る。

こうしたグルは、自分のブランドの成功を優先させて具体的な信条を後回しにするため、時代精神が求めていると思われるものには何でも飛びついて自らをでっちあげる。CBD〔大麻に含まれるカンナビジオールという成分〕サプリがブームになれば、彼らのフィードは突然アフィリエイトの投稿だらけになり、大麻はずっと自分の思想に不可欠なものだったかのように振る舞う。陰謀論を扱うコンテンツの人気が高くなってきたら、そこでやりとりされている危険なレトリックの意味をよく理解していなくても、すぐそっちの方向に進む。

ベンチーニョ・マッサーロのインスタグラム投稿の周辺を少しのあいだ探してみれば、何十もの似通ったアカウントが見つかるだろう。その片隅には、善意ある医療専門家に見せかけた「代替医療のヒーリング」を行なう便乗主義者もいる。どんな人物か見てみよう。ジョー・ディスペンザ「博士」は、ごく一般的な容貌をした中年の白人男性で、どういうわけかニューエイジの聖者として信頼され、インスタグラムのフォロワーが一〇〇万人を超えている。ディスペンザの熱烈な信奉者たちは、彼が助けてくれたおかげで理想の仕事から配偶者、がんの寛解まで、あらゆることが明らかになったと主張する。そしてディスペンザはSEO〔検索エンジン最適化〕やその他のウェブマーケティング戦略を抜け目なく利用して、けばけばしい雑多なもの――自己啓発のためのワークショップやリトリートプログラム、講演、企業コンサルティング、瞑想の指導、CD、ギフト用の品々、『超自然になる』『脳を進化させる』といった著書――を売りさばき、巨額の収入を得ている。また自らを、究極の「科学的」スピリチュアルの権威であるとブランディングし、そのインスタグラムのプロフィールには、「エピジェネティクス、量子物理学、神経科学の研究者」とある。ラトガース大学での生化学を勉強したこと、また「神経学、神経科学、脳の機能と化学的性質、細胞生物学、記憶形成、老化と長寿」についても「大学院で研究し、教育を続けている」（何を意味しているかは不明だが）と、誇らしげに綴っている。さらにL・ロン・ハバードの戦略を手本として、ディスペンザは学術的に聞こえる言葉を超常現象と結びつける。たとえば、彼による量子場の定義を見てみよう。「エネルギーと情報の目に見えない場であり——あるいは知能や意識の場とも言える——時空を超えたところに存在している。そこに物質的なもの、有形なものは存在しない。人が感覚でとらえられるものすべてを超えている」

言うまでもなく、信奉者のほとんどには神経科学や量子力学の知識などないから、難解な専門用語を耳にすると、システム1の思考過程によって、ディスペンザは本物にちがいないと判断してしまう。「彼が主として対象としているのは、おそらくこうした学問分野についてほとんど、あるいはまったく理解していない人々だろう。そして彼の語る量子場の説明は、何もかも不正確だ」と、アザデ・ガファリは批評した。ガファリは資格をもつ心理療法士で、自身のインスタグラム・アカウント@the.wellness.therapistに頻繁に投稿して、インターネット上でウェルネスを語る詐欺師のことを暴露している。『『そこに物質的なもの、有形なものは存在しない』という表現は明らかに誤りであるばかりか、この人物が真空あるいは量子真空と呼ばれている状態についての現代の理解を持ち合わせていないことを示している」。ガファリは、次のようなテストをすれば白黒をはっきりさせられると提案する。「さまざまな考えを売り込んで巨額の富を得ているニューエイジ界のグルが、『量子』的な言葉を口にしたら、物理学の基礎方程式を渡してみること（詳細が必要ならDM

で）。もしそれを解くことができなければ、立ち去ればいい」。インターネット詐欺を疑ったら、すぐにインターネットでファクトチェックをすればいいのだ。

実際、簡単に調べてみるだけで、ディスペンザはラトガース大学を卒業しておらず、博士号も取得していないことがわかる。所有している学位は、エバーグリーン州立カレッジで取得した一般的な理学士号と、ジョージア州のライフ大学というカイロプラクティックを専門とする学校から得た学位だ。それにもかかわらず、ディスペンザのもつ資格をグーグルで検索してみれば、彼のウェブプレゼンス〔インターネット上での存在感〕が並外れて最適化されているため、検索結果のトップには「ジョー・ディスペンザ博士は、有名な神経科学者」と表示される。彼は五十代の白人男性で、しかもちょうど私たちの文化が「神経科学者」に求める外見や話し方に合致しているので、疑問を抱かれることもなく、おおむね信用されている。*

こうしたグルが生息する領域のすぐそばには、野心的なインスタバディ〔おもにインスタグラムに投稿する、ファッション性の高い自信に満ちた女性〕に反体制的な風味を加えた二十数名の女性がいる。金髪で青い目をしたヘザー・ホフマン（@activationvibration）は、たいていはブラレットを身につけた姿で登場し、華美な鼻ピアスとお馴染みのフェイスジュエルが、いかにも誇らしげだ。過剰に加工されて三重にフィルターをかけられたような彼女の画像は、虹色のレンズフレアと宝石のような色調の蓮の花で彩られ、そうした画像の横に日々の暮らしのためのアファメーションが添えられている。どの言葉も、深遠に聞こえる程度に漠然としている（たとえば、「自らの源から発する生気を受け取れば、外界を模索する気持ちはなくなる」）。彼女の長たらしく込み入ったキャプションには、ニューエイジ的な話し方の特徴が見られる。話があまりにも不可解なので、支持者たちは「いいね！」をつけてコメントを残したくなる一方、部外者は彼女がいったい何を信じているのかを見定めようとして、投稿をすべてスクロールしてチェックせずにはいられなくなるのだ。そうした言い回しをいくつか挙げてみよう。「強力なコードを統一する」「量子的変換」「時間の多次元空間」「神聖な配置」「あなたのDNAをアップグレード」「エネルギー行列、グリッド、周波数」。

ある動画では、ヘザーは緑色のビキニを着て床に座り、チベットのサウンドボウルを奏でながら、胴体をくねらせる。そして甘く高い声で彼女が「宇宙語《ライトランゲージ》」と呼ぶ、一種のグロッソラリアを話しはじめる。コメント欄には、「神聖なる女神」「催眠術にかかったように見とれた」「ヘザー、あなたは次のレベルのライトコード！」といった類いのコメントがあふれている。また別の動画では、ヘザーは曼荼羅のタペストリーの前に座って、COVID-19は政府の「恐怖のプロパガンダ」によって引き起こされたもので、自分の身を守ることとは、自分の「恐怖のマトリクスグリッド」を

＊ディスペンザの信奉者の大部分は、彼が注意深く作り上げたインターネット上の人格《ペルソナ》を通して彼を知るようになったので、彼が物議をかもしているラムサ[7]というニューエイジのグループとつながっていることに気づく者はほとんどいない。このグループは八〇年代後半に、自称ESP（超感覚的知覚）の達人（かつトランプの支持者であることを誇る）J・Z・ナイトによって設立された。ナイトはQアノン風のレトリックと、おおむね根も葉もない偏狭なデタラメ（男性同性愛者はすべて、かつてカトリックの聖職者だったなど）を、大量にまき散らしてきたとされる人物だ。だがラムサの心酔者（何人かの大物セレブリティも含まれている）は、自分たちが聞きたいことだけを聞き、残りは無視してしまう。

「解除」して「神の秩序」を汚さないようにすることだ、と説教している。本人の言葉によれば、ヘザーはまさにこうした問題を抱えた人々を癒やすために転生したのであり、生まれ変わることができたのは、自分だけが「源」（神）やその他の霊的な「領域」に近づける能力をもっているからだという。それ以外の人たちはすべて、「プログラム」の犠牲になったのだそうだ。彼女の英知に近づくためには、たとえば「細胞活性化コース――あなたのＤＮＡをアップグレードする」といったオンラインコースに一四四・四四ドルを支払って申し込むか、最も高尚な英知に触れることができる一対一の指導プログラム全八回に、四四四四ドルを支払って参加する必要がある。

こうした人物は、カルト的影響の段階的な相違でいえば、サイエントロジーの側へとじりじり近づきながら、信奉者を甘い言葉で丸め込み、まずは自分の電子書籍、次に瞑想用のプレイリストを購入するように勧め、続いてオンラインの催眠コースに参加しないかと誘う。そのころになると、もしワークショップやリトリートに申し込まなければ、これまでのスピリチュアルな旅が無価値になると言わんばかりの論調だ。信奉者にとっては自己実現の探究のように感じられるかもしれないが、グルにとっては、それは利益を生み、拡大していく可能性のある、不労所得を生み出す儲かるビジネスなのだ。

ガファリは、オンライン・グルが「絶対主義的な言語」をあまりにも多用するなら、それはニューエイジ界の詐欺師であることを示す最大の危険信号だと指摘する。そしてそれは「過去についての感情や、心の中のトラウマなどの概念について、あまりにも単純化して月並みな話をする人」だと、明快に語った。「たとえば、『私たちは誰もが子どものころのトラウマを抱えているから、これこれのことが必要だ』とか、『私たちは全員、宇宙からやってきて、ただ量子場に浮かんでいるだけだ、云々』といった話」をする人には注意が必要になる。グルのメッセージに単純な数量詞と修飾語が欠けているなら、それはメンタルヘルスの権威として話す資格がなく、実際に人々を助けることよりも、できるだけ多くの信奉者を説得して自分たちの予言の才能に投資させることに興味があるという証拠だ。

「ニューエイジのホリスティック心理学とウェルネス指導は、トラウマの知識に基づいたケアではない。ただ疑似科学とマーケティングを押しつけているだけだ」と、ガファリは結論づける。ベンチーニョ・マッサーロやヘザー・ホフマンのような代替ウェルネスのグルは、大手製薬会社の悪事について徹底的に騒ぎ立てる。「そのくせ、彼らはもっと人をだますような資本主義を押しつけている」と、ガファリは言う。彼らはサプリを売りたいわけではない。彼らは、実際にはもってもいない悟りへの鍵を売りたがっている。

一部の傍観者にとっては、神秘論を唱えるインスタの詐欺師など大した脅威には思えないかもしれない。そんな人たちを心底信頼するなんて、よっぽど感覚がずれている人にちがいない。ところが研究によれば、ニューエイジのレトリックに最も強く惹かれるのは、一般に考えられているよりずっと物知りの人たちだ。サイエンスライターで、「懐疑派協会」の創設者でもあるマイケル・シャーマーは、知性と「奇妙な考え[8]」を信じる心の相関関係について書いている。シャーマーによれば、いくつかの研究の結果、教育レベルが最も低いアメリカ人の被験者は、幽霊屋敷、悪魔憑き、UFOの着陸といった超常現象を信じる確率が高いことが判明した。その一方、教育レベルが最も高い被験者は、心の力で病を癒やすといったニューエイジ的な考えを最も信じやすいことがわかった。心理学者のスチュアート・ヴァイスは、ニューエイジ運動によって「それまで迷信などに影響されないとみなされていたグループ――知能、社会経済的地位、教育レベルが高い人たち――のあいだで、そうした［超自然的な］考えに対する人気が高まった」(9)と述べている。そして、「奇妙な」ものごとを信じる人は、信じない人よりも知能が低いという古い見方は、おそらくまったく事実ではないと語っている。

客観的に見て、「量子場」や「あなたのDNAをアップグレード」といったでっちあげの形而上学的解釈は、幽霊やエイリアン来訪と同じくらい不合理だ。ところが、そうしたニューエイジ的解釈に関わっているのが、ソーシャルメディアに精通し、大学の学位ももっている若者たちだと知ると、そうした解釈がもっと受け入れやすいものに見えてくる。頭のいい人は、カルト的なものを信じられないわけではない。そうではなく、頭のいい人は、「頭がいいとは言えない理由で信じるにいたったことを擁護する」のが得意なだけだと、シャーマーは言う。ほとんどの人は、懐疑論者や科学者でさえ、実証的な証拠につながる理由があって、種々の信念をもつようになったわけではない。たとえば、幸福とは金銭のことだ、猫のほうが犬より優れている、台所の漉し器をきれいにする正しい方法がひとつだけある、といったことを信じる前に、ゆっくり腰をおろして科学書を山ほど読み、賛否両論を比較検討する人はいない。これについてシャーマーは次のように言っている。「どちらかと言えば、遺伝的性質、親の好み、きょうだいの影響、周囲からの圧力、教育的経験、暮らしでの印象といった不確定要素のすべてが、人格としての好みや感情的な傾向を形成し、数多くの社会的および文化的影響と絡み合って、その人なりの信念が選択されていく」
つまり、頭脳明晰で時流に乗っているからといって、インターネット上のカルト的な影響から身を守るには十分ではないということだ。そして、ジョー・ディスペンザやベンチーニョ・マッサーロのような怪しげなソーシャルメディアのグルたちは、長い目で見ればそれほどの大物ではないように思われるかもしれないが、まるで事実は単なる意見であるかのような態度をとり、現実の科学よりも「ライトランゲージ」やSF的な科学のほうを重んじる世界に貢献することによって、結局はもっと切迫した危険性をもつグループにつけ入る隙を与えることになるのだ。

Qアノンに大きな勢いを与えたのは、このような「主流」のヘルスケアとリーダーシップに対するパラノイア的な拒絶であり、Qアノンのレトリックは「代替ウェルネス」界隈の用語とかなり重なっている（「大いなる覚醒」「アセンション」「5G」など）。Qアノンとニューエイジの信奉者の分布図は、日に日にまとまってきているように見えるが、はじめは重なることなどありえないように思えた。かたや暴力的な右派の陰謀論者、かたや一見したところ進歩的なヒッピータイプだ。だが、アメリカで不安が増大し続けるせいで、かなりの数の市民が（ほとんどが中流階級の元キリスト教徒だった白人で、その昔、ヘヴンズ・ゲートに加わった人々と似ている）、同じように反政府、反メディア、反医師の立場に集合してきたのだ。

二〇一〇年代のはじめ、Qアノンが登場するずっと前に、急成長してきたこの政治的かつスピリチュアルな運動を説明するために「コンスピリチュアリティ」[10]という用語が生み出された（con-spiritualityとは、陰謀を意味するconspiracyと、スピリチュアルであることを意味するspirituality

の混成語）。この運動は、次の二つの基本原則によって定義される。「第一の原則は伝統的な陰謀論に沿ったもの、第二の原則はニューエイジ思想に根ざしたものだ。すなわち、（1）秘密組織が極秘に政治および社会秩序を支配している、あるいは支配しようとしている。（2）人類は意識の『パラダイムシフト』を経験している」（この定義は、「現代宗教ジャーナル」誌に掲載された二〇一一年の論文による）。

二〇二〇年にCOVID-19のパンデミックが米国を襲うと、それはロケット燃料のような役割を果たしてコンスピリチュアリティを燃え上がらせた。

ワクチン反対派とプランデミックを信じる人々は、そのままコンスピリチュアリティのカテゴリーに入るが、ほかにもQアノンと関わりがあることがそれほど目立たないウェルネス愛好家も数多く含まれる。たとえば、エッセンシャルオイルのMLMに登録する人や、ホワイトウォッシュされたヨガクラスに「ナマスレー」のTシャツを着て通う人[11]、あるいは「ホリスティックなセルフケア」というインスタグラム・アカウントを運用している人などだ。ある晩ユーチューブで「完全にナチュラルな健康法」を検索し、最後に「医者はすべて洗脳されている」というコンスピリチュアリティの領域に踏み込んでしまい、そこから抜け出せなくなった人もそうかもしれない。用心しなければならないのは、コンスピリチュアリスト全員が、自分の信念がQアノンとつながりがあることを知っているとは限らないし、そうした関係を進んで認めるとも限らないという点だ。実際、こうした考えをもつ人のなかには、「Qアノン」「陰謀論者」「ワクチン反対派」という名称を侮辱的な「中傷」とみなしている者もいる。そして外部の人たちがこれらのラベルを引き合いに出せば出すほど、内部の人たちはなお自分の主張に固執する。結局のところ、どちらの陣営の人々も、相手が「洗脳された」のだと思っているのだ。

大まかに説明すると、Ｑアノンは二〇一七年に、諜報機関の内部関係者とされるＱという人物を中心にインターネット上で発信された過激な陰謀論として登場した。陰謀論の始まりは次のようなものになる。Ｑと名乗る匿名の人物が、左翼の堕落した指導者たち――「ディープステート（闇の政府）」または「グローバル・エリート」と呼ばれる――が世界中の児童を性的虐待している「証拠」があると断言したのだ（Ｑによれば、ドナルド・トランプは「不正に」失脚させられる前に、その連中を阻止しようと辛抱強く闘っていたそうだ）。この権力を握った左翼のプレデターたちの邪悪な秘密結社を破滅させる唯一の方法は、「Ｑ愛国者」または「パン屋《ベイカー》」と呼ばれるＱの支持者たちの支援を得ることであり、彼らは匿名のリーダーがインターネットのあちこちに残した秘密の手がかり（「Ｑドロップ」または「パンくず」と呼ばれる）の意味を探しまわっている。Ｑを信用するならば、主流派の政府を拒絶し、報道機関を激しく軽蔑し、いたるところで彼らを疑う人々とぶつからざるを得ない。それはすべて、進行している「パラダイムシフト」に必要なことだ。Ｑアノンは、「今やあなたがニュース」や「ショーを楽しめ」などのスローガンを生み出し、まもなくやってくるという「覚醒」、つまり黙示録的終末を引き合いに出す。

二〇二〇年九月に政治ニュースサイト「デイリー・コス」とオンライン世論調査会社「シヴィックス」が共同で世論調査を行なったところ、調査した共和党支持者の半数以上が、Ｑアノンの陰謀論（少なくとも自分が承知している理論）の一部または大半を信じていると答えた。[12] Ｑアノンの底なし沼にさらにはまっていけば、支持者が（少なくとも最初は）まったく知らない、「悪魔崇拝パニック」で信じられたような荒唐無稽な極右的信条に出会うことになる。たとえば、ジェフリー・エプスタインがトム・ハンクスと共謀して数多くの未成年に性的虐待をした、ヒラリー・クリントンが寿命を延ばすために子どもの血を飲んだ、ロスチャイルド家は何世紀も続く悪魔崇拝者の組織を運営している、云々。

だがQアノンはまたたくまに成長し、典型的な極右過激派の枠を超えて、はるかに多くの人々を巻き込んでいった。そしてもう少し左寄りの人々に目を向ければ、表面的にはもっと受け入れやすいコンスピリチュアリストがいて、彼らはヒラリー・クリントンの悪魔崇拝にはさほど注目せずに、邪悪な西欧の薬を自分たちやその子どもたちに強制するビッグファーマ〔世界の巨大製薬会社〕に偏執狂的な疑いの目を向けている。こうしたコンスピリチュアリストの使う「含みのある言葉」は少し異なっていて、一部はフェミニストが政治運動で使う用語を取り入れたものだ。たとえば、「強制挿入」（ワクチン接種と性的暴力を合体させた語）や「私の体は、私が決める」（妊娠中絶の権利を擁護する運動で使われる標語を盗用した、ワクチン反対・マスク反対のスローガン）などがある。ソーシャルメディアのアルゴリズムは、人々が入力するキーワードを追跡し、彼らがすでに興味をもっていることだけを提示しようとするので、それぞれにカスタマイズされたQアノンの分派が、網の目のように無秩序に広がっていくことになった。

このように言葉を――その内容と、それがもつエネルギーを――利用して、Qアノンはブラックホールのようになり、そこに近づいた二十一世紀のあらゆる種類のカルト的信者を吸い込んできた。

それこそが、Qアノンの重要なキャッチフレーズ（「ディープステート」「主流メディア」「パラダイムシフト」など）が、非常に高尚かつ漠然としている一因だ。そうした言葉は、あまり多くを明らかにすることなく、新しい仲間を惹きつけてつなぎとめるのに役立つからだ。サイエントロジーが新しい信者を失わないために、風変わりな上位レベルの言葉を最初は隠しておくのと似ている。占星術と同様に、そうした具体性のない投稿を読むと、信者は唯一無二の内容を語られているのだと――このコミュニティだけが世界の苦難に対する答えを知っているのだと――思い込んでしまう。だがその間ずっと、統一された信念体系などまったく存在しないという事実は隠されたままだ。

人々を巧みに操るほとんどのカルト集団と同様、Qアノンが人々を惹きつけるのは、主として彼らが将来の出来事を予言するからであり、それを知ることができるのは、Qアノンという啓蒙された地下共同体のメンバーだけだとされている。そして、その魅力を生み出しているのは（すでにみなさんにお馴染みのとおり）、内輪の者だけに通じる頭字語やキーボード記号、「私たちと他の人たち」を区別するラベル、そして「含みのある言葉」という、徹底的なまでの社会方言〔特定の集団や階層によって話される言語〕だ。Qアノンの用語では、CBTSは「嵐の前の静けさ（calm before the storm）」をあらわし、「真実の探求者」とはQアノンの信奉者のことで、無知な部外者は「シープル」または「エリートの代理人」と呼ばれる〔シープルはsheep（羊）とpeople（人々）を組み合わせた造語〕。#Savethechildren（子どもたちを救え）というハッシュタグは、害のないように見えるQアノンの標語だが、児童の人身売買を根絶するための活動で実際に使われている標語を盗用したものであり、数多く使われる表現に身を隠して新しい信奉者を獲得するために使われている。

「5D意識」は、騒然とした時代に内部の者たち（つまりQアノン信者）が利用できる、啓蒙されたレベルの意識状態のこと、「アセンション」〔次元の上昇というような意味〕は不安や認知的不協和を取り除くために用いられる含みのあるキャッチフレーズ、「あらゆる観点で見る」は事実と空想を同等に扱うことを意味する多くの婉曲表現のひとつだ。

こうしてQアノンの用語は延々と続く。[13] またそれはつねに変化して、分岐してQアノン語の別の「方言」になり、信念体系に新しく加わった内容に対応していく……そのため、ソーシャルメディアのアルゴリズムがそうした語を見つけ出してフラグを立て、それを使うアカウントをブロックしたりシャドウバン〔投稿がほかの人から見えなくなるような制限をかけること〕することができない。新しい隠語、ハッシュタグ、それらの使い方のルールは、ひっきりなしに追加されている。Qアノンの信奉者たちは（そのなかにはインフルエンサーもいて、彼ら自身にもフォロワーがいる）、アップデートに備えてつねに待機し、たいていは自分の一時的なインスタグラム・ストーリーズだけに投稿する――要するに、「このメッセージは二四時間後に自動的に消滅する」という指令のソーシャルメディア版だ。こうして、彼らをフォローしているフォロワーにとっては、一段と深いレベルの排他性が生まれる。つまりQアノンの場合、カルトの内部にカルトがあり、その内部にもカルトがあり、その内部にもまたカルトがある、という具合になっている。それは極度の入れ子構造になったカルトで、それを可能にしているのはソーシャルメディアなのだ。

Qアノンの参加者は、それぞれの信念のあり方に応じて自由に、自分が「共鳴」できるような形で、「シープル」と「5D」を大まかに定義することができる。彼らにとってはさしずめ、「真実とは主観的なものだ」。Qアノンの言語の一部の解釈によって現実世界で暴力事件が引き起こされ[*]、Qアノンが現代の最も凶悪な国内テロ集団のひとつになったことも、彼らにとっては大した問題ではない。また、Qアノンが根本的には、何世紀も前から脈々と続く無鉄砲な黙示録的終末カルトのひとつにすぎないことも、彼らにとっては大した問題ではない。最新の登場人物の顔ぶれは新しく、ソーシャルメディアという媒体も新しいが、根拠のない地球最後の日の予言も、あらゆるものを陰で操る暗黒の権力も、実際には使い古された考えだ。

こうした事実があってもまだ、Qアノンからコンスピリチュアリティまでの「理解を共有する文化」に夢中になっている人たちは、何があろうとそのまま活動を続ける方法を見つける。どのような疑問や欠点があろうとも、「計画を信じなさい」「覚醒はどんなことよりも重大だ」「メディアはプロパガンダだ」「探究しなさい」といった、頼りになる自分たちの「思考を停止させる決まり文句」を繰り出せば、うまく忘れることができる。こうした決まり文句からは、信者たちが取りつかれたように、確証バイアスのかかった状態でインターネットの底なし沼に落ちていく過程がわかり、そこが説明のつかないことを説明する空想の世界であることを示している。

これらすべてがディストピアを舞台にしたビデオゲーム[14]のように思えるなら、それは「お楽し

＊二〇一八年以来、Qアノンの支持者たちは殺人を犯し、爆弾を作り、教会を破壊し、貨物列車を脱線させ、警察車両と猛スピードでカーチェイスを繰り広げながらQに関するモノローグを生配信し、破壊的なトランプ支持者の暴徒をまとめてきた（ほかにも数多くの悪夢のような犯罪を起こしている）[15]。

み」には欠かせない要素だ。Qの発言にはもともと非常に秘密めかしたところがあり、まるでテレビドラマの台本のようだったが（「その金を追え」「少し言いすぎた」「最後の最後まで機密にしておかなければならないことがある」）、それには理由がある。Qアノンは以前からずっと、「人を異様なほど夢中にさせる代替現実ゲーム」と説明されていて、そこではオンラインのユーザーたちが（情報というパンくずを集める）「パン屋」という想像上の役割を演じながら、新たに提示されるパンくずの謎を一つひとつ熱心に予測するのだ。カリフォルニア大学ロサンゼルス校（UCLA）の精神分析医ジョセフ・M・ピエールによれば、この種の仮想世界での宝探しによって、「変動比率スケジュール」（予測できない間隔をあけて褒美を与える条件づけの方法）と呼ばれる一種の条件づけがなされるのだという。オンラインゲームやギャンブルで勝利するとき、あるいはソーシャルメディアで次に「いいね！」をもらえるときは、不規則で予測することができないため、異常なほどの陶酔が得られる（その感覚があるから、自分のフィードを更新し続けるわけだ）。それと同じように、Qアノンの没入型体験は、依存症によく似た一種の強迫行動を生み出す。ピエールは「サイコロジー・トゥデイ」誌に掲載されたQアノンに関する認知分析[16]で、次のように述べている。Qアノンにおける「空想と現実との融合は、リスクというよりむしろ、元から備わっている特徴だ」。

ピエールによれば、陰謀論への傾倒を促す心理的特徴として一般に考えられているのは、独自性への憧れと、確実性、統制、閉鎖性への要求だ。危機に陥った時代には特に、それが差し迫ったものに感じられてしまう。予想外の筋書きをもち、世界を善と悪の二つに分類する陰謀論は、未解決の問題に対して単純な回答を与えるので、人々の関心を引く。「陰謀論は、ものごとは理由があって起きるという一種の安心感のようなものをもたらし、自分たちはほかの『シープル』がまったく気づいていない秘密を知る特別な存在だと、信者に感じさせるのだ」と、ピエールは説明している。

ツイッターやインスタグラムのようなプラットフォームがQアノンの危険性に気づいて、厳しく取り締まるようになると、支持者たちは削除されずに情報をやりとりするために、言葉遣いをさらに独創的なものにしなければならなかった。これは、Qアノンのメッセージが見た目の美しい「クオートグラム」の形をとりはじめた理由のひとつでもある。見栄えよくデザインされた名言に、「平常心を保って現実化せよ」といったセルフケア界隈でよく使われるミームを混ぜ合わせたものが、何食わぬ顔で大勢のインスタグラム・ユーザーのフィードに入り込んでいく。このような展開は、まもなく「パステル・Qアノン」と呼ばれるようになった。

魅力的な文字フォントと月並みな構文で書かれたクオートグラムは、それ自体が一種の「含みのある言葉」の役割を果たし、ユーザーの心の琴線に触れるように作られているので、誰もが深く考えずに「いいね！」を押し、リポストしてしまう。二〇一三年にある巧妙な「荒らし《トロール》」〔SNSなどでおもしろがってほかのユーザーを挑発し、争いや分断を引き起こす迷惑行為〕が成功したのは、そうした背景からだ。それはヒトラーの言葉をテイラー・スウィフトの画像に重ねて加工したもので、『わが闘争』から引用した曖昧な文章（「人がとれる唯一の予防手段は、型破りに生きることだ」「自分を他人と比較してはいけない。比較すれば、自分自身を侮辱することになる」）が使われている。ミームの仕掛人は自分の作品をピンタレストにアップロードし、多くのファンがそれをウェブのいたるところにリポストするのを自己満足の笑みを浮かべながら見ていたことだろう。要は、若くて影響を受けやすいテイラー・スウィフト・ファンの異常なほどの情熱と、「テイ」〔テイラー・スウィフトの愛称〕に関することなら疑うことなく何でも即座に共有したいという彼らの熱意が立証されたということだ。

クオートグラムに備わる宗教的な力は、ソーシャルメディアの登場以前に端を発している。私たちがクオートグラムのような四角い枠の中に収まっているシンプルな格言に惹かれる心理は、信心深い叔母さんの化粧室に飾られていた、美しい聖歌の刺繍の額縁と関係しているのかもしれない。だが実際にはそれよりもずっと古くて――いつの時代のことか想像できるだろうか?――プロテスタントの宗教改革にまでさかのぼるのだ。そのとき、人々の注目が宗教的な形象(ステンドグラスや『最後の晩餐』のフレスコ画など)からテキスト(文章)に移るという、大転換が起きた。「それにより、絵画や彫像が伝えるものの曖昧さに対して人々の不安が増していった」と、ダラム大学でデジタル神学の研究員を務めるマリカ・ローズ博士は「グラツィア」誌に書いている。「そのため、聖書を尊重していたプロテスタントは、ますますテキストに重きを置く宗教になっていった」。それからというもの、私たちの文化は助言や福音を示すために一ロサイズの簡潔な格言を使うようになり、文字で書かれた引用文を見れば、読んだとおりのことが現実のものになると確信するようになった。ただしインターネット上では、出典のはっきりしない謎めかしたエピグラムが人々を引き込む誘導路のような役割を果たし、何かを求める人々をさらに邪悪なものへと導いている。

Qアノンには、具体的な組織体制も、ひとりのリーダーも、まとまりのある教義も、やめるときに具体的な代償を払う必要もない。そのため、厳密に言うなら、たとえばヘヴンズ・ゲートやジョーンズタウンと同じカルトのカテゴリーには入らない。だが、すっかり没頭してしまったQアノンの信奉者は、簡単に足を洗うことができずにいる。「覚醒」と「探究」の世界にどっぷり浸かった者たちは、その底なし沼から這い出れば、深刻な心理的喪失を経験するかもしれない。「それまで時間を使っていたもの、何か大切なものとつながっているという感覚、そして、不確かな時代にあっても自尊心を抱き、自らをコントロールできているという感覚」を失うことになると、ピエールは説明している。たとえ元信者がQアノンを非難したとしても、こうした実存的な理由から、熱心な信者たちはQアノンに魅了され続けるだろう。

誰もがQアノン・レベルのインターネット・カルトにたどりつくわけではなく、多くの人々はフェイスブックからタンブラーといったさまざまなプラットフォームのおかげで、人生の大切さと人とのつながりを感じることができている。私が思うには、セレブやコンスピリチュアリストがインターネットで自分自身のカルトのフォロワーを集めている一方で、私たち数十億人が――ジョー・ディスペンザ博士やドナルド・トランプのような有名人でさえ（彼らこそとりわけ）――属している究極の疑似教会がある。それは、ソーシャルメディアそのものだ。

ある意味、「宗教心は薄れる一方だ」と主張することさえできない。なにしろソーシャルメディアの仕事というのは、明らかにさまざまなイデオロギーの教派をいくつも生み出し、すでに信じていることを誇張するだけのコンテンツで人々のフィードを埋めつくすことなのだ。私たちがそれぞれ投稿し、インターネット上で個々のアイデンティティを作り出すと、アプリがメタデータを介してそうした人格《ペルソナ》を把握し、否応なしに送りつけてくるターゲティング広告とカスタムフィードを使って、それをさらに強化していく。「ジ・アルゴリズム」ほど私たちの心理的傾向を巧みに利用できる「カルトリーダー」は、他にいない。それは私たちを底なし沼に突き落とすことを生きがいとしており、私たちは自分から探しにいかないかぎり、自分と意見を異にするレトリックを目にすることさえなくなる。私たちがどのような選択をするかは――身につける衣服の好みから、精神的、政治的な信条まで、ありとあらゆることについて――こうした不可思議な、デジタル版の自分自身から直接導かれた結果なのだ。タラ・イザベラ・バートンは著書『奇妙な儀式』で、「アメリカは宗教離れしたわけではなく、ただ精神的に自己中心に傾いているだけだ」と書いている。ソーシャルメディアを中心に回る社会で、私たちは誰でも、カルトのリーダーにもなれば、カルトの信者にもなっている。

ソウルサイクルからインスタグラムまで、こうした集団はすべてカルト的で、だから悪だと書いてしまうのは簡単だ。けれども結局のところ、すべての人が何かを信じたり何かに参加したりするのを拒絶したほうが世界は良くなる、などとは思えない。あまりにも用心深くなれば、人間として最も魅力的なところが失われてしまう。少しだけ気を緩めて集団のチャントやマントラに参加することさえ許されないような世界には、住みたいとは思わない。すべての人が別の可能性を選ぶことを恐れ、つながりや意味を求めてちょっとだけ論理を超えた判断をしてみることもしなくなったら、どれだけ孤独だろうか。

有名な科学者たちの個性および普通と異なる信念を受容できる能力に関する研究によれば、過度の冷笑主義は発見の邪魔になることがわかっている。サイエンスライターのマイケル・シャーマーは、古生物学者スティーヴン・ジェイ・グールドや天文学者カール・セーガンのような伝説の天才たちが経験に対する誠実性と開放性で群を抜いており、風変わりな（のちに正しいことがわかる）主張をときおり受け入れるだけの柔軟さをもちながら、偶然出会うすべての奇妙な理論にだまされるほどには信じやすくないという、理想的なバランスの持ち主だったことに気づいた。シャーマーは次のように述べている。「たとえばセーガンには、当時はどちらかというと異端の考えとみなされていた地球外知的生命の探索をやってみようという開放性があった。その一方で、ＵＦＯとエイリアンがすでに地球に着陸しているという、さらに物議をかもす主張を受け入れないだけの誠実性を保っていた」。手短に言うと、何かがあまりにも突飛すぎて真実だと思えないなら、それはほんとうに愉快で真実っぽく突飛なのだ。

カルトに加わる人は「自分を見失った」と言われることもある。でも、人は誰でもどこかに「自分を見失った」部分があるのではないだろうか。人生は誰にとっても無秩序で、ややこしいものだ。人がどのようにして危なっかしくカルト的な状況に身を投じてしまうのか、より深く考えてみるなら、その人たちは見つけてもらうことを積極的に求めたのであり、（遺伝子と人生経験の違い、さらに人格を形成する複雑で多様な要因のせいで）一風変わった場所にいることを、平均的な人たちよりも受け入れやすいのだろう。身の安全を守るには、事実を調べること、クロスチェックをすること、そして「精神的充足感は思いがけないところからもたらされるかもしれない」という考えを受け入れることを、きちんと組み合わせる必要がある。

また、多くの人々が所属している平凡な「カルト」について、当然のように害があると無邪気に決めてかかるのも有益ではないと私は思っている。ソウルサイクルはサイエントロジーではない。インスタグラムのインフルエンサーはジム・ジョーンズではない。そしてこれまで学んできたように、私たちの神経を逆なでする何らかのグループを非難するために、かつてセンセーショナルに報道された「カルトリーダー」を引き合いに出すと、混乱が生じ、批判すべき危険性が何であるかさえわからなくなる。そうなれば実際的な被害が生じる場合もあるだろう。これはブランチ・ダビディアンの複合施設に対する包囲攻撃でわかっていることだ。あのときFBIはあまりにも強い嫌悪感を抱いたために、ウェーコが「もうひとつのジョーンズタウン」になるにちがいないと思い込み、避けることができた不幸な出来事を自ら引き起こしてしまった。現在、インターネットに集う無政府主義の右翼グループのなかには、ウェーコの事件から歪んだ刺激を受け、FBIに包囲されて孤立して命を落とすことを究極の殉死とみなす者もいる。こうした出来事が証明しているように、カルト的集団の微妙な差異に目をつぶれば、誇張とカオスの文化が永続しかねないのだ。

実際のところ、現代のほとんどの活動では、私たちが何を信じ、何に関わり、どんな言葉を使って自らの考えを表現するかを、自分で決める自由が十分にある。こうしたコミュニティが用いているレトリックに耳を傾け、それがどんなふうに良い影響とそれほど良くない影響を与えているかに注目すれば、どのような選択をするにせよ、より冷静に参加できるようになるはずだ。

私は父からシナノンの話――毎日こっそり抜け出して、禁じられていたサンフランシスコの高校に通っていたこと、医療研究所で実験したこと――を聞きながら育ったために、機嫌よく楽観主義で生きていると、疑わしいものの影響を受けやすくなる一方、そうした楽観主義のおかげで、ほんとうに暗い状況から抜け出せることを学んだ。適度に思慮深い疑問を抱き、自分自身の論理的な思考や情緒的な直感（直感には理由がある）を大事にするよう気をつけていれば、隔離されたコミューンから過酷なスタートアップの仕事、そして怪しげなインスタグラムのグルにいたるまで、どのような状況に置かれても人は自分自身を失わずにいられる。

何よりも、自分の目を油断なく光らせ続けることが大切なのだ——脳がわずかにチクッとすれば、そこには何らかのメタファーがあり、作りごとが隠されているはずだ。そして自分のアイデンティティというものは、ひとりのスワミや断固としたイデオロギーから生まれるのではなく、自分自身を作り上げている膨大な量の影響と経験と言葉の混合から生まれる。そのことをしっかり覚えてさえいれば、どこかのカルト的な集団に関わったとしても、一日の終わりに家に帰るかアプリを閉じ、その集団の言語のユニフォームを脱いで、また自分らしい話し方に戻れば、どっぷり浸かってしまわずにすむ。

この本を書きはじめたとき、仕事が終わるころにはカルト研究の影響を受け、私はすっかり不愛想で人間嫌いになっているのではないかと少しだけ心配していた。ところが終わってみれば、私たちの日常生活に入り込むカルト語のさまざまな言い回しに、これまでになく敏感になったとはいえ、同時に思いやりが深まったと感じている。私自身がシャンバラのような組織に入ったり、インスタグラムのコンスピリチュアリストに夢中になったりすることはなさそうだが、そうする可能性のある人たちを一概に批判しない姿勢が新たに身についた。そう思うようになったのは、人それぞれの常識外れの信念、経験、献身は愚かさのあらわれではなく、私が考えていた以上に人間が神秘と共同作業を生理的に好むようにできている（そのせいで利益を得ることも、不利益を被ることもある）という事実のあらわれだと知ったからだ。

同じものを探す仲間といっしょに何かを信じたり、何かを感じたりしたいという気持ちは、私たちのＤＮＡに刷り込まれている。そうするために健全な方法があると、私は確信している。同時に複数の「カルト」に所属すればいいのではないかとも考える——ジョーンズタウンを生き延びたローラ・ジョンストン・コールが、ひとつのコミューンで過ごす生き方をやめて、いくつかの異なるグループに関わることにしたように。そんなふうに、私たちがチャントに加わるのも、ハッシュタグを駆使するのも、霊の存在や神の恵みについて語るのも、グロッソラリアを用いるのも……たとえ何らかの形のカルト語を話すのも……つねに現実という地に足をつけたままでいさえすれば、自由にできるのだ。

だから、もう一度やりなおしてみよう。さあ、みんないっしょに。私についてきて。人生は、ひとりっきりで取り組むには、あまりにも風変わりなものだから。

謝辞

多くの寛大な方々のお力添えがあって、この本を完成させることができた。まず、情報を提供してくださったみなさんに、心からお礼を申し上げたい（インタビューの内容をこの本に書ききれていない部分もあるが、すべてが計り知れないほど貴重なものだった）。私のために多くの時間、専門知識、考察、そして苦しい経験の話を提供してくださったことに、言い尽くせない感謝の念を抱いている。この本がとりわけすばらしいものになったのは、もう何年も話していなかった友人や家族と、再びつながりあうきっかけになったからだ。カルトという奇妙にも普遍的な話題のおかげで、再会がかなった。

すばらしい編集者のカレン・リナルディとレベッカ・ラスキンには、つねに私を信じて力を貸してくれたことに感謝している。そして、驚くべき情熱をもったハーパー・ウェイブ社のチームのみんな、エレナ・ネスビット、ソフィア・ローリエロ、ペニー・マクラスにも、心から感謝の意を表したい。

私の著作権代理人レイチェル・フォーゲルを見ていると、ひとつ上のレベルに進化した人類のように思えてくる。あなたのような代理人、そして友人をもてたことは、私にとってほんとうに幸運だった。オリビア・ブラウスタインにも、いつも変わらず支援してくれていることに感謝している。

そして私が本に着手する際のグルであるダン・ブランクには、「最後のひと押し」をしてもらえて、ほんとうによかった。

私をいつも元気づけ支えてくれている家族、両親のクレイグとデニス、そして弟のブランドンからは、さまざまな恩恵を受けてきた。好奇心と懐疑主義を私にもたらしてくれて、みんな、ほんとうにありがとう。母にはタイトルを決める手助けをしてもらったこと、弟には原稿を細かく読み直してもらったこと、そして父には、カルトの物語をたくさん聞かせてもらったことに、感謝するばかりだ。私はいつものように椅子の端に腰かけて、父の思い出話を聞くのを楽しみに待っている。

私を元気づけてくれる大切な友人たち、メンター、独創的な協力者、なかでもラチェリ・アルコベイ、イサ・メディナ、アマンダ・コール、コア・ベック、カミーユ・ペリ、キーリー・ウェイス、アザデ・ガファリ、ジョーイ・ソロウェイ、レイチェル・ヴィーガンド、いつもほんとうにありがとう。レイ・メイ、二〇一八年のはじめに開拓者墓地であなたと交わしたゾッとするような会話が、実際に本になったなんて、信じられる？　すごい！

熱中の度合いがすばらしい私のインスタグラム「フォロワー」コミュニティのみなさん。インターネットがまともな場所だと感じさせてくれて、ほんとうにありがとう。

私の右腕とも言えるケイトリン・マクリントック、あなたの献身と信頼と陽気な勇気がなければ、この本が実現することはなかった。ほんとうにありがとう。

私の忠実な犬と猫のアシスタントたち――フィドル、クレア、そしてとりわけ私の相棒のデヴィッド。私の甘えん坊たちがいたからこそ、この一年間を切り抜けることができたのだと思う。

そして最後に、ケイシー・コルブ。あなたは私の心の友、親友、デュエットのパートナー、私のよき相談役、隔離期間の相棒、そしてひとりだけのファンクラブ。もしもCKのカルトがあるなら、私は今すぐ参加する。

https://www.theolympian.com/news/local/article25225543.html.〔リンク切れ〕

8. M. Shermer, *Why People Believe Weird Things* (New York: A. W. H. Freeman/Owl Book, 2007).〔マイケル・シャーマー『なぜ人はニセ科学を信じるのか』岡田靖史訳、早川書房〕

9. Stuart A Vyse, *Believing in Magic: the Psychology of Superstition* (New York: Oxford University Press, 1997).

10. Charlotte Ward and David Voas, "The Emergence of Conspirituality." Taylor & Francis, Journal of Con-temporary Religion, January 7, 2011, https://www.tandfonline.com/doi/abs/10.1080/13537903.2011.539846?journalCode=cjcr20&.

11. Anusha Wijeyakumar, "We Need to Talk about the Rise of White Supremacy in Yoga." InStyle, October 6, 2020, https://www.yahoo.com/lifestyle/talk-rise-white-supremacy-yoga-183056048.html.

12. Tommy Beer, "Majority of Republicans Believe the QAnon Conspiracy Theory Is Partly or Mostly True, Survey Finds," *Forbes*, September 2, 2020, https://www.forbes.com/sites/tommybeer/2020/09/02/majority-of-republicans-believe-the-qanon-conspiracy-theory-is-partly-or-mostly-true-survey-finds/?sh=3d8d165b5231.

13. "Conspirituality-To-QAnon (CS-to-Q) Keywords and Phrases," Conspirituality.net, https://conspirituality.net/keywords-and-phrases/

14. Alyssa Rosenberg, "I Understand the Temptation to Dismiss QAnon. Here's Why We Can't," *Washington Post*, August 7, 2019, https://www.washingtonpost.com/opinions/2019/08/07/qanon-isnt-just-conspiracy-theory-its-highly-effective-game/.

15. Lois Beckett, "QAnon: a Timeline of Violence Linked to the Conspiracy Theory." *Guardian*. October 16, 2020, https://www.theguardian.com/us-news/2020/oct/15/qanon-violence-crimes-timeline.

16. Joe Pierre, "The Psychological Needs That QAnon Feeds," *Psychology Today*, August 12, 2020, https://www.psychologytoday.com/us/blog/psych-unseen/202008/the-psychological-needs-qanon-feeds.

m-choudhury-loses-it-when-asked-about-sexual-assault-allegations_n_58139871e4b0390e69d0014a.

第6部　フォローのためのフォロー

i

1. Be Scofield, "Tech Bro Guru: Inside the Sedona Cult of Bentinho Massaro," *The Guru Magazine*, December 26, 2018, https://gurumag.com/tech-bro-guru-inside-the-sedona-cult-of-bentinho-massaro/.
2. Be Scofield, "Tech Bro Guru: Inside the Sedona Cult of Bentinho Massaro," Integral World, December 26, 2018, http://www.integralworld.net/scofield8.html.
3. Jesse Hyde, "When Spirituality Goes Viral," *Playboy*, February 18, 2019, https://www.playboy.com/read/spirituality-goes-viral. 〔リンク切れ〕
4. David D. Luxton, Jennifer D. June, and Jonathan M. Fairall, "Social Media and Suicide: A Public Health Perspective," *American Journal of Public Health* (May 2012), https://www.ncbi.nlm.nih.gov/pmc/articles/PMC3477910/.
5. Oscar Schwartz, "My Journey into the Dark, Hypnotic World of a Millennial Guru," *Guardian*, January 9, 2020, https://www.theguardian.com/world/2020/jan/09/strange-hypnotic-world-millennial-guru-bentinho-massaro-youtube.

ii

1. Mark Dery, "Technology Makes Us Escapist; The Cult of the Mind," *New York Times Magazine*, September 28, 1997, https://www.nytimes.com/1997/09/28/magazine/technology-makes-us-escapist-the-cult-of-the-mind.html.
2. Josh Quittner, "Life and Death on the Web," *Time*, April 7, 1997, http://content.time.com/time/magazine/article/0,9171,986141,00.html.
3. Alain Sylvain, "Why Buying Into Pop Culture and Joining a Cult Is Basically the Same Thing," Quartz, March 10, 2020, https://qz.com/1811751/the-psychology-behind-why-were-so-obsessed-with-pop-culture/.
4. Jane Solomon, "What Is An 'Influencer' And How Has This Word Changed?" Dictionary.com, January 6, 2021, https://www.dictionary.com/e/influencer/#:~:text=The%20word%20influencer%20has%20been,wasn't%20a%20job%20title.
5. Jesse Hyde, "When Spirituality Goes Viral," *Playboy*, February 18, 2019, https://www.playboy.com/read/spirituality-goes-viral. 〔リンク切れ〕
6. Sophie Wilkinson, "Could Inspirational Quotes Be Instagram's Biggest Invisible Cult?," *Grazia*, September 30, 2015, https://graziadaily.co.uk/life/real-life/inspirational-quotes-instagrams-biggest-invisible-cult/.
7. Lisa Pemberton, "Behind the Gates at Ramtha's School," *Olympian*, July 15, 2013,

08/28/crossfits-conscious-capitalism/.

7. Jason Kessler, "Why I Quit CrossFit," Medium, July 15, 2013, https://medium.com/this-happened-to-me/why-i-quit-crossfit-f4882edd1e21.
8. Janet Morrison et al., "The Benefits and Risks of CrossFit: A Systematic Review," *Workplace Health and Safety* 65, no. 12 (March 31, 2017): 612–18, DOI: 10.1177/2165079916685568.
9. Eric Robertson, "CrossFit's Dirty Little Secret," Medium, September 20, 2013, https://medium.com/@ericrobertson/crossfits-dirty-little-secret-97bcce70356d.
10. Mark Hay, "Some CrossFit Gyms Feature Pictures of These Puking, Bleeding Clowns," *Vice*, June 21, 2018, https://www.vice.com/en/article/yweqg7/these-puking-bleeding-clowns-are-a-forgotten-part-of-crossfits-past.
11. Rina Deshpande, "Yoga in America Often Exploits My Culture—but You May Not Even Realize It," *SELF*, October 27, 2017, https://www.self.com/story/yoga-indian-cultural-appropriation.
12. Gene Demby, "Who's Really Left Out of the CrossFit Circle," Code Switch, NPR, September 15, 2013, https://www.npr.org/sections/codeswitch/2013/09/15/222574436/whos-really-left-out-of-the-crossfit-circle.
13. Alex Abad-Santos, "How SoulCycle Lost Its Soul." Vox, December 23, 2020, https://www.vox.com/the-goods/22195549/soulcycle- decline-reopening-bullying-bike-explained.
14. Matt Turner, "SoulCycle's Top Instructors Had Sex with Clients, 'Fat-Shamed' Coworkers, and Used Homophobic and Racist Language, Insiders Say." *Business Insider*, November 22, 2020, https://www.businessinsider.com/soulcycle-instructors-mistreated-staff-slept-with-riders-2020-11.
15. Bridget Read, "The Cult of SoulCycle Is Even Darker Than You Thought." The Cut, December 23, 2020, https://www.thecut.com/2020/12/the-cult-of-soulcycle-is-even-darker-than-you-thought.html.
16. Katie Warren, "SoulCycle's top instructors had sex with clients, 'fat-shamed' coworkers, and used homophobic and racist language, but the company treated them like Hollywood stars anyway, insiders say." *Business Insider*, November 17, 2020, https://www.businessinsider.com/soulcycle-instructors-celebrities-misbehavior-2020-11.

v

1. Lisa Swan, "The Untold Truth of Bikram Yoga," The List, March 20, 2017, https://www.thelist.com/50233/untold-truth-bikram-yoga/.
2. Jenavieve Hatch, "Bikram Yoga Creator Loses It When Asked About Sexual Assault Allegations," *Huffington Post*, October 28, 2016, https://www.huffpost.com/entry/bikra

ii

1. "Soul Cycle Instructor and Motivational Coach Angela Davis Reminds You That You Are More Than Enough!," Facebook Watch, SuperSoul, April 23, 2018, https://www.facebook.com/watch/?v=1612129545501226.
2. OWN, "Enthusiasm: With Angela Davis: 21 Days of Motivation & Movement," YouTube, August 8, 2016, https://www.youtube.com/watch?v=bhVfjuwptJY&ab_channel=OWN.
3. OWN, "Angela Davis: Finding Your Purpose: SuperSoul Sessions," YouTube, May 10, 2017, https://www.youtube.com/watch?v=DnwdpC0Omk4&ab_channel=OWN.
4. Erin Magner, "How to Create a Powerful, Purposeful Life, According to LA's Most Inspiring Fitness Instructor," Well+Good, July 14, 2016, https://www.wellandgood.com/how-to-create-a-powerful-purposeful-life-angela-davis-soulcycle/.
5. Chris Gardner, "Celebrity Soul-Cycle Instructor Angela Davis Joins Akin Akman as Co-Founder of AARMY Fitness Studio," *Hollywood Reporter*, November 21, 2019, https://www.hollywoodreporter.com/rambling-reporter/celebrity-soulcycle-instructor-angela-davis-joins-akin-akman-as-founder-aarmy-fitness-studio-1256636.

iii

1. Victoria Hoff, "Inside the Ultra-Competitive 'Auditions' to Become a Cycling Instructor," The Thirty, March 8, 2018, https://thethirty.whowhatwear.com/how-to-become-a-spin-instructor/slide2.

iv

1. R. Marie Griffith, *Born Again Bodies: Flesh and Spirit in American Christianity* (Berkeley, California: University of California Press, 2004).
2. Connor Gwin, "My Church Is Not CrossFit," Mockingbird, September 12, 2018, https://mbird.com/2018/09/my-church-is-not-crossfit/.
3. Zan Romanoff, "The Consumerist Church of Fitness Classes," *The Atlantic*, December 4, 2017, https://www.theatlantic.com/health/archive/2017/12/my-body-is-a-temple/547346/.
4. Alice Hines, "Inside CorePower Yoga Teacher Training," *New York Times*, April 6, 2019, https://www.nytimes.com/2019/04/06/style/corepower-yoga-teacher-training.html.
5. Robbie Wild Hudson, "Hero CrossFit Workouts to Honour Fallen American Soldiers," *Boxrox Competitive Fitness Magazine*, February 17, 2020, https://www.boxrox.com/hero-crossfit-workouts-to-honour-fallen-american-soldiers/. 〔リンク切れ〕
6. Elizabeth Nolan Brown, "CrossFit Founder Greg Glassman: 'I Don't Mind Being Told What to Do. I Just Won't Do It,' " *Reason*, August 28, 2017, https://reason.com/2017/

bbc.co.uk/2/hi/health/8257716.stm.

4. "Yoga: How Did It Conquer the World and What's Changed?," BBC, June 22, 2017, https://www.bbc.com/news/world-40354525.
5. "CrossFit: CEO Greg Glassman Steps Down After Racist Tweet," *Diario AS*, October 6, 2020, https://en.as.com/en/2020/06/10/other_sports/1591791315_063019.html.
6. Jenny Weller, "Why the Fitness Industry Is Growing," Glofox, November 15, 2019, https://www.glofox.com/blog/fitness-industry/.
7. "How Millennials are Redefining Healthcare Today: Are You Behind?" Multiple Chronic Conditions Resource Center, 2018, https://cdn2.hubspot.net/hubfs/498900/How%20Millennials%20are%20Redefining%20Healthcare.pdf.
8. "The Japanese Morning Exercise Routine—Rajio-Taiso—JAPANKURU." *Japankuru Let's share our Japanese Stories!*, March 29, 2020, https://www.japankuru.com/en/culture/e2263.html.
9. " 'Nones' on the Rise," Pew Research Center, October 9, 2012, https://www.pewforum.org/2012/10/09/nones-on-the-rise/.
10. Tom Layman, "CrossFit as Church? Examining How We Gather," Harvard Divinity School, November 4, 2015, https://news-archive.hds.harvard.edu/news/2015/11/04/crossfit-church-examining-how-we-gather.
11. Carribean Fragoza, "All the Zumba Ladies: Reclaiming Bodies and Space through Serious Booty-Shaking." KCET, January 1, 2017, https://www.kcet.org/history-society/all-the-zumba-ladies-reclaiming-bodies-and-space-through-serious-booty-shaking.
12. Meaghen Brown, "Fitness Isn't a Lifestyle Anymore. Sometimes It's a Cult," *Wired*, June 30, 2016, https://www.wired.com/2016/06/fitness-isnt-lifestyle-anymore-sometimes-cult/.
13. Amy Larocca, "Riding the Unicorn: Peloton Accidentally Built a Fitness Cult. A Business Is a Little More Complicated," *The Cut*, October 17, 2019, https://www.thecut.com/2019/10/peloton-is-spinning-faster-than-ever.html.
14. Zan Romanoff, "The Consumerist Church of Fitness Classes," *The Atlantic*, December 4, 2017, https://www.theatlantic.com/health/archive/2017/12/my-body-is-a-temple/547346/.
15. Casper ter Kuile and Angie Thurston, "How We Gather (Part 2): SoulCycle as Soul Sanctuary," *On Being* (blog), July 9, 2016, https://onbeing.org/blog/how-we-gather-part-2-soulcycle-as-soul-sanctuary/.
16. Alex Morris, "The Carefully Cultivated Soul of SoulCycle." *The Cut*, January 7, 2013. https://www.thecut.com/2013/01/evolution-of-soulcycle.html.

nobelprize.org/prizes/economic-sciences/2002/kahneman/biographical/.
2. Elizabeth Kolbert, "Why Facts Don't Change Our Minds," *The New Yorker*, February 27, 2017, https://www.newyorker.com/magazine/2017/02/27/why-facts-dont-change-our-minds.
3. "Trust: The Development of Trust," Marriage and Family Encyclopedia, JRank, https://family.jrank.org/pages/1713/Trust-Development-Trust.html.
4. Joseph P. Forgas, "On Being Happy and Gullible: Mood Effects on Skepticism and the Detection of Deception," *Journal of Experimental Social Psychology* 44, no. 5 (September 2008): 1362–67, DOI: 10.1016/j.jesp.2008.04.010.

v

1. Molly Young, "Garbage Language: Why Do Corporations Speak the Way They Do?," Vulture, February 20, 2020, https://www.vulture.com/2020/02/spread-of-corporate-speak.html.
2. Tomas Chamorro-Premuzic, "1 in 5 Business Leaders May Have Psychopathic Tendencies—Here's Why, According to a Psychology Professor," CNBC, April 8, 2019, https://www.cnbc.com/2019/04/08/the-science-behind-why-so-many-successful-millionaires-are-psychopaths-and-why-it-doesnt-have-to-be-a-bad-thing.html.
3. Jodi Kantor and David Streitfeld, "Inside Amazon: Wrestling Big Ideas in a Bruising Workplace," *New York Times*, August 15, 2015, https://www.nytimes.com/2015/08/16/technology/inside-amazon-wrestling-big-ideas-in-a-bruising-workplace.html.

vi

1. Staff, "The Troubled World of William Penn Patrick," *Los Angeles Times*, August 16, 1967.
2. *The Dream*, Podcast, October 22, 2018, https://open.spotify.com/show/69SbOSdWtOYpJArpX6KczL.

第５部　この時間はあなたの人生を変える……あなたはとってもステキになれる

i

1. Rose Surnow, "Love, Sweat and Tears: Intensati Kicks Your Ass and Cleanses Your Soul," *Cosmopolitan*, July 16, 2013, https://www.cosmopolitan.com/health-fitness/advice/a4579/patricia-moreno-finds-thinner-peace/.
2. David Nield, "Working Out in a Group Could Be Better for You Than Exercising Alone," Science Alert, November 5, 2017, https://www.sciencealert.com/working-out-in-groups-better-than-exercising-alone.
3. "Group Exercise 'Boosts Happiness,' " BBC News, September 15, 2009, http://news.

ii

1. “Leave a Message,” *The Dream*, podcast, November 2018, https://open.spotify.com/episode/14QU34m1rYlF9xliSWlM5l.
2. Amelia Theodorakis, “Why Would ‘You Keep Nose to the Grindstone’ Anyway?,” Your Life Choices, December 8, 2016, https://www.yourlifechoices.com.au/fun/entertainment/keep-your-nose-to-the-grindstone.
3. “The Rise of Big Business,” in 1912: *Competing Visions for America*, eHISTORY, Ohio State University, https://ehistory.osu.edu/exhibitions/1912/trusts/RiseBigBusiness.
4. Michael G. Pratt, “The Good, the Bad, and the Ambivalent: Managing Identification Among Amway Distributors,” *Administrative Science Quarterly* 45, no. 3 (September 2000): 456–93, DOI: 10.2307/2667106.
5. Nathalie Luca, “Multi-Level Marketing: At the Crossroads of Economy and Religion,” in *The Economics of Religion: Anthropological Approaches*, vol. 31, eds. Lionel Obadia and Donald C. Wood (Bingley, UK: Emerald Group Publishing Limited, 2011).
6. C. Groß, “Spiritual Cleansing: A Case Study on How Spirituality Can Be Mis/used by a Company,” *Management Revu* 21, no. 1 (2010): 60–81, DOI: 10.5771/0935-9915-2010-1-60.

iii

1. Steve Keohane, “Sun Myung Moon’s Unification Church,” *Bible Probe*, April 2007, https://www.bibleprobe.com/moonies.htm. 〔リンク切れ〕
2. “The Husband Unawareness Plan,” F.A.C.E.S (Families Against Cult-like Exploitation in Sales), https://marykayvictims.com/predatory-tactics/the-husband-unawareness-plan/.
3. “Amway Speaks: Memorable Quotes,” Cult Education Institute, https://culteducation.com/group/815-amway/1674-amway-speaks-memorable-quotess.html.
4. James V. Grimaldi and Mark Maremont, “Donald Trump Made Millions from Multilevel Marketing Firm,” *Wall Street Journal*, August 13, 2015, https://www.wsj.com/articles/trump-made-millions-from-multilevel-marketing-firm-1439481128.
5. Lisette Voytko, “Judge Rules Trump Can Be Sued for Marketing Scheme Fraud,” *Forbes*, July 25, 2019, https://www.forbes.com/sites/lisettevoytko/2019/07/25/judge-rules-trump-can-be-sued-for-marketing-scheme-fraud/?sh=7448b2516395.

iv

1. Joseph Paul Forgas, “Why Are Some People More Gullible Than Others?,” The Conversation, March 30, 2017, https://theconversation.com/why-are-some-people-more-gullible-than-others-72412; Daniel Kahneman, “The Sveriges Riksbank Prize in Economic Sciences in Memory of Alfred Nobel 2002,” NobelPrize.org, https://www.

New York Times, July 11, 2018, https://www.nytimes.com/2018/07/11/nyregion/shambhala-sexual-misconduct.html.

第4部　#ボスベイブになりたい？

i

1. Eric Worre, "The Hottest Recruiting Scripts in MLM," Network Marketing Pro, https://networkmarketingpro.com/pdf/the_hottest_recruiting_scripts_in_mlm_by_eric_worre_networkmarketingpro.com.pdf.〔リンク切れ〕
2. Charisse Jones, "LuLaRoe Was Little More Than a Scam, a Washington State Lawsuit Claims," *USA Today*, January 28, 2019, https://www.usatoday.com/story/money/2019/01/28/lularoe-pyramid-scheme-duped-consumers-washington-suit-says/2700412002/.
3. Cristen Conger, "How Tupperware Works," How-StuffWorks, July 25, 2011, https://people.howstuffworks.com/tupperware2.htm.
4. Lisette Voytko, "FTC Warns 16 Multi-Level Marketing Companies About Coronavirus Fraud." *Forbes*, June 9, 2020, https://www.forbes.com/sites/lisettevoytko/2020/06/09/ftc-warns-16-multi-level-marketing-companies-about-coronavirus-fraud/?sh=12d56c827b9d.
5. Lawrence Specker, "It Wasn't Easy, But Mobile Now Has a 21st Century Confetti Policy," *Mobile Real-Time News*, August 7, 2018, https://www.al.com/news/mobile/2018/08/it_wasnt_easy_but_mobile_now_h.html.
6. Christopher Jarvis, "The Rise and Fall of Albania's Pyramid Schemes," *Finance & Development* 37, no. 1 (March 2000), https://www.imf.org/external/pubs/ft/fandd/2000/03/jarvis.htm; Antony Sguazzin, "How a 'Giant Ponzi Scheme' Destroyed a Nation's Economy," *Bloomberg*, February 27, 2019, https://www.bloomberg.com/news/articles/2019-02-28/how-a-giant-ponzi-scheme-destroyed-a-nation-s-economy.
7. Bridget Casey, "Your Gifting Circle Is a Pyramid Scheme," Money After Graduation, August 24, 2015, https://www.moneyaftergraduation.com/gifting-circle-is-a-pyramid-scheme/.〔リンク切れ〕
8. "Do You Party?," *The Dream*, podcast, October 15, 2018, https://open.spotify.com/episode/3oBvXxxgAlh1dMQUDST9ND.
9. Nicole Woolsey Biggart, *Charismatic Capitalism: Direct Selling Organizations in America* (Chicago: University of Chicago Press, 1993).
10. Chuck Holmes, "Top 50 MLM Quotes of All Time," OnlineMLMCommunity.com, October 10, 2013, https://onlinemlmcommunity.com/my-top-50-favorite-mlm-quotes/.
11. Alley Pascoe, "5 Women Reveal the Moment They Realised They Were in a Pyramid Scheme," *Marie Claire*, November 29, 2019, https://www.marieclaire.com.au/multi-level-marketing-pyramid-schemes-women-survivors.

Cult,' " *Vanity Fair*, June 27, 2018, https://www.vanityfair.com/style/2018/06/keith-raniere-nxivm-patents-luciferian; Gina Tron, "ESP, DOS, Proctors, and More: NXIVM Terminology, Explained," Oxygen, August 27, 2020, https://www.oxygen.com/true-crime-buzz/what-does-nxivm-terminology-like-dos-esp-mean.

5. Margery Wakefield, *Understanding Scientology: The Demon Cult* (Self-Published, Lulu, 2009).
6. Margery Wakefield, "The Language of Scientology—ARC, SPS, PTPS and BTS," in *Understanding Scientology: The Demon Cult* (Lulu, 2009).
7. Wakefield, *Understanding Scientology*.
8. Clerk, "Bypassed Charge; Bypassed Charge Assessment," January 1, 1975, https://carolineletkeman.org/dsp/1975/01/01/bypassed-charge-bypassed-charge-assessment/.
9. Mike Rinder, "The Horrors of Wordclearing," *Something Can Be Done About It*, July 27, 2016, https://www.mikerindersblog.org/the-horrors-of-wordclearing/.

v

1. Christopher Dana Lynn et al., "Salivary Alpha-Amylase and Cortisol Among Pentecostals on a Worship and Nonworship Day," *American Journal of Human Biology* 22, no 6 (November–December 2010): 819–22, DOI: 10.1002/ajhb.21088.
2. Junling Gao et al., "The Neurophysiological Correlates of Religious Chanting," *Scientific Reports* 9, no. 4262 (March 12, 2019), DOI:10.1038/s41598-019-40200-w.
3. Edward B. Fiske, "Speaking in Tongues Is Viewed by Psychologist as 'Learned,' " *New York Times*, January 21, 1974, https://www.nytimes.com/1974/01/21/archives/speaking-in-tongues-is-viewed-by-psychologist-as-learned-some.html.
4. Dirk Hanson, "Speaking in Tongues: Glossolalia and Stress Reduction," Dana Foundation, October 23, 2013, https://www.dana.org/article/speaking-in-tongues-glossolalia-and-stress-reduction/. 〔リンク切れ〕
5. "True Story: My Family Was in a Cult," *Yes and Yes*, https://www.yesandyes.org/2010/11/true-story-my-family-was-in-cu.html.
6. Flor Edwards, "I Grew Up in the Children of God, a Doomsday Cult. Here's How I Finally Got Out," *Huffington Post*, December 6, 2018, https://www.huffpost.com/entry/children-of-god-cult_n_5bfee4a3e4b0e254c926f325.

vi

1. Russell Rodgers, "Longevity Supplication for Sakyong Mipham Rinpoche," *Shambhala Times*, April 3, 2009, https://shambhalatimes.org/2009/04/03/the-longevity-supplication-for-sakyong-mipham-rinpoche/.
2. Andy Newman, "The 'King' of Shambhala Buddhism Is Undone by Abuse Report,"

第3部　あなたも異言を話せるようになります

i

1. Molly Horan, “This Actress Auditioned To Be Tom Cruise’s Girlfriend —But Never Wanted The Part,” Refinery29, August 1, 2016, https://www.refinery29.com/en-us/2016/08/118620/tom-cruise-girlfriend-audition-cathy-schenkelberg.
2. David S. Touretzky, “Inside the Mark Super VII,” Secrets of Scientology: The E-Meter, Carnegie Mellon University School of Computer Science, https://www.cs.cmu.edu/~dst/Secrets/E-Meter/Mark-VII/.

ii

1. Steve Mango, “Inside the Scientology Celebrity Centre: An Ex-Parishioner Reveals All,” YouTube, January 26, 2014, https://www.youtube.com/watch?v=LfKqOUMrCw8&t=.
2. Margery Wakefield, “The Sea Org—‘For the Next Billion Years . . . ,’ ” in *Understanding Scientology: The Demon Cult* (Lulu, 2009).
3. Margery Wakefield, “Declaration of Margery Wakefield,” Operation Clambake, June 23, 1993, https://www.xenu.net/archive/go/legal/wakefiel.htm.
4. “The Eight Dynamics,” Scientology .org, https://www.scientology.org/what-is-scientology/basic-principles-of-scientology/eight-dynamics.html.

iii

1. Gary Eberle, *Dangerous Words: Talking About God in an Age of Fundamentalism* (Boston: Trumpeter, 2007).
2. Nicole Woolsey Biggart, *Charismatic Capitalism: Direct Selling Organizations in America* (Chicago: University of Chicago Press, 1993).
3. “How a Dream Becomes a Nightmare,” *The Dream*, podcast, October 22, 2018, https://open.spotify.com/episode/212O92WpuC6EOdmOXDlab3.

iv

1. Paul Wagner, “Chögyam Trungpa: Poetry, Crazy Wisdom, and Radical Shambhala,” Gaia, January 21, 2020, https://www.gaia.com/article/chogyam-trungpa-poetry-crazy-wisdom-and-radical-shambhala.
2. “Written Works of L. Ron Hubbard,” Wikipedia, August 17, 2020 copycat “cult leaders”, https://en.wikipedia.org/wiki/Written_works_of_L._Ron_Hubbard.
3. Scientology Glossary: UVWXYZ, Scientology Critical Information Directory, https://www.xenu-directory.net/glossary/glossary_uvwxyz.htm. 〔リンク切れ〕
4. Kenzie Bryant, “How NXIVM Used the Strange Power of Patents to Build Its ‘Sex

July 25, 2013, https://jonestown.sdsu.edu/?page_id=31454.

10. Lesley Kennedy, "Inside Jonestown: How Jim Jones Trapped Followers and Forced 'Suicides,' " History .com, February 20, 2020, https://www.history.com/news/jonestown-jim-jones-mass-murder-suicide.

iv

1. Jessica Bennett, "What Do We Hear When Women Speak?," *New York Times*, November 20, 2019, https://www.nytimes.com/2019/11/20/us/politics/women-voices-authority.html.
2. Rebecca Moore, "Godwin's Law and Jones' Corollary: The Problem of Using Extremes to Make Predictions," *Nova Religio* 22, no. 2 (2018): 145–54.
3. Jennings Brown, *The Gateway*, Gizmodo, May 21, 2018, https://www.audacy.com/podcast/the-gateway-teal-swan-dcfbe.
4. Maureen O'Connor, "I Think About This a Lot: The Beauty Habits of This Possible Cult Leader," *The Cut*, August 27, 2018, https://www.thecut.com/2018/08/i-think-about-this-a-lot-teal-swan-beauty-habits.html.

v

1. Eileen Barker, "Charismatization: The Social Production of an 'Ethos Propitious to the Mobilisation of Sentiments,' " in *Secularization, Rationalism, and Sectarianism: Essays in Honour of Bryan R. Wilson*, eds. Eileen Barker, James A. Beckford, and Karel Dobbelaere (Oxford, UK: Clarendon Press, 1993), 181–201.
2. Steven Hassan, *Combatting Cult Mind Control* (Rochester, Vermont: Park Street Press, 1988).〔スティーヴン・ハッサン『マインド・コントロールの恐怖』浅見定雄訳、恒友出版〕
3. Sikivu Hutchinson, "No More White Saviors: Jonestown and Peoples Temple in the Black Feminist Imagination," The Jonestown Institute, San Diego State University Department of Religious Studies, October 5, 2014 (updated May 30, 2020), https://jonestown.sdsu.edu/?page_id=61499.
4. Elizabeth Kolbert, "Why Facts Don't Change Our Minds," *The New Yorker*, February 27, 2017, https://www.newyorker.com/magazine/2017/02/27/why-facts-dont-change-our-minds.
5. M. Shermer, *Why People Believe Weird Things* (New York: A. W. H. Freeman/Owl Book, 2007).〔マイケル・シャーマー『なぜ人はニセ科学を信じるのか』岡田靖史訳、早川書房〕

cnews.go.com/US/40-years-jonestown-massacre-members-describe-jim-jones/story?id=57933856.

2. u/Apatamoose, "Is there a list anywhere tying the -ody names of the Heaven's Gate members with their legal names?," Reddit, February 26, 2018, https://www.reddit.com/r/Heavensgate/comments/80fmt5/is_there_a_list_anywhere_tying_the_ody_names_of/.
3. Frank Lyford, "About My New Book," Facilitating You, http://facilitatingu.com/book/.
4. Margeaux Sippell and Tony Maglio, "'Heaven's Gate' Docuseries: Why Does Frank Lyford's Voice Sound Like That?" TheWrap, December 3, 2020, https://www.thewrap.com/heavens-gate-docuseries-hbo-max-frank-lyford-voice.
5. Heavens Gate Remastered, "Heaven's Gate Class Exit Videos," YouTube, April 9, 2016, https://www.youtube.com/watch?v=U2D4wUF1EKQ.

iii

1. "Woman Who Convinced Friend to Commit Suicide Released from Jail," *CBS This Morning*, You-Tube, January 24, 2020, https://www.youtube.com/watch?v=aPX57hWAKo8.
2. Rebecca Moore, "The Brainwashing Myth," The Conversation, July 18, 2018, https://theconversation.com/the-brainwashing-myth-99272.
3. Laura Elizabeth Woollett, "What I Learned About the Jonestown Cult by Spending Time with Survivors," Refinery29, February 26, 2019, https://www.refinery29.com/en-gb/jonestown-massacre-book.
4. Cas Mudde, "The Problem with Populism," *Guardian*, February 17, 2015, https://www.theguardian.com/commentisfree/2015/feb/17/problem-populism-syriza-podemos-dark-side-europe.
5. Steven Hassan, *The Cult of Trump* (New York: Simon & Schuster, 2019).
6. Caroline Howe, "Exclusive: Fake Enemies, Loaded Language, Grandiosity, Belittling Critics: Cults Expert Claims Donald Trump's Tactics Are Taken Straight from Playbook of Sun Myung Moon, David Koresh and Jim Jones," *Daily Mail*, October 9, 2019, https://www.dailymail.co.uk/news/article-7552231/Trumps-tactics-taken-playbook-cult-leaders-like-Jim-Jones-David-Koresh-says-author.html.
7. George Packer, "The Left Needs a Language Potent Enough to Counter Trump," *The Atlantic*, August 6, 2019, https://www.theatlantic.com/ideas/archive/2019/08/language-trump-era/595570/.
8. Robert J. Lifton, *Thought Reform and the Psychology of Totalism: A Study of "Brainwashing" in China* (New York: W. W. Norton & Company, 1961).
9. Alla V. Tovares, "Reframing the Frame: Peoples Temple and the Power of Words," The Jonestown Institute, San Diego State University Department of Religious Studies,

cnews.go.com/US/40-years-jonestown-massacre-members-describe-jim-jones/story?id=57933856.

6. Eliza Thompson, "3 Experts Explain Why Some People Are Attracted to Serial Killers," *Cosmopolitan*, February 14, 2018, https://www.cosmopolitan.com/entertainment/tv/a17804534/sexual-attraction-to-serial-killers/.
7. Melissa Dittmann, "Lessons from Jonestown," *Monitor on Psychology* 34, no. 10 (November 2003): 36, https://www.apa.org/monitor/nov03/jonestown.
8. David M. Matthews, "Jim Jones' Followers Enthralled by His Skills as a Speaker," CNN, http://edition.cnn.com/2008/US/11/13/jonestown.jim.jones/.
9. Sikivu Hutchinson, "No More White Saviors: Jonestown and Peoples Temple in the Black Feminist Imagination," The Jonestown Institute, San Diego State University Department of Religious Studies, October 5, 2014 (updated May 30, 2020), https://jonestown.sdsu.edu/?page_id=61499.
10. Sikivu Hutchinson, "Why Did So Many Black Women Die? Jonestown at 35," Religion Dispatches, December 12, 2013, https://religiondispatches.org/why-did-so-many-black-women-die-jonestown-at-35/.
11. Effron and Delarosa, "40 Years After Jonestown Massacre, Ex-Members Describe Jim Jones as a 'Real Monster.' "
12. Fielding M. McGehee III, "Q932 Summary," The Jonestown Institute, San Diego State University Department of Religious Studies, June 16, 2013, https://jonestown.sdsu.edu/?page_id=28323.
13. Joseph L. Flatley, "Laura Johnston Kohl and the Politics of Peoples Temple," The Jonestown Institute, San Diego State University Department of Religious Studies, October 25, 2017, https://jonestown.sdsu.edu/?page_id=70639.
14. "What Are White Nights? How Many of Them Were There?," The Jonestown Institute, San Diego State University Department of Religious Studies, June 15, 2013 (updated October 6, 2013), https://jonestown.sdsu.edu/?page_id=35371.
15. Michael Bellefountaine, "Christine Miller: A Voice of Independence," The Jonestown Institute, San Diego State University Department of Religious Studies, July 25, 2013, https://jonestown.sdsu.edu/?page_id=32381.
16. Alternative Considerations of Jonestown & Peoples Temple authors, "The Death Tape", The Jonestown Institute, San Diego State University Department of Religious Studies, July 25, 2013, https://jonestown.sdsu.edu/?page_id=29084.

ii

1. Lauren Effron and Monica Delarosa, "40 Years After Jonestown Massacre, Ex-Members Describe Jim Jones as a 'Real Monster,' " ABC News, September 26, 2018, https://ab

6. Jane Borden, "What Is It About California and Cults?," *Vanity Fair*, September 3, 2020, https://www.vanityfair.com/hollywood/2020/09/california-cults-nxivm-the-vow.
7. John Marr, "A Brief History of the Brutal and Bizarre World of Fraternity Hazing," Gizmodo, September 20, 2015, https://gizmodo.com/a-brief-history-of-the-brutal-and-bizarre-world-of-frat-1733672835.
8. Eileen Barker, "One Person's Cult Is Another's True Religion," *Guardian*, May 29, 2009, https://www.theguardian.com/commentisfree/belief/2009/may/29/cults-new-religious-movements.
9. Joe Posner and Ezra Klein, "Cults," *Explained*, Netflix.
10. Tara Isabella Burton, "The Waco Tragedy, Explained," Vox, April 19, 2018, https://www.vox.com/2018/4/19/17246732/waco-tragedy-explained-david-koresh-mount-carmel-branch-davidian-cult-25-year-anniversary.
11. Woollett, "The C-Word."

v

1. Tara Isabella Burton, "What Is a Cult?," *Aeon*, June 7, 2017, https://aeon.co/essays/theres-no-sharp-distinction-between-cult-and-regular-religion.
2. Gary Eberle, *Dangerous Words: Talking About God in an Age of Fundamentalism* (Boston: Trumpeter, 2007).

第２部　おめでとう――あなたは人間より上の進化レベルに進めるよう、選ばれました

i

1. James D. Richardson, "The Phrase 'Drank the Kool-Aid' Is Completely Offensive. We Should Stop Saying It Immediately," *Washington Post*, November 18, 2014, https://www.washingtonpost.com/posteverything/wp/2014/11/18/the-phrase-drank-the-koolaid-is-completely-offensive-we-should-stop-saying-it-immediately/.
2. Lesley Kennedy, "Inside Jonestown: How Jim Jones Trapped Followers and Forced 'Suicides'," History.com, A&E Television Networks, November 13, 2018, https://www.history.com/news/jonestown-jim-jones-mass-murder-suicide.
3. Jennie Rothenberg Gritz, "Drinking the Kool-Aid: A Survivor Remembers Jim Jones," *The Atlantic*, November 18, 2011, https://www.theatlantic.com/national/archive/2011/11/drinking-the-kool-aid-a-survivor-remembers-jim-jones/248723/.
4. Federal Bureau of Investigation, "Q042 Transcript," The Jonestown Institute, San Diego State University Department of Religious Studies, June 16, 2013, https://jonestown.sdsu.edu/?page_id=29081.
5. Lauren Effron and Monica Delarosa, "40 Years After Jonestown Massacre, Ex-Members Describe Jim Jones as a 'Real Monster,' " ABC News, September 26, 2018, https://ab

https://www.bbc.com/future/article/20190529-do-humans-have-a-religion-instinct.
7. Roy F. Baumeister and Mark R. Leary, "The Need to Belong: Desire for Interpersonal Attachments as a Fundamental Human Motivation," *Psychological Bulletin* 117, no. 3 (1995): 497–529, http://persweb.wabash.edu/facstaff/hortonr/articles%20for%20class/baumeister%20and%20leary.pdf.
8. "In U.S., Decline of Christianity Continues at Rapid Pace," Pew Research Center's Religion & Public Life Project, June 9, 2020, https://www.pewforum.org/2019/10/17/in-u-s-decline-of-christianity-continues-at-rapid-pace/.
9. " 'Nones' on the Rise," Pew Research Center's Religion & Public Life Project, May 30, 2020, https://www.pewforum.org/2012/10/09/nones-on-the-rise/.
10. Angie Thurston and Casper ter Kuile, "How We Gather," Harvard Divinity School, https://caspertk.files.wordpress.com/2015/04/how-we-gather1.pdf.
11. Tara Isabella Burton, *Strange Rites: New Religions for a Godless World* (New York: PublicAffairs, Hachette Book Group, 2020).
12. Holland Lee Hendrix, "Jews and the Roman Empire," PBS, April 1998, https://www.pbs.org/wgbh/pages/frontline/shows/religion/portrait/jews.html.
13. Jonathan Evans, "U.S. Adults Are More Religious Than Western Europeans," *Fact Tank* (blog), Pew Research Center, May 31, 2020, https://www.pewresearch.org/fact-tank/2018/09/05/u-s-adults-are-more-religious-than-western-europeans/.
14. David Ludden, "Why Do People Believe in God?," Psychology Today, August 21, 2018, https://www.psychologytoday.com/us/blog/talking-apes/201808/why-do-people-believe-in-god.

iv

1. Alain Sylvain, "Why Buying Into Pop Culture and Joining a Cult Is Basically the Same Thing,"Quartz, March 10, 2020, https://qz.com/1811751/the-psychology-behind-why-were-so-obsessed-with-pop-culture/.
2. Elizabeth Dunn, "5 19th-Century Utopian Communities in the United States," History.com, January 22, 2013, https://www.history.com/news/5-19th-century-utopian-communities-in-the-united-states.
3. Ernest Mathijs and Jamie Sexton, *Cult Cinema: An Introduction* (Hoboken, New Jersey: Wiley-Blackwell, 2011), 234.
4. Rebecca Moore, "The Brainwashing Myth," The Conversation, July 18, 2018, https://theconversation.com/the-brainwashing-myth-99272.
5. Laura Elizabeth Woollett, "The C-Word: What Are We Saying When We Talk About Cults?," *Guardian*, November 18, 2018, https://www.theguardian.com/culture/2018/nov/19/the-c-word-what-are-we-saying-when-we-talk-about-cults.

原注

第１部　私の言うとおりに、繰り返して……

i

1. Steven Hassan, "The Disturbing Mainstream Connections of Yogi Bhajan," *Huffington Post*, May 25, 2011, http://huffpost.com/entry/the-disturbing-mainstream_b_667026.
2. Chloe Metzger, "People Are Freaking Out Over This Shady Hidden Message on Lululemon Bags," *Marie Claire*, October 11, 2017, https://www.marieclaire.com/beauty/a28684/lululemon-tote-bag-sunscreen/.

ii

1. SBG-TV, "Can't Look Away from a Car Crash? Here's Why (and How to Stop)," WTOV9, May 1, 2019, https://wtov9.com/features/drive-safe/cant-look-away-from-a-car-crash-heres-why-and-how-to-stop.

iii

1. Alain Sylvain, "Why Buying Into Pop Culture and Joining a Cult Is Basically the Same Thing," Quartz, March 10, 2020, https://qz.com/1811751/the-psychology-behind-why-were-so-obsessed-with-pop-culture/.
2. Neil Howe, "Millennials and the Loneliness Epidemic," *Forbes*, May 3, 2019, https://www.forbes.com/sites/neilhowe/2019/05/03/millennials-and-the-loneliness-epidemic/?sh=74c901d57676.
3. M. Shermer, *Why People Believe Weird Things* (New York: A. W. H. Freeman/Owl Book, 2007).〔マイケル・シャーマー『なぜ人はニセ科学を信じるのか』岡田靖史訳、早川書房〕
4. Jacques Launay and Eiluned Pearce, "Choir Singing Improves Health, Happiness—and Is the Perfect Icebreaker," The Conversation, October 28, 2015, https://theconversation.com/choir-singing-improves-health-happiness-and-is-the-perfect-icebreaker-47619.
5. Jason R. Keeler et al., "The Neurochemistry and Social Flow of Singing: Bonding and Oxytocin," *Frontiers in Human Neuroscience* 9 (September 23, 2015): 518, DOI: 10.3389/fnhum.2015.00518.
6. Brandon Ambrosino, "Do Humans Have a 'Religion Instinct'?," BBC, May 29, 2019,

アマンダ・モンテル（Amanda Montell）
言語を研究している作家。ニューヨーク大学で言語学の学位を取得。本作『カルトのことば』（原題*Cultish*）は高く評価され、ポッドキャスト「Sounds Like A Cult」は2023年のiHeart Radio Awardで最優秀新進ポッドキャスト賞を受賞。
「ニューヨーク・タイムズ」「ガーディアン」「エスクワイア」「マリ・クレール」など多くの紙誌に執筆している。ロサンゼルス在住。

青木　音（あおき・おと）
翻訳家。

カルトのことば
なぜ人《ひと》は魅了《みりょう》され、狂信《きょうしん》してしまうのか

二〇二四年十月三十一日　第一版第一刷発行
二〇二四年十一月二十八日　第一版第二刷発行

著　者　アマンダ・モンテル
訳　者　青木《あおき》　音《おと》
発行者　中村幸慈
発行所　株式会社　白揚社　© 2024 in Japan by Hakuyosha
東京都千代田区神田駿河台一―七　郵便番号一〇一―〇〇六二
電話＝(03)五二八一―九七七二　振替〇〇一三〇―一―二五四〇〇
装　幀　bicamo designs
印刷所　株式会社　工友会印刷所
製本所　牧製本印刷株式会社

ISBN978-4-8269-0263-2